本书受到
云南省哲学社会科学学术著作
出版专项经费资助

社会学视阈下的
女性涉毒犯罪问题
调查研究

刘婷 著

The Study of Female
Drug-related Crime
in Sociological Perspective

中国社会科学出版社

图书在版编目（CIP）数据

社会学视阈下的女性涉毒犯罪问题调查研究 / 刘婷著.
—北京：中国社会科学出版社，2016.10
ISBN 978-7-5161-8350-2

Ⅰ.①社⋯ Ⅱ.①刘⋯ Ⅲ.①女性—毒品—刑事犯罪—研究—中国 Ⅳ.①D924.36

中国版本图书馆 CIP 数据核字（2015）第 133284 号

出 版 人	赵剑英
责任编辑	宋燕鹏
责任校对	闫 萃
责任印制	李寡寡

出　　版	中国社会科学出版社
社　　址	北京鼓楼西大街甲 158 号
邮　　编	100720
网　　址	http://www.csspw.cn
发 行 部	010-84083685
门 市 部	010-84029450
经　　销	新华书店及其他书店
印　　刷	北京明恒达印务有限公司
装　　订	廊坊市广阳区广增装订厂
版　　次	2016 年 10 月第 1 版
印　　次	2016 年 10 月第 1 次印刷
开　　本	880×1230　1/32
印　　张	7.5
插　　页	2
字　　数	226 千字
定　　价	36.00 元

凡购买中国社会科学出版社图书，如有质量问题请与本社营销中心联系调换
电话：010-84083683
版权所有　侵权必究

目 录

第1章 导论 ……………………………………………… 1
  1.1 选题背景及缘起 ……………………………………… 1
    1.1.1 选题的背景 ……………………………………… 1
    1.1.2 选题的缘起 ……………………………………… 7
  1.2 文献综述 ……………………………………………… 9
    1.2.1 法学研究 ………………………………………… 9
    1.2.2 社会学 …………………………………………… 11
    1.2.3 历史学和民族学 ………………………………… 17
    1.2.4 政治经济学 ……………………………………… 19
    1.2.5 研究的成就和不足 ……………………………… 21
  1.3 理论述评 ……………………………………………… 21
    1.3.1 生物决定论 ……………………………………… 21
    1.3.2 冰山理论和骑士理论 …………………………… 23
    1.3.3 人格异常论 ……………………………………… 24
    1.3.4 妇女解放论 ……………………………………… 24
    1.3.5 性别主义理论 …………………………………… 26
  1.4 研究设计 ……………………………………………… 28
    1.4.1 核心概念的阐释 ………………………………… 28
    1.4.2 研究方法 ………………………………………… 36
    1.4.3 研究框架 ………………………………………… 44
    1.4.4 研究的意义和主要创新点 ……………………… 46

第2章 历史与现实：我国女性涉毒的基本情况 … 50
2.1 女性涉毒的历史脉络 … 50
2.1.1 鸦片的由来与蜕变 … 50
2.1.2 鸦片入罪与女性涉毒 … 51
2.2 女性涉毒的现代转型 … 61
2.2.1 女性涉毒犯罪的现状 … 62
2.2.2 女性吸毒 … 64
2.2.3 女性贩毒 … 65
2.3 女性涉毒带来的各种问题 … 69
2.3.1 毒品与健康 … 69
2.3.2 毒品与色情 … 70
2.3.3 毒品与艾滋病 … 71
2.3.4 毒品与家庭 … 73
2.4 本章小结 … 75

第3章 差异与共性：涉毒犯罪群体的性别比较 … 76
3.1 人口特征 … 77
3.1.1 年龄结构 … 77
3.1.2 籍贯 … 79
3.1.3 民族结构 … 80
3.1.4 婚姻状况 … 81
3.2 社会经济特征 … 82
3.2.1 受教育程度 … 82
3.2.2 家庭背景 … 84
3.2.3 职业和经济状况 … 86
3.2.4 不良嗜好 … 89
3.2.5 越轨行为 … 90
3.3 认知与态度 … 91
3.3.1 对毒品犯罪的认知 … 91

3.3.2 对毒品犯罪的态度 ……………………………………… 92
3.4 犯罪行为特征 …………………………………………………… 93
　3.4.1 隐蔽性和欺骗性 ……………………………………… 94
　3.4.2 团伙性和群体性 ……………………………………… 95
　3.4.3 被动性和依附性 ……………………………………… 98
3.5 本章小结 ………………………………………………………… 99

第4章　困境与出路：女性涉毒犯罪的情境和过程 …………… 100
4.1 罪前情境 ………………………………………………………… 101
　4.1.1 情境之一：外出打工 ………………………………… 101
　4.1.2 情境之二：吸毒成瘾 ………………………………… 103
　4.1.3 情境之三：家庭变故 ………………………………… 105
4.2 生活空间 ………………………………………………………… 108
　4.2.1 社区环境 ……………………………………………… 109
　4.2.2 涉毒家庭 ……………………………………………… 112
　4.2.3 娱乐场所 ……………………………………………… 118
4.3 人际关系 ………………………………………………………… 121
　4.3.1 恋人 …………………………………………………… 124
　4.3.2 亲人 …………………………………………………… 126
　4.3.3 朋友 …………………………………………………… 127
4.4 犯罪的实施和评价 ……………………………………………… 130
　4.4.1 对风险的预估 ………………………………………… 130
　4.4.2 犯罪的实施 …………………………………………… 132
　4.4.3 主体的评价和解释 …………………………………… 137
4.5 本章小结 ………………………………………………………… 142

第5章　诱惑与屈从：女性涉毒犯罪的基本类型 ……………… 144
5.1 失范型涉毒犯罪 ………………………………………………… 146
　5.1.1 妇女的流动 …………………………………………… 146

III

5.1.2 流动的妇女 ··· 152
　　5.1.3 流动与犯罪机会 ······································ 157
　　5.1.4 失范：目标和手段的失衡 ··························· 159
5.2 工具型涉毒犯罪 ··· 162
　　5.2.1 初次吸毒 ··· 162
　　5.2.2 吸毒成瘾 ··· 170
　　5.2.3 融入与隔离 ·· 172
　　5.2.4 违法与犯罪 ·· 177
5.3 情感型涉毒犯罪 ··· 184
　　5.3.1 婚姻关系中的屈从 ···································· 185
　　5.3.2 同居关系中的互利 ···································· 188
　　5.3.3 血缘关系中的养家 ···································· 194
　　5.3.4 畸变的情感和角色的错位 ·························· 197
5.4 本章小结 ·· 199

第6章 结论和讨论 ·· 201
6.1 研究结论 ·· 201
6.2 治理女性涉毒犯罪的建议和思路 ························· 206
　　6.2.1 观念层面 ··· 207
　　6.2.2 制度层面 ··· 208
　　6.2.3 技术层面 ··· 210
6.3 研究的不足及展望 ·· 213

参考文献 ·· 216
附录1 调查问卷 ·· 229
附录2 访谈提纲 ·· 235

第1章 导 论

1.1 选题背景及缘起

1.1.1 选题的背景

自 20 世纪中期以来，随着世界经济贸易的突飞猛进，人类文明的一体化进程空前增强，全球化时代迅速到来。全球化正形成不可逆转的历史发展趋势，深刻影响着各个领域。在全球化的时代背景下，毒品问题成为世界性的社会问题之一。从世界范围来看，1998 年全球罂粟种植面积达 26 万公顷，鸦片年产量 5000 吨，海洛因 450 吨，可卡因 800 吨，大麻种植面积更是超过 100 万公顷，大麻和大麻麻醉剂产量估计为 50 万吨。[①] 延至 2011 年，全球鸦片生产共计达到 7000 吨。与此同时，毒品种类不断翻新，呈现出由"黑"变"白"，由"粗"变"精"的明显趋势，特别是随着化工技术的发展，发现了不依赖毒品原植物而直接由化学物品加工的各种新型毒品。值此期间，吸毒人群犹如滚雪球般地持续增加，走私贩毒活动日趋猖獗。简单而灵活的制造技术、便宜可得的原料，生产者和走私者可以获得的高额利润和消费者可承担的购买价格，给非法毒

---

① 联合国麻管局 1998 年年度报告。

品市场的扩大提供了机会和刺激因素。截至2010年，吸毒、贩毒、种制毒等涉毒活动，已波及世界上的130多个国家和地区，全球每年毒品交易额达1万亿美元以上，超过石油贸易而仅次于军火，位列世界第二；全球大约2.3亿人至少使用过一次各种类型的毒品，约占全球总人口的5%；每年因滥用毒品致死的人数高达20万人，丧失劳动能力者约1000万人。①

近代中国是世界上吸毒人口最多、毒品危害最为惨烈的国家之一。自1840—1842年英国侵略者在"第一次鸦片战争"中用炮舰打开中国的大门后，鸦片烟毒便在中华大地上全面蔓延开来，成为近代中国社会积重难返的一大毒瘤和痼疾。据历史文献记载，清道光十九年（公元1839年），我国吸鸦片的约有200万人，到光绪三十二年（公元1906年）已达2000万人，半个多世纪增加整整10倍，"从官绅士大夫、工商优隶，到贩夫走卒、僧尼道士，你吸我抽，相扇成风"②。以至于在大文豪马克·吐温、狄更斯等人的笔下，19世纪的中国给人的印象是：一个充满了鸦片烟鬼、烟馆、烟榻并笼罩在迷蒙烟雾中的东方国度。③"作为鸦片战争的导火索和象征符号，鸦片对于中国人具有某种特殊的意蕴。这种意蕴往往表现为一种屈辱和悲痛的情绪，这种情绪赋予鸦片等毒品特别的意义，因此国人对于毒品的认识，往往与鸦片战争有着内在的关联，暗示着不堪回首的屈辱和国耻。对于鸦片的彻底禁绝态度，对于我国政府而言，在某种意义上是一种政治使命，而不仅仅是一种社会控制手段。"④为此，有学者说："一部中国近代史，就是从贩毒与禁毒（的斗争）开始的。"⑤

截至1949年，全国仅吸食鸦片的烟民就达2000多万人，约占

---

① 《2012年世界毒品形势报告》，www.unodc.cn.联合国毒品与犯罪办公室网站。
② 转引自刘志琴《从药品、食品到毒品——鸦片的社会学研究》，《社会科学论坛》2010年第19期。
③ 周宁：《鸦片帝国》，学苑出版社2004年版，第205页。
④ 高巍：《中国禁毒三十年——以刑事规制为主线》，法律出版社2011年版，第36—37页。
⑤ 邵雍：《中国近代贩毒史》，福建人民出版社2004年版，第3页。

当时全国人口总数的4.4%；种植罂粟的烟农约1000万人，从事毒品贩运、销售的从业人员高达50万人。① 新中国成立后，党和国家采取雷厉风行的禁毒措施，仅用了3年左右的时间，就基本禁绝了为害百年的毒祸。再到20世纪80年代，受国际毒潮泛滥等诸多内外因素的影响，原已基本肃清的毒祸又沉渣泛起，并呈现为日趋严峻复杂的态势。据统计，1988年全国共有吸毒人数为5万多人，到1991年增加到14.8万人，1999年上升至68.1万人，2002年接近100万人，2011年全国累计登记在册的吸毒人员进一步增加到179.4万名，20余年间累计增长了30多倍。②（见图1-1）

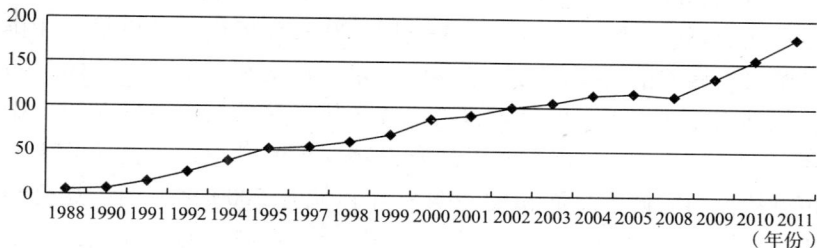

图1-1　我国登记在册吸毒人员数（单位：万人）

另据统计，20世纪60—80年代初中期，我国每年查破的毒品犯罪案件数仅数十起，抓获的毒品犯罪嫌疑人不足百人，到1992年查破毒案上万起和抓获毒贩上万人。再到1997年、1998年达到历史最高峰值，查破毒案接近20万起，抓获毒贩20多万人③（见图1-2）。延至2011年，全国公安机关共破获毒品刑事案件10.17万起，抓获毒品犯罪嫌疑人11.24万名，缴获海洛因7.08吨、冰毒及鸦片剂14.32吨，同比分别上升14%、10.5%、32.1%、44.9%。

云南地处祖国西南边陲，周边与缅甸、老挝、越南接壤并与

---

① ［法］蒲吉兰：《犯罪致富——毒品走私、洗钱与冷战后的金融危机》，李玉平译，社会科学文献出版社2002年版，第15页。
② 以上数据来自国家社科基金青年项目《云南边疆民族地区毒品犯罪成因分析及对策思考》研究报告（未刊稿），2011年。
③ 数据来自国家社科基金青年项目《云南边疆民族地区毒品犯罪成因分析及对策思考》研究报告（未刊稿），2011年。

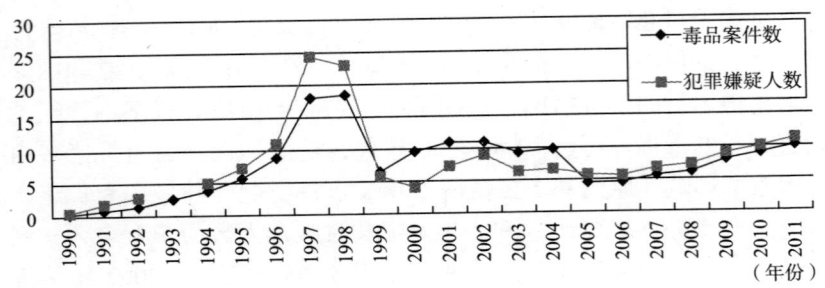

图1-2 我国破获的毒品犯罪案件和犯罪嫌疑人数（单位：万人）

泰国、印度等国相邻，在历史上就曾是鸦片烟毒肆虐的重灾区。最迟不晚于第一次鸦片战争前的19世纪20—30年代甚至更早，在英国殖民当局的推动下，鸦片烟毒的种植、贩卖和吸食活动，便从印度经缅甸北部传入云南境内，给边疆各族人民造成深重的苦难。截至1949年12月，云南全省毒品原植物罂粟的种植面积高达654万亩，约占当时耕地总面积的20%；年产鸦片5000多万两，烟民约200万人，占全省总人口的22.3%，其中仅省城昆明一地烟民便达10万人，占全市总人口的33%以上。① 新中国成立以后，在党和国家的统一部署下，中共云南省委和省人民政府从云南的实际出发，发动各族人民群众分批分期开展"禁烟禁毒运动"，先是在靠内地区102个县，以后又在边境沿线28个县基本肃清了为害百年的毒祸，从而在云南禁毒史上树立起了一块永不磨灭的丰碑。②

改革开放以来，尤其是20世纪90年代初边境沿线全方位开放以来，由于在地理上毗邻"金三角"北缘地带及越南北部等毒品原产地，在诸多历史与现实的内外因素的相互作用下，致使毒祸又率先在云南边境沿线地带沉渣泛起，并进而向本省靠内地区和省外大面积蔓延扩散，不仅严重危害边疆各族人民，而且对云南全省乃至全国的毒品问题产生举足轻重的影响，成为现阶段我国首屈一指的

---

① 《云南鸦片简史》（内部资料），云南省公安厅编印，1982年。
② 参见中共云南省委党史研究室、中共云南省公安厅委员会编《建国以来云南的禁毒斗争·序》，云南民族出版社1997年版。

毒祸重灾区和禁毒斗争的前沿主阵地。

为此，从1990年6月中共云南省委、省政府在毒品问题最为严重的德宏州首府芒市召开全省禁毒工作现场会议，明确提出"打一场禁毒人民战争"的行动纲领和"三禁并举，堵源截流，标本兼治"的工作方针（后经次年全国禁毒工作会议补充为"三禁并举，堵源截流，严格执法，标本兼治"并作为全国禁毒工作的总体方针）① 开始，拉开了现阶段禁毒斗争的大幕。延至2005年"禁毒防艾人民战争"打响以来，经过坚持不懈的努力和综合治理取得显著的成效，不仅有效遏制住了毒品蔓延的势头，而且对全国禁毒斗争的深入开展作出重要贡献，得到中央领导和国家有关部门的充分肯定。

其中，在禁吸戒断方面。云南省内的毒品吸食活动，自20世纪80年代从境外传入，以后又由边境沿线向靠内地区蔓延扩散后，具有吸毒人员数量多、分布广和近年来禁吸戒断工作业已取得显著成效等一系列特点。吸毒人员的数量，据云南省禁毒部门统计，仅到2009年年底，云南全省共排查入库的吸毒人员就达14.26万余名。② 这一数据，较之国家禁毒委《2010年中国禁毒报告》公布的2009年12月底，全国上网入库的吸毒人员为133.5万名的总数，③ 约占10.68%而高出全国平均值的十余倍；在空间分布上，吸毒活动已波及省内绝大部分地区，尤其又以边境沿线地区最为严重，大约占到云南全省吸毒人数的一半，其中海洛因吸食者高达80%以上。

至于禁吸戒断工作的成效，通过以"外转内"即"全员收戒"强制隔离戒除为主导，包括社区戒毒、社区康复和美沙酮维持治疗在内的多种戒毒模式，取得较明显成效。据统计，2005—2007年第一轮"禁毒人民战争"期间，全省共实施"五个层次"的戒毒

---

① 中共云南省委党史研究室、中共云南省公安厅委员会编：《云南建国以来的禁毒斗争》，云南民族出版社1997年版第81页。
② 云南省禁毒局：《2009年度全省禁种禁吸工作情况》，2009年12月。说明：此处为历年来登记在册的各类吸毒人员累计数，包括在吸、已戒断、死亡以及外流等各种不同情况。另据统计，截至2009年年底，云南全省在吸人数为50776名。
③ 国家禁毒委：《2009年中国禁毒报告》。

16.39万人次,其中强制戒毒127963人次,劳教戒毒19644人次,集中戒毒5069人次,限期戒毒6496人次,美沙酮维持治疗4763人次;① 以后又于2008—2010年第二轮"禁毒人民战争"期间,收戒吸毒人员15.2万人次,基本实现了"应收尽收,全员收戒",全省吸毒人群趋于稳定。② 实现了对吸毒人员的全覆盖。促使全省吸毒人员的数量从2004年的在吸人员6.8万余人,逐年稳步减少到2010年的不足5万人。

而在查缉打击毒品犯罪方面,由于毗邻"金三角"等毒源地北缘地带,历年来境内外贩毒团伙相互勾结以致国际毒品集团插手的大宗毒品走私贩运、中小毒贩的"人体藏毒"、省内毒品终端消费地下市场的"拆零"等各种类型和形式的贩毒活动层出不穷、屡禁不绝。为此,在中共云南省委、省政府的领导和省禁毒委、禁毒局的统一部署下,按照"边境一线堵、内地二线查、出省三线截"的总体战略布局,积极行动起来开展坚持不懈的专项斗争和综合治理。及至2005年"禁毒人民战争"打响以来,又通过由"缉毒破案""双向查缉"等专项行动组成的"天网扫毒行动",在第一轮"禁毒人民战争"期间,全省共查破各类毒品犯罪案件5.41万起,抓获毒品犯罪嫌疑人6.22万名,缴获毒品28.08吨,其中海洛因12.89吨,鸦片4.52吨,冰毒9.27吨,其他毒品1.4吨,分别占同期全国缴获海洛因总数的75.20%,鸦片总数的87.06%,冰毒总数的52.10%;③ 再到第二轮"禁毒人民战争"期间,全省共查破毒品违法犯罪案件4.1万起,缴获毒品23.6吨,抓获毒品犯罪嫌疑人4.7万名,其中缴获的海洛因、鸦片、冰毒分别占到了全国总数的75.2%、92%和52%。④ 从而在全国禁毒斗争总体战略中,发挥出

---

① 曹建方(云南省副省长、省禁毒委主任):《在全省新一轮禁毒和防治艾滋病人民战争电视电话会议上的工作报告》,2008年6月25日。
② 司恩平:《云南"禁毒防艾"任重道远》,《云南党的生活》,2011年第8期。
③ 曹建方(云南省副省长、省禁毒委主任):《在全省新一轮禁毒和防治艾滋病人民战争电视电话会议上的工作报告》,2008年6月25日。
④ 高峰(云南省副省长):《云南禁毒防艾人民战争工作报告》,2011年4月11日。

了"主战场"的重要功能和作用。

对种植、制造毒品活动的打击治理方面。作为现阶段云南毒品问题的显著特点之一，毒品原植物罂粟的种植活动在云南全省各地，自20世纪80年代稍有抬头，便引起中央和省有关部门的高度重视并经综合治理后，已得到长期有效的控制。据省禁毒部门统计，2007年，全省共铲除非法种植罂粟6.61万株，打击处理违法人员78人；发现非法种植罂粟万株以上的州市从2006年的5个下降到2个，德宏、玉溪、普洱、西双版纳、怒江、大理、曲靖等7个州市实现了"零种植"的目标。① 2008年，全省共发现、铲除罂粟5.41万株，计2.75亩，较之2007年又有所下降。② 到2009年，除在靠内地区的昆明市辖下安宁、寻甸和丽江市宁蒗3个县市发现并铲除非法种植罂粟7.40万株之外，其余126个县市区均实现了"零种植"③，约占全省129个县级行政区总数的97.67%。尤其值得称道的是，近年来在我国大陆28个省、直辖市、自治区均有查破的冰毒类新型毒品加工制造犯罪活动，截至目前在云南全省范围内尚无发现。

1.1.2 选题的缘起

选择这个题目，与笔者早年一次特殊的见闻密切相关。

那是2002年的暑假期间，在一趟开往昆明的列车的卧铺车厢中。就在列车快要到达终点的时候，上来几个警察，押着3个农民模样的人（2男1女）。一路上，警察小声地交谈，而3个被押人员漠然地坐在一旁，沉默无语，唯不时四处张望。中途，其中的一名中年妇女提出要去厕所，一女警察即刻起身，陪同前往并随即返回。不久，只见这名中年妇女面露痛苦之色，引起警察的疑心，反

---

① 云南省公安厅禁毒局两禁处：《两禁工作总结》，2007年11月18日。
② 云南省公安厅禁毒局两禁处：《两禁工作总结》，2006年11月14日。
③ 罗石文（云南省公安厅副厅长）：《在2010年全省公安禁毒工作会议上的报告》，2010年3月10日。

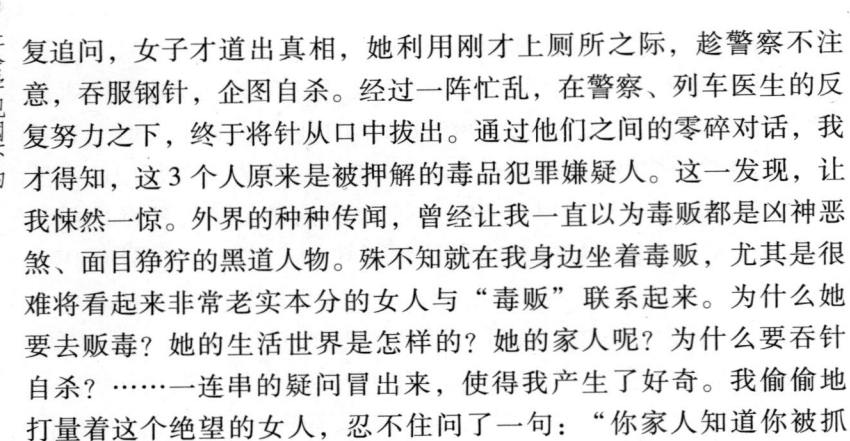

复追问，女子才道出真相，她利用刚才上厕所之际，趁警察不注意，吞服钢针，企图自杀。经过一阵忙乱，在警察、列车医生的反复努力之下，终于将针从口中拔出。通过他们之间的零碎对话，我才得知，这3个人原来是被押解的毒品犯罪嫌疑人。这一发现，让我悚然一惊。外界的种种传闻，曾经让我一直以为毒贩都是凶神恶煞、面目狰狞的黑道人物。殊不知就在我身边坐着毒贩，尤其是很难将看起来非常老实本分的女人与"毒贩"联系起来。为什么她要去贩毒？她的生活世界是怎样的？她的家人呢？为什么要吞针自杀？……一连串的疑问冒出来，使得我产生了好奇。我偷偷地打量着这个绝望的女人，忍不住问了一句："你家人知道你被抓吗？"她摇摇头，当我准备继续问下去的时候，她闭上了眼睛，似乎不愿意再说话。这是我第一次近距离地"凝视"涉毒犯罪女性。

按照人们的一般印象，女性往往是善良胆小的代名词。那么，到底是什么使得这些女性不惜以身试法？其真实的生活是怎么样的？都走过了什么样的人生道路？这一系列的问题，曾在我的脑海中萦绕了多年。

当然，本书之所以选择女性涉毒犯罪作为研究对象，除上举机缘巧合之外，更重要的是还与如下几个因素有关：

一是客观上，女性涉毒犯罪的增长速度快、基数不断加大，业已成为当前毒品问题及其治理中亟待引起重视的一大新情况和新动向。

二是毒品犯罪研究中的对女性关注的缺失。以往对毒品违法犯罪的研究，往往笼统地将涉毒人员看作一个特定的社会群体而多以男性作为主体进行分析研究，较少注意性别在犯罪过程中的差异。

三是与笔者供职于公安禁毒教育部门，尤其是在有幸主持完成国家社科基金青年项目《云南边疆民族地区毒品犯罪成因分析及对策思考》的调查研究过程中，就已涉及这一方面的问题并有了一定的资料积累和初步思考，具有开展研究工作的较好基础密切相关。与此同时，作为长期从事边疆民族地区毒品问题调查研究并颇多建树的资深学者，指导教师的支持和鼓励，也是笔者选定这一问题作为博士学位论文研究主题的重要原因之一。

至于侧重于以云南作为调查研究的主要空间范畴，则一方面是考虑到无论历史上还是今天，云南都是我国首屈一指的毒祸重灾区和禁毒斗争的前沿主阵地，具有十分突出的典型特征和代表性意义；另一方面也与作为在职攻读博士学位人员，囿于时间、精力尤其是由毒品问题与本选题所需进行的面对面访谈和获取必要统计数据以供分析研究的特殊性有关，在较大程度上也只能把调研的空间暂且限定在云南边疆民族地区，待以后有条件时再进一步拓展到更大范围。

1.2 文献综述

毒品问题是一个具有复合性特征的社会问题。最初主要是犯罪学和刑法学研究的范畴，随着社会学、伦理学、心理学、医学以及民族学、历史学、地缘政治学的相继介入，现已成为涉及众多学科的综合性研究领域。其间，由于研究视角的不同，研究范式和方法也不尽一致。

1.2.1 法学研究

1990年全国人大常委会《关于禁毒的决定》的颁布和1997年、2011年两次《刑法》的修订，尤其是2008年国家《禁毒法》的出台，在表明了我国严厉惩治毒品违法犯罪活动的基本立场的同时，标志着毒品违法犯罪问题进入了法学研究的领域。总的来看，法学对毒品问题的研究主要体现在三个层面：一是价值层面的研究。古今中外，法律就如何对吸毒、贩毒等涉毒行为进行规制和规范，有不同的政策、立场、方法和价值选择，其中毒品吸食行为的"罪与非罪"问题，就是讨论的焦点问题之一。二是法律规范层面的研究，如《刑法》《禁毒法》，以及各种各样的法律法规，对相关的涉毒犯罪行为是怎么规范的。三是技术层面的研究，例如有关毒品案

件的侦破、审理以及对毒犯进行改造等。大致说来，法学对毒品问题的研究，主要在以下几个方面：

其一，刑法学研究范式。按照我国的现行法律体系，吸食毒品（包括注射或以其他方式将毒品摄入体内等）属违法行为，制造和走私贩卖毒品等则属于刑事犯罪的范畴，因而刑法学研究的视角多为刑法文本兼及司法适用领域的相关问题。如关于毒品犯罪的立法、定性、犯罪形态、刑罚适用、量刑情节以及与其他犯罪的关联性认定，研究主体则多为高校的法律学者。例如，中国人民大学法学教授赵秉志主编的《现代世界毒品犯罪及其惩治》（1999年）①、赵秉志与于志刚合编《毒品犯罪》（1998年）和《毒品犯罪疑难问题》（2000年）②。高巍《毒品犯罪研究》（2007年），围绕刑事立法和司法实践中的相关问题，探讨贩卖毒品罪的性质和刑罚措施；③《中国禁毒三十年——以刑事规制为主线》（2011年），通过回溯我国三十年来实施的禁毒刑事政策，反思禁毒宏观战略的正当性和时效性，坚持在罪刑法定原则和人权保障的理念下，从禁毒宏观战略的嬗变、禁毒刑事立法的沿革、对禁毒刑事司法的解释的正当性提出质疑，兼及禁毒刑事司法适用的转型以及吸毒合法化的争论。④

其二，刑事诉讼法领域。从诉讼程序角度研究毒品犯罪，集中在毒品犯罪的侦查阶段和证据问题，研究主体多是公安机关、法院、检察院等职能部门的工作人员。

其三，犯罪学研究领域。着眼点是将犯罪—控制作为分析框架，研究毒品犯罪的产生、预防和控制等内容。代表作主要有崔敏的《毒品犯罪发展趋势与遏制对策》（1999年）、郭翔的《中国当前的毒品问题与治理对策》（1997年）⑤、上海禁毒委的《痛击毒

---

① 赵秉志：《现代世界毒品犯罪及其惩治》，中国人民公安大学出版社1997年版。
② 赵秉志、于志刚：《毒品犯罪疑难问题》，吉林人民出版社2000年版。
③ 高巍：《贩卖毒品罪研究》，中国人民公安大学出版社2007年版。
④ 高巍：《中国禁毒三十年——以刑事规制为主线》，法律出版社2011年版。
⑤ 郭翔主编：《中国当前的毒品问题与治理对策》，中国青年出版社1997年版。

魔——理论与实践》（2009年）①。由于这一类型的研究多强调严厉打击的刑事政策，对影响政策的实施效果的"题外因素"不做过多的考察，因此具有形式化的特点。②

除了刑法、刑事诉讼法和犯罪学外，法理学注重禁毒政策研究，而宪法学更关注吸毒人员的权利保障问题。③法学研究注重对毒品犯罪行为的研究，而犯罪主体、犯罪客体被弱化。与此同时，社会政策研究则尚处于相对薄弱的状态。布莱克指出："对犯罪问题的研究，应该跳出刑法学的视野，在更大的视野中思考，'法律的第三维度就是社会学的维度'。"④

1.2.2 社会学

1. 研究视角

法学对毒品问题的研究重在解决机制，而社会学主要是从社会的角度探讨毒品问题的发生机制与社会治理，并形成了功能主义、冲突论和社会互动三种不同的研究视角。

（1）功能主义

功能主义集中于研究在社会中助长吸毒活动的社会规范和条件，而不是个人为什么使用毒品和如何使用毒品等具体问题。按照功能主义的研究，毒品及毒品贸易之所以大为盛行，有其深厚的社会根源。一是毒品可以满足人们的心理需求。社会快速转型加剧了失范行为。急剧的社会变革——高科技、职业模式的改变、大规模的人口流动——加剧了贫穷、异化和各种社会问题的滋生；来自职场、学校和日常生活的外在压力，也加剧了个人和家庭生活的紧张感。对许多由于自己的社会角色受到职业错位或传统变化的威胁而

---

① 上海市禁毒委：《痛击毒魔——理论与实践》，上海社会科学院出版社2009年版。
② 曾粤兴：《毒品犯罪研究回顾与展望》，《刑法论丛》2008年第13卷。
③ 褚宸舸：《2011年中国毒品成瘾者权利保障研究报告》，《云南大学法学学报》2012年第1期。
④ ［美］唐·布莱克：《社会学视野中的司法》，郭兴华等译，法律出版社2002年版，第45页。

感到困惑的人来说，毒品提供了一种逃避现实的途径。社会机制引起功能障碍，如异化、困惑、无归属感、紧张、不安、目标难以达到等，使许多个人产生了对包括毒品在内的种种社会规范的漠视感。尽管吸毒行为遭到社会的强烈谴责和唾弃，但仍对许多遇到生活问题的人提供了一种充满诱惑力的选择。二是毒品在世界上是涉及万亿美元的产业，许多人依靠它而生存，参与毒品的种植、加工、生产、运输或销售，非法的毒品市场利润丰厚。此外，滥用毒品为那些执行反毒品法和帮助吸毒者戒除毒瘾的人提供了大量的就业机会。

（2）社会冲突论

冲突论观点强调权力的重要性，认为正是社会权力决定了把什么规范变成法律。因此，冲突论的观点在分析毒品问题时，主要体现在以下两个方面：

首先是把毒品与社会等级联系起来。历史上有无数实例表明，当原来合法的事物与一个下层集团联系在一起时，价值标准就会发生改变。例如在美国社会早期，种植、贩卖和吸食鸦片是一种合法行为，人们能够在药店、杂货店轻易买到鸦片剂。到了19世纪70年代，由于经济萧条，针对廉价中国劳工的排华情绪兴起之后，反鸦片的法律才获得通过。因此，法律针对的是中国苦力，而不是吸食鸦片行为本身。可卡因曾是一种体面的药物，至19世纪末期，媒体将黑人、罪犯和暴力联系起来，甚至耸人听闻地宣称："黑人加上可卡因，就等于强奸白人妇女。"到1914年被宣布为非法。① 而海洛因遭遇了可卡因同样的命运，因常与贫穷的非白人和罪犯联系在一起而成为非法。与此相反，大麻一度是反传统的亚文化的代名词，但当许多"正经"的富有的白人开始吸食大麻后，美国放宽了对大麻的禁令。

其次是把毒品与利益关系结合起来。认为毒品问题使不同的利益集团相互联合在一起，为追求自身经济利益在不同程度上左右政府的毒品政策。执法部门要求加大对毒品管理的力度，便意味着更

---

① ［美］文森特·帕里罗：《当代社会问题》（第4版），周兵译，华夏出版社2002年版，第91页。

高的部门预算、收入增加、编制扩大和职业稳定。民间鼓吹放宽毒品法令的自由论者发现,自己在不知不觉间,与那些想要扩大销量的毒品制造者和毒贩,以及寻找廉价、优质毒品的吸毒人员站到了一起。从政策层面上看,冲突学派的学者并不关心降低犯罪率的问题,而主要关注如何改变法律的制定和执行过程。由于社会权力的分配主要决定于对生产资料的控制权和所有权,因而要改变法律制定和执行过程,就必须对社会结构进行根本性的改革。

布儒瓦对美国毒品问题的研究,是把毒贩和街头上的犯罪人员置于美国社会冲突中正确的位置上来考察,认为美国毒品问题充其量只是深层次、结构性困境的附带表现,是对长期存在结构问题的附带性的对抗而已,要解决毒品问题,美国需要"直面种族和阶级不平等,而不是毒品"。"吸贩毒问题在很大程度上是由文化建构,与阶级不平等和种族上的意识形态霸权不无关联。毒品问题遮掩着阶级性别和地域内部的不平等。"①

(3) 社会互动论

不同的人对于吸毒行为有不同的看法。吸毒者看作是一种冒险、一种逃避、一种必需或一种体验;医护人员看作是对病人进行的治疗;在道德家眼中则成了一种罪恶;黑社会发现是有利可图的生意;而执法人员则看作是犯罪活动的罪恶之源;在社会公众眼里,则将吸毒贩毒看作是违法犯罪行为和社会问题。这一事实提供了相互作用论的分析基础:

其一是社会准则。吸食大麻在美国一度是合法行为,但到了1937年通过《大麻法案》之后,服用大麻就成为犯罪行为。大麻何以由合法变成为非法行为?这就是《局外人:越轨社会学研究》一书试图回答的基本问题。贝克尔追本溯源,从大众传播媒介的宣传最终追溯到麻醉品管理局。认为是麻管局为了得到将会增加自己社会权力的新法律而发动了这次宣传运动,并进而把麻管局的官僚们

---

① [美] 菲利普·布儒瓦:《生命的尊严——透析哈莱姆东区的快克买卖》,焦小婷译,北京大学出版社2009年版,第243—244页。

视为在幕后活动以求创立对其有利的新准则的道德创业者。贝克尔论证说,越轨行为只是在其被公开而实在地贴上越轨的标志后才存在的,这就是"越轨标签论"。越轨行为是由社会造成的,是由他人执行规范和判断的结果。①

其二是社会学习。美国犯罪学之父萨瑟兰(Edwin H. Sutherland)在解释妓女、酗酒、吸毒、同性恋等越轨行为时,提出"差异交往论"。要点是犯罪的决定性因素,既不在于个人的特性,也不在于其经济地位,越轨行为是习得性行为,而非天生的,也非由低智商或大脑疾病所导致,而是在与他人进行交往互动的过程中学来的。一个人越有机会和越轨者交往,则产生越轨行为的可能性就越大,犯罪的动机和技巧是通过与犯罪的价值观念、行为模式等接触而习得。② 除此以外,习得还取决于行为的技术性、学习者的动机、态度和对自我的定义。一般而言,同龄人是吸毒行为习得的主要途径。亚文化既是青少年犯罪的主要原因,也是青少年吸毒的重要原因之一。

韩丹认为,西方的流行文化深深影响着中国,尤其是"消费文化""享乐主义文化"和新型毒品亚文化,主要是迎合了青少年崇尚个性张扬、叛逆家庭与社会、追求人生享乐的心理,认为学习、模仿、文化氛围和压力对新型毒品使用行为产生影响。③ 夏国美、杨石秀认为,新型毒品亚文化群体,通常也就是娱乐场所的亚文化圈子,新型毒品泛滥的深层原因就是与时尚、从众等社交圈子的亚文化特点有关。④ 林少真的博士论文以主位的视角,将新型毒品的吸食者作为研究主体,站在主体行动者的立场,考察行动者自身对其吸毒行为的解释,关注吸毒行为对于行动主体的意义,也算是社

---

① [美]霍华德·S. 贝克尔:《局外人:越轨社会学研究》,张默雪译,南京大学出版社 2011 年版。

② Edwin H. Sutherland, Principles of Criminology, Philadelphia: J. B. Lippincott Company, 1947, pp. 5—9.

③ 韩丹:《城市毒瘾——吸毒人群成瘾研究》,东南大学出版社 2008 年版。

④ 夏国美、杨石秀:《社会学视野下的新型毒品问题》,上海社会科学院出版社 2009 年版。

会互动论的一次尝试。①

2. 研究方法

一般而言，对毒品问题的社会学研究，在方法上分为定性和定量两种研究方法，以问卷调查和个案访谈等社会调查方法收集资料，其成果主要表现为描述性研究和解释性研究。定量研究大多是采用对吸毒人员进行问卷调查，其研究路径表现为：在对吸毒人员的年龄、婚姻、职业、受教育程度、心理状况等人口学特征和吸毒种类、场所、时间、方式等吸毒行为特征的数据统计分析基础上，归纳总结出吸毒问题的相关研究成果。有学者对多个城市戒毒人员抽样调查，整体分析吸食海洛因吸毒人员人口学特征、吸毒行为特征及社会网络。② 蒋涛通过问卷对重庆南岸区戒毒所戒毒人员的调查，用高级统计分析方法研究吸毒人员的社会支持网，具有一定的科学性和较强的说服力。同时，李骏通过定量研究比较了传统毒品和新型毒品两类吸毒人群的特征、人际交往和面临的风险，结果发现差异性很明显。③ 阮惠风博士在对云南昆明、大理、保山、德宏等地吸毒人员的问卷调查，主要采用主因子分析、聚类分析、相关分析及年表分析的方法，对新型毒品的危害进行全面评估并建立数学模型。④ 娱乐场所是新型毒品滥用的高发地，有学者经过对某市歌舞类娱乐场所问卷调查结果的数据建立 logistic 回归模型，发现噪声较高、连锁经营的场所发生吸毒现象的可能性更高，而场所的规模、营业时间等其他经营管理方面的特征与有吸毒现象的关联不显著。⑤ 俄罗斯学者 2006 年根据俄罗斯女性与毒品有关的刑

---

① 林少真：《话语建构视角下的新型毒品吸食行为研究》，博士学位论文，上海大学，2010 年。

② 陈小波、王卉：《中国海洛因市场研究》，《中国人民公安大学学报》2005 年第 4 期。

③ 李骏：《吸毒人员的群体特征：海洛因和新型毒品的比较分析》，《青年研究》2009 年第 1 期。

④ 阮惠风：《新型毒品滥用与控制的实证研究——以云南为例》，博士学位论文，中国人民大学，2008 年。

⑤ 赵亮员：《娱乐场所特征与涉毒的关联分析》，《中国人民公安大学学报》2011 年第 1 期。

事犯罪案件的案例卷宗,选取了 1135 个被关押在教养院的女毒犯,以匿名问卷形式调查涉毒女犯的社会人口特征。研究指出,涉毒犯罪的女性中,年轻、受教育水平低、失业、吸毒、犯罪职业化水平较高是女性毒品犯罪人的主要特征,而获取金钱、满足对毒品的需求以及同情是女性毒品犯罪的主要动机。① 然而,这类实证研究对毒品问题的研究仅是描述"是什么"的问题,而很少能深入解释"为什么",这无疑在一定程度上制约了吸毒问题研究领域的广度和深度。

因此,有部分学者通过个案访谈和参与式观察等方法获取第一手资料,并采用质性研究。不足之处是对涉毒人员的个案研究较少,加之学术水平上参差不齐,有的更像是纪实文学作品,如《毒女人——吸毒女性的口述实录》②《中国吸毒人群调查》③ 讲述的是一个个吸毒女性的故事,在具有较强可读性的同时,学理性不够。当然,其中也有不少成功之作,例如马永清博士的《吸毒越轨行为与社会变迁》,以大量丰富的个案访谈资料为依据,从物质环境、制度变革、社会链接纽带和人际互动几个方面,探讨在当前社会变迁中吸毒越轨行为的产生和发展的逻辑机制以及导致其产生的因素;韩丹博士以南京吸毒人群为研究对象,运用个案访谈的研究方法,沿着扎根理论的研究思路,通过深度描述城市吸毒人群的生活世界,从初次吸毒、逐渐成瘾到强制戒毒以及复吸的全过程进行深度描述,以"个人与社会关系"为主旨,把关注点主要放在社会因素对个人吸毒成瘾行为的研究。成瘾习性、不良家庭背景及家庭教育问题、不良社会环境、社会免疫力趋弱是走上吸毒的主要社会成因,他们吸毒的动机是通过毒品调整社会情绪。而心理依赖、吸毒亚文化、生活方式定型化、社会排斥、社会支持缺失是吸毒人员走

---

① [俄] Т. М. 亚夫丘诺夫斯卡娅、И. Б. 斯捷潘诺娃:《女性毒品犯罪的社会特征》,《国外社会科学》2009 年第 6 期。
② 陈贝帝:《毒女人——吸毒女性的口述实录》,中华工商联合出版社 2004 年版。
③ 韩丹:《中国吸毒人群调查》,江苏人民出版社 2007 年版。

不出毒品世界的社会根源。①

对毒品问题的研究，美国人类学家布儒瓦反对抽样调查，认为这样做无法接近这一特殊群体，因此他采用了参与观察民族志方法，以人文的情怀与哈莱姆东区买卖快克的人群进行长达数年的互动，并以文化生产理论和女权主义理论作为分析框架和理论基础，分别从（街道）文化的能动作用、个人的自主性、性别中心论以及家庭内部环境等方面，一方面描述了底层世界中人们追求尊严的生活与情感，同时深刻剖析了造成这一艰难生存以及将这一苦难代代相传的教育、社会机制原因②。无论是研究方法还是理论提升，布儒瓦均堪称人类学界研究毒品问题的典范。

1.2.3　历史学和民族学

鸦片是世界上最古老、最广泛使用的麻醉剂，英国学者马丁·布思在其名著《鸦片史》中，全面探讨了鸦片的历史、种植、生产、传播、使用、贩卖及其甜蜜万恶又痛苦的后果，展现了鸦片作为麻醉剂和毒品等多种面孔。③ 美国学者戴维·考特莱特《上瘾五百年——瘾品与现代世界的形成》中的瘾品（drug），既包括鸦片、大麻、古柯叶等"三小宗"硬性瘾品，而且还包括能够合法服用的酒精、烟草、咖啡因等"三大宗"软性瘾品。从社会与生物的角度对咖啡、烟草、可卡因等影响精神状态的瘾品进行了梳理和考察，逐一展演毒品如何被发现、交易与图利的过程，追踪出大众化瘾品进入全球贸易主流的来龙去脉，揭示瘾品使用自主权与国家政经体系、社会规范之间的冲突与妥协，是迄今有关瘾品文化史最完备的著作之一。与此同时，考特莱特在书中颠覆了人类理性是世界进步的主要动力的传统观念，提出在过去 500 年间的世界形成与发展进

---

① 韩丹：《城市毒瘾——吸毒行为的社会学研究》，东南大学出版社 2009 年版。
② ［美］菲利普·布儒瓦：《生命的尊严——透析哈莱姆东区的快克买卖》，焦小婷译，北京大学出版社 2009 年版。
③ ［英］马丁·布思：《鸦片史》，任华梨译，海南出版社 1999 年版。

程中瘾品扮演的角色,人类借助瘾品追求精神放纵的本能与近代世界形成的关系就十分紧密。一言以蔽之,瘾品改变了历史。① 该书观点大胆新颖,主要是提醒人们,心理药物的研发与精神刺激的革命,可以使人类走向极端的迷幻梦域,也可能带来虚无缥缈的乌托邦。

对于毒品问题的史学研究,在我国始于 20 世纪 20—30 年代,出现了以罗云炎《中国烟禁问题》和于恩德《中国禁烟法令变迁史》等为代表的一批较严格意义上的学术论著,在当时曾产生较大的影响。从 90 年代末期开始,对毒品问题的史学研究炙手可热,②纵横捭阖,从虎门销烟到当代中国禁毒,从毒品史到贩毒史再到禁毒禁娼史,从上海的万国烟会到世界禁毒风云,重点都是探讨新中国成立前毒品泛滥的成因和禁毒制度的变迁。其中,邵雍的《中国近代贩毒史》展示了各个时期中外贩毒的组织形式和特点,对毒贩的组织结构分门别类,其中不乏真知灼见。③ 然而美中不足的是,中国的鸦片史研究多侧重于民族危机、革命叙事、反帝斗争以及新中国成立初期的禁烟禁毒运动,缺少关于鸦片与社会生活的研究成果。

云南是我国首屈一指的毒祸重灾区,同时也是全国禁毒斗争的前沿主阵地,因而毒品问题的研究,始终居于举足轻重的突出地位。仅近年来就陆续涌现出《云南境外毒源研究》④《中国造福人类的创举——帮助金三角替代发展减灭罂粟实证》⑤《东南亚"金

---

① [美] 戴维·考特莱特:《上瘾五百年——瘾品与现代世界的形成》,薛绚译,上海人民出版社 2005 年版。

② 仅 1997 年就出版了不少于 5 本:苏智良《中国毒品史》,上海人民出版社 1997 年版;马维纲编《禁娼禁毒:建国初期的历史回顾》,警官教育出版社 1997 年版;凌青、邵秦《从虎门销烟到当代中国禁毒》,四川人民出版社 1997 年版;中山大学史学博士王宏斌《禁毒史鉴》,岳麓书社 1997 年版;廖振华《世界禁毒风云》,汕头大学出版社 1997 年版。

③ 邵雍:《中国近代贩毒史》,福建人民出版社 2004 年版。

④ 马树洪:《云南境外毒源研究》,云南人民出版社 2001 年版。

⑤ 孙官生:《中国造福人类的创举——帮助金三角替代发展减灭罂粟实证》,云南人民出版社 2001 年版。

三角"地区与云南省禁毒问题》①等著作和从不同学科、不同视角和层面进行调查研究取得的大量相关成果。其中，较具代表性的如云南民族大学的鲁刚教授先后主持完成的三项国家社科基金课题《云南沿边境民族地区毒品问题及其对策研究》（1996），《云南跨境民族中的毒品问题与禁毒工作调查研究》（2009），《中近期中国社会问题演化的趋势研究——中缅边境地区毒品问题整体演化趋势及其对策研究》（2011），以及笔者主持完成的国家社科基金青年项目《云南边疆民族地区毒品犯罪问题成因分析及对策思考》（2011）等，特点是将毒品问题与边疆民族问题、境外"金三角"毒源地问题、缅北民族地方武装问题以及跨境民族问题等紧密联系起来，具有十分鲜明的地方民族特色和资政价值。

1.2.4　政治经济学

芝加哥学派的经济学家 Gary S. Becker 以运用经济学分析研究非经济领域的问题而著名，面对美国"严打"禁毒策略收效甚微，转而提出"毒品合法化"的主张。按其设想，如果毒品合法化，那么目前在暗中交易的毒品价格，大概会降低90%以上。这样一来，那些已经染上毒瘾的人，就没有必要因为毒品价格高昂而靠违法犯罪（如卖淫、偷盗、抢劫、贩毒）来维持吸毒的开支；毒品价格大幅度降低以后，大毒枭也不再有利可图，而贫民区的年轻人也就难以依靠贩毒来维持生计。②"毒品合法化"其实是新古典主义经济学扩张，坚持经济人对利益最大化的追求和理性计算等核心原则，并将之无限度地拓展到了经济领域之外包括毒品问题在内的其他研究领域。"毒品合法化"的主张固然有其一定的合理成分，但在世界毒情态势日趋严峻的时代背景下，只能成为人们茶余饭后的笑料

---

①　梁晋云：《东南亚"金三角"地区与云南省禁毒问题》，中国人民公安大学出版社2006年版。

②　[美]加里·贝克、吉蒂·贝克：《生活中的经济学》，薛迪安译，华夏出版社2000年版，第119—123页。

而已。

毒品问题包含了从毒品生产、运输和销售、消费等诸多环节，经济犯罪、毒品贸易和洗钱之间存在着密不可分的联系。法国社会经济学家蒲吉兰（Guilhem Fabre）用 3 年时间完成了《犯罪致富——毒品走私、洗钱与冷战后的金融危机》，书中指出，在国民经济中占有相当比重的日本、墨西哥、泰国、俄罗斯 4 国，毒品经济已构成威胁本国及世界经济和金融稳定的重要源头。毒品犯罪经济之所以在全球大肆蔓延和发展，一方面是国际经济环境的重大变化为其提供机会，另一方面是某些国家政治和体制上的腐败为其提供了可能。为此，蒲吉兰建议，各国应共同携手打一场"反毒品战"①。

《国际社会科学杂志》2002 年第 3 期登载了主题为"从社会经济角度看贩毒"的系列文章，深化了毒品领域的研究，加深对毒品供应及非法毒品市场造成后果的理解，这种理解不仅是对毒品消费本身，还扩展到毒品对于整个社会和经济的影响。有研究指出："世界范围内毒品打击机构对现行政策、法律执行不力的问题，因此要根本解决毒品问题，首先必须正视并解决法律政策执行机构中的腐败问题。"②

此外，美国大学教授早在 20 世纪 70 年代对毒品问题进行跨学科分析，从行为、药物学、历史、社会、法律和临床医学来研究毒品和毒品使用问题，内容比较全面和科学。在他们看来，毒品使用的方式、行为和主观体验不仅受到毒品特性的影响，也受到诸如文化、个体或群体期望和社会因素的影响。③

---

① [法]蒲吉兰：《犯罪致富——毒品走私、洗钱与冷战后的金融危机》，李玉平、苏启运译，社会科学文献出版社 2001 年版，第 2 页。

② [法]蒲吉兰、米歇尔·希莱：《毒品贸易、经济犯罪及其经济社会后果研究：对国内外公共毒品控制的政策建议》，《世界经济与政治》2003 年第 12 期。

③ [美] O. 瑞、C. 科塞：《毒品、社会与人的行为》，夏建中、孙屹、秦海霞等译，中国人民大学出版社 2001 年版。

1.2.5 研究的成就和不足

总的来看，由其广泛性、复杂性、紧迫性和社会危害性所决定，历史发展到今天，毒品问题的研究，在国内外都已成为一大热点和显学。在我国，按照"四禁并举，堵源截流，预防为主，标本兼治，严格执法，综合治理"的禁毒工作方针，研究的内容主要包括吸毒问题、贩毒问题、种毒制毒问题，以及禁毒战略、立法执法、宣传教育、预防矫治、境外毒品替代种植与替代发展、国际禁毒合作等一系列的相关问题；在研究对象方面，主要有青少年吸毒和流动人口、少数民族、特殊人群贩毒吸毒等，以及毒品问题的生成机制、社会危害、治理策略等诸多问题；同时呈现出逐渐向多学科相互交叉和学术化方向发展的较明显趋势。

至于研究的不足，则主要表现为：一是在研究内容方面，重点多放在吸毒问题上，对走私贩毒问题的研究成果相对较少。二是在毒品问题的研究中，多见事不见人，缺少主体性研究。现有的研究成果多来自"局外人"，以及经转述的事实真相，故多流于从客体和外在的角度对毒品问题进行描述和理论分析，得出的结论基本是一些"社会共识"和道德、法律层面的评判标准，呈现为脸谱化的描述和公式化的理论解释。三是对毒品犯罪问题的研究存在性别盲区，对女性涉毒人群关注较少，缺少人文关怀。

1.3 理论述评

对于女性犯罪原因的解释，在西方国家已经形成以下几大理论流派。

1.3.1 生物决定论

意大利法医出身的犯罪学家 C. 龙勃罗梭，是把生物机体的特

征与犯罪行为联系起来的著名理论家。龙勃罗梭 1895 年出版的《女性犯罪人：卖淫者和普通妇女》，为系统研究和解释女性犯罪现象奠定了重要的基础，由此被誉为"女性犯罪学的开山鼻祖"。

龙勃罗梭通过实证研究，将女性罪犯分为七种类型：天生的罪犯、机会型罪犯、歇斯底里型罪犯、热衷犯罪者、自杀型罪犯、精神失常罪犯、癫痫疾患偏差者等。[①] 龙勃罗梭详细地测量了女性犯罪人和妓女们的头颅、大脑和骨骼，提出女犯是"天生的犯罪人"的观点，认为女人是男人进化的不完全形式，由于所有的女人都有一定的返祖性，因而所有的女人都有一定的犯罪倾向。生物学派开启了女性犯罪实证研究的先河，但从一开始就误入歧途。

1923 年，托马斯认为，女性犯罪的关键在于女性对于安全感、爱的追求和接受，所以女性犯罪者多为追求新经验、刺激和生活的享受而走上犯罪的道路。

在女性的生命历程中，一般要经历经期、孕期、产期、哺乳期和更年期 5 个特殊的生理期。广濑胜世通过实证研究，证明了女性犯罪确与月经有关，经期前后内分泌的变化可能导致情绪不稳定并出现犯罪倾向，与此密切相关，还有怀孕和停经，也会增加女性犯罪的概率。研究发现，五分之二的女性犯杀人、放火罪，都发生在月经前后。[②]

除了月经和女性犯罪有关之外，还有学者克韦（John Cowie）和斯莱特（Slater）强调染色体异常，也是影响女性犯罪的主要因素。[③]

生物学派强调生物特性上的一些不正常表现，并用来解释女性犯罪的动因，固然有其一定的合理成分，但人的行为更多地依赖于社会，更多地表现为社会性。因此，"生物决定论"过度强调"生物因素"在解释某些犯罪类型上，具有一定的局限。

---

① Lombroso. C., & Ferrero, W. The female offender. London：T. Fisher Uniwin. 1985.
② ［日］广濑胜世：《女性与犯罪》，姜波译，国际文化出版公司 1988 年版。
③ 陈显荣：《犯罪与社会对策》，群众出版社 1992 年版，第 182 页。

1.3.2 冰山理论和骑士理论

18—19世纪的刑事古典学派认为,一个人实施犯罪行为,完全是犯罪行为人意志选择的结果,这就是"自由意志论",其代表人物贝卡利亚。在古典犯罪学里,女性和儿童性因被认为不具有理性的能力,故而成为犯罪人的可能性几乎为零。[①] 为此在当时的犯罪学研究的领域内,也就几乎没有了女性犯罪的研究和相关成果。

针对这一情况,生物学派创始人龙勃罗梭提出著名的"冰山理论",认为妇女犯罪在数量上实际并不亚于男人,只不过被发现和处理的很少,"犹如冰山一角"。以后,波拉克进一步指出,女性犯罪率其实与男性几乎持平,从统计数据来看,女性犯罪似乎比较少,那是因为有的案件未及时报告,有些案件未被侦破,而有些则干脆被司法系统从轻发落了。女性天生具有周密而狡猾的情感,复仇情绪也强,其犯罪性并不比男性差。[②] 由此发展了龙勃罗梭的"冰山理论",认为社会上之所以较少发现女性犯罪,与女性生性狡诈、嬗变虚伪有关,同时还因为女性犯罪多发生在家庭和职场,所以女性犯罪多被隐匿起来。

可见,波拉克的观点与龙勃罗梭的"生物决定论"一脉相承。

女性犯罪难以被发现,加上在犯罪实施的过程中,妇女不是犯罪真正的实施者,而仅仅是教唆者;执法人员出于同情,往往不愿对妇女进行过于严厉的处罚,于是就出现貌似妇女犯罪率低的现象。[③] 事实上,女性被发现和被处罚的可能性相对于男性确实要少,这主要是与社会大众对待女性持同情和怜悯的心理密切相关,女性犯罪败露后,被处以刑罚的情况较少、较轻,这是因为执行刑事处罚的警察、法官、检察官大部分是男士,而男士们大多拥有"怜香

---

① Hward Abadminsky L. Thomas Winfreee. Jr, Crime and Justice Nelson-Hall, Inc, 1992, p. 141.
② 周东平:《犯罪学新论》,厦门大学出版社2004年版,第237—238页。
③ 王金玲:《社会转型中的妇女犯罪》,浙江人民出版社2003年版,第20页。

惜玉"的"骑士精神"①。这就是龙勃罗梭在"冰山理论"基础上进一步发展而来的"骑士理论"。

1.3.3 人格异常论

Freud 从性心理学的特定角度出发，认为所有的女性都有过对男性性器官的妒忌和阉割情结的困扰而产生自卑感的经历，如果不能适应这些经历，久而久之会形成性压抑或精神疾病。同时还认为男女两性的性格差异是天生的，由于女性较为依赖、顺从、情感性强，故较少出现暴力犯罪。

在此基础上，美国教授沃伦（Warren）在《女性犯罪人》一书中，将女性犯罪人分为三类：一是冲突型女性犯罪人，又称为"神经过敏型女性犯罪人"。这类女性犯罪人有许多内在的消极心理，包括焦虑、负罪感、自我堕落、消极、被歪曲的知觉、机能失调等。二是权力型女性犯罪人，又称为"病态人格者或社会病态者"。因为多生活在病态的家庭中，所以行为具有较强的攻击性和暴力特征，其违法犯罪行为来自对家庭的反抗和对感情的补偿。三是消极遵从型女性犯罪人。②

这些解释的共同点，是将女性犯罪归因于人格异常和心理疾病，明显带有主观性和歧视性的倾向，因而缺乏应有的说服力。

1.3.4 妇女解放论

"妇女解放论"的鼻祖是龙勃罗梭，提出"因为地位的关系，女性犯罪者当然较男性为数较少，不过文明愈进步，则女性的犯罪者随之增加"③，由此成为"妇女解放理论"的雏形。比利时凯特

---

① 徐久生：《德语国家的犯罪学研究》，中国法律出版社 1999 年版，第 238 页。
② 莫洪宪、张鸿巍：《西方女性主义犯罪学的兴起与发展》，《国家检察官学院学报》2004 年第 6 期。
③ 何湘娜：《现代西方女性犯罪研究发展综述》，《中国人民公安大学学报（社会科学版）》2000 年第 6 期。

勒认为，19世纪的女性所受到的束缚和控制较多，缺少主观能动性，因此女性犯罪少于男性。① 罗伯·怀特则认为，女性犯罪数量不多，可以归结于社会对女性生活方式的种种限制，而女性犯罪数量的增长则直接或间接地反映妇女解放带来的变化。萨瑟兰认为女性走向社会比男性晚，犯罪机会相对有限，而且在社会中受到的挫折少，所以犯罪也就较少，因此，女性犯罪一般是伴随着女性走向社会而增加的。

伦那德·D. 塞维特兹的《性犯罪研究》认为：随着妇女进入劳动者行列人数的增长，女性参与某种犯罪活动的机会也随之增多。……女性并不比男性有更多的道德感，也不比男性更加正派，只是在过去，女性的犯罪机会受到了极大的限制。随着犯罪机会的增加，女性犯罪的可能性也就越大，"她们所获得的极大的自由权利和独立性，将会导致她们杀害使其受挫、愤怒的仇敌，她们的丈夫、情人，以及其他她们所依附的而又感到不可靠的男人"②。而更多的犯罪学家认为，工业化的进程、妇女解放、对女性的束缚减少、女性活动空间的扩大、犯罪机会增多，是女性犯罪率上升的主要原因。

然而，英国安妮·坎贝尔在所著《少女犯》一书中，否认女性犯罪人数的增加与妇女解放之间有明显的因果关系，"被逮捕妇女人数的增加与妇女的解放之间，并没有明显的因果联系"。认为犯罪中的性别差异归根结底是受经济因素的支配，失业和通货膨胀对低工资收入者影响最大，因此应从经济和犯罪的角度出发，把注意力集中在性别和阶级上。"可接受"的妇女行为的变化是经济条件变化的结果。在失业率很高的情况下，妇女被排挤在劳动大军之外，回到厨房。经济情况、阶级和性别角色之间的相互影响比遗传差异或生儿育女更能说明犯罪率的波动，"社会阶级"应该是女性和犯罪行为的一个关键性变量。并进一步指出，"因为

---

① 吴宗宪：《试论造成犯罪性别差异的原因》，《中国人民警官大学学报》1991年第2期。

② 王金玲：《社会转型中的妇女犯罪》，浙江人民出版社2003年版，第21页。

妇女不仅被看作处于社会边缘的人，而且被视为家庭和丈夫的经济负担，没有家庭和丈夫的支持意味着比不幸更甚的失败。男人的势力范围在社会上，因此男人的贫穷可以被看作是偷窃的可理解的动机。但是女人的活动场所局限在家中的锅台边，超出家庭范围的犯罪，不但是道德上的还是女性角色的真正越轨"。①

1.3.5 性别主义理论

性别主义批判社会、政治、经济以及知识领域对女性的不平等，将性别意识融入女性犯罪的研究，认为女性犯罪与性别角色、性别分工密切关联。②

1975年，阿德勒和西蒙认为，女性的社会地位和经济角色与犯罪有关③。女性犯罪率的上升，一方面是因为妇女的性别角色社会化模式发生了变迁，另一方面是女性在工作场所有了更多的机会。不同性别的社会角色决定了男女不同的社会化过程，所以导致男性与女性犯罪率的不同。持这类说法的学者有霍夫曼—巴斯塔曼、波拉克④。在现代社会，男女性别角色之间的差别正在不断缩短，所以男人和女人的越轨行为变得更加相似⑤。

马克思主义认为，男女两性关系代表了"历史上出现的最初的阶级对立"，女性被压迫是因为"资本主义生产方式"的确立，妇女犯罪是生活于其中的政治、社会和经济制度的产物。女性犯罪率的升高，则是由于大量妇女外出工作，承担了经济独立的责任，但工资却很低，常常处于贫困的状态，而贫困又导致了女性为了维持生存而犯罪，因而女性犯罪是由劳动性别分工的不平等、低下的经

---

① ［英］安妮·坎贝尔：《少女犯》，刘利圭、冯韵文译，社会科学文献出版社1988年版，第6页。
② 钟华：《女权主义犯罪学》，选自曹立群《犯罪学》，中国人民大学出版社2008年版。
③ Siege Larry, Criminology Wadworth publishing, 2000, p.73.
④ 王金玲：《社会转型中的妇女犯罪》，浙江人民出版社2003年版，第22页。
⑤ ［英］安妮·坎贝尔：《少女犯》，刘利圭、冯韵文译，社会科学文献出版社1988年版，第61页。

济地位所导致。由于生殖的差异，使得男女在社会中担任不同的社会角色，女性的生理特征使其在很多时候更依赖男性，男女要达成真正平等的关键，在于女性能够实现对自己身体和生殖的控制。如果不能获得这种自由和平等，即使在公共领域的机会增多，也不能减少女性在私人领域的劳动和提高社会地位，结果导致女性在公、私两个领域的角色紧张并承受双重的压迫，反而使女性犯罪的可能性不断上升。

除此之外，还有学者将女性犯罪看作是父权制压迫的产物，认为男性对女性的压迫存在于社会各个方面，而这些压迫对于女性犯罪有着根本性的影响。长久以来不公平的性别分工及相应的社会化过程，形成了"男尊女卑"的性别认同，男性在很多方面都是优越的，男性对女性的统治包括了身体和性。

性别主义犯罪学理论对生物决定论和女性传统社会角色提出严峻挑战，认为政治、经济、文化的不平等才是女性犯罪的最深层的原因。强调女性犯罪的研究，应着眼于诸如权利、经济和社会资源分配、社会地位等存在着严重男女不平等现象的社会问题上。女性主义的研究和理论极大丰富了女性犯罪的研究内容，但由于浓烈的感情色彩而遭到了众多犯罪学家的批评。

总的来说，关于女性犯罪原因的理论解释，主要包括"内因说"和"外因说"。其中，生物学和心理学都强调犯罪的内部原因，将犯罪的原因归结为罪犯个人的人格特征和生理特征；社会学和女性主义观点，则将犯罪原因归结为外部社会环境。这些理论有一个共同的特点，即都是研究者作为"他者"的角度来考察犯罪的原因。西方女性犯罪研究从早期龙勃罗梭和菲利的实证主义，发展到现在多角度、多层次的现代主义研究，经过了100多年的历史发展。有的观点因缺乏科学性和合理性而遭到严厉的批判，而有的则因为具有广泛的思想基础和深邃的内涵，在当今的女性犯罪研究领域依然闪烁着夺目的光辉，成为本书理论研究的起点。

1.4 研究设计

1.4.1 核心概念的阐释

1. 毒品

作为一个社会公众知晓度极高的词汇,"毒品"的概念和内涵在不同历史时期和不同的国家或地区不尽相同。在国外,大约从20世纪20年代才开始使用"毒品"一词,到40年代前后逐渐流行开来。我国首次明确"毒品"的定义,是在1990年全国人大常委会《关于禁毒的决定》中,采用了举例和概括两种方式指明:"毒品,是指鸦片、海洛因、吗啡、大麻、可卡因以及国务院规定管制的其他能够使人形成瘾癖的麻醉药品和精神药品。"针对不断出现的毒品种类,我国1997年《刑法》第357条和2008年《禁毒法》第2条,在原有定义的毒品种类基础上增加了"甲基苯丙胺(冰毒)"。毒品是个相对概念。从医学角度看,毒品是麻醉类药品和精神类药品,是治病或缓解疼痛的药物,但有强烈的毒副作用;从法学观点看,毒品是违禁品,是受国家管制或禁止滥用的特殊药品。

毒品种类众多,划分的标准也不同。根据国际公约,按照毒品的药理性质,毒品分为麻醉药品和精神药物两大类。与此同时,根据毒品产生方式和来源分类,又可以分为植物天然毒品和合成化学毒品。而从作用于人体的药理和效果上分类,可以分为抑制性毒品、兴奋性毒品、致幻性毒品。从毒性和危害程度上分类,可以分为"硬性"或烈性毒品(海洛因)和"软性"毒品(大麻)。根据毒品出现的时间早晚和制作毒品工艺的不同,分为传统毒品和新型毒品(具体分类详见表1-1)。

表1-1　　　　　　　　　　毒品分类一览表

来源	作用与效应		
	抑制类	兴奋类	致幻类
植物天然类毒品	罂粟（鸦片）	吗啡	古柯叶	仙人球毒碱
	海洛因	可待因	可卡因	墨西哥致幻罩碱
	蒂巴因	大麻（小量）	大麻（大量）	大麻
化学合成类毒品	美沙酮	哌啶	冰毒苯	LSD（麦角酸二乙酰胺）
	芬太尼	镇痛安定	丙胺	苯环己哌啶
	苯巴比妥	安定	利他林	二甲色胺

在我国，常见的毒品种类主要有下列几种：

（1）鸦片（Opium）

又名阿片、阿芙蓉，俗称"大烟""烟土"。是从罂粟植物蒴果中提取的黑色膏状物质，含有吗啡、可卡因、罂粟碱等多种生物碱，具有安神、安眠、镇痛、止泻、止咳、忘忧的功效，属于麻醉性药品。如果滥用便可成瘾，成瘾后使人面无血色、身体消瘦、目光无神、机体免疫功能下降。

除此之外，近年来在中缅边境地区还出现一种新的鸦片类毒品卡苦。卡苦也叫"卡古"或"朵把"，是由鸦片为主的多种植物加工混合而成的毒品，一般是在鸦片膏中添加芭蕉叶、车前草等多种植物熬制而成，成品形状类似烟丝。卡苦主要含有精神活性物质鸦片，属于鸦片类滥用物质，身体依赖性较海洛因轻，但戒断症状持续时间较长。

（2）海洛因（Heroin）

海洛因是鸦片的提纯物，外观呈白色粉末状，因此俗称"白粉""白面"。相对于鸦片较粗放的熬制方法，海洛因属于精制毒品，主要来自"金三角"地区。在毒品的非法交易中，海洛因根据纯度由低到高分为一号、二号、三号、四号，所以高纯度的海洛因

又被称为"四号"。主要使用方式是吸食和注射。成瘾性强,通常吸食 2—3 次就能上瘾,注射方式则一次就能上瘾,成瘾后极难戒除。

(3) 冰毒 (Methamphetamine)

冰毒学名甲基苯丙胺,因其原料外观为纯白结晶体,晶莹剔透,故被称为"冰"(Ice)或"冰毒"。在云南的涉毒人群中,冰毒又被称为"麻古"①"小马"②,使用冰毒的行为称为"溜冰"或"骑小马"。冰毒对心血管系统有明显的升压和兴奋中枢神经系统的作用,小剂量使用可以消除疲劳,提高体力,增强心理自信,以致连续工作不休息仍能保持清醒和精力;过量反复用药则表现为精神抑郁、心悸头晕、狂妄偏执等症状。此外,冰毒常作为性药和催情剂在娱乐场所中使用,所以也被称作是"性帮浦"③。

(4) 摇头丸 (Ecstasy)

摇头丸是冰毒的衍生物,属于致幻型苯丙胺类兴奋剂,具有致幻和兴奋作用。外观多为片剂或丸剂,服用后,作用于人的中枢神经系统,使人极度兴奋或产生错觉,摇头不止,行为失控,常在卡拉 OK 厅使用。

(5) 氯胺酮 (Ketamine)

俗称"K"粉,因而吸食氯胺酮的行为被称作"打K"。吸食方式为鼻吸或溶于饮料内饮用。K 粉与 GHB 等一起被统称为"约会—强奸药",滥用后易导致迷幻,产生错觉,麻痹人的神经系统,有损害短期记忆的能力,容易对女性产生性伤害和性暴力。

---

① "麻古"是一种含有甲基苯丙胺(冰毒)、咖啡因等成分的新型毒品,是泰语的音译,产自缅甸。

② 我国是麻黄素生产大国,冰毒是从麻黄素中提炼出来的合成型药品。在云南,有部分吸毒者用的是冰毒,但误以为是麻黄素,昵称"小马"(谐音小麻),其实就是冰毒,这是缘于对毒品错误的认知。

③ [美]戴维·考特莱特:《上瘾五百年——瘾品与现代世界的形成》,上海人民出版社 2005 年版,第 101 页。

2. 毒品问题

从理论上讲，毒品问题在学科分类上主要是属社会科学学科领域内的社会问题研究范畴，即属于具有社会危害性并影响深化良性运行、需要动员社会力量加以干预和进行治理的一种突出社会问题。其主要内涵，按照2007年12月全国人民代表大会常务委员会通过并于2008年6月开始实施的国家《禁毒法》和1997年、2011年修订的《刑法》有关条款和禁毒斗争的相关方针政策以及司法实践，毒品问题主要包括国家明令禁止的吸食、注射毒品，走私、贩卖、运输毒品，种植、加工、制造毒品等各种违法犯罪行为，以及由此引起的其他各种相互关联的违法活动和其他社会问题。①

3. 毒品违法犯罪

对于"违法"与"犯罪"，不同学科有不同的理解和诠释。从法的角度来理解，违法是指国家机关及其工作人员、企业事业单位、公民和社会团体违反相关法律法规的规定，从而给社会造成危害的各种过错行为。按其性质和危害程度，违法又分为刑事违法、民事违法和行政违法等不同类型。其中，刑事违法即犯罪，是指触犯刑事法律法规依法应受刑罚处罚的行为。② 因而"违法"与"犯罪"，是一对相互联系而又有所区别的法律概念。从社会的角度来理解违法犯罪行为，主要是依赖于社会规范。根据违反社会规范的不同程度，将行为分为失范行为、越轨行为、违法行为和犯罪行为。越轨是某一社会群体的成员判定是违反其准则或价值观念的任何思想、感受和行动③，包括犯罪、违法及违反道德规范、社会习俗和风俗的所有思想和行为，即所有不道德、恶行、罪恶、犯罪都叫越轨行为。道格拉斯用"越轨漏斗"来表明越轨行为的十个

---

① 鲁刚：《云南跨境民族中的毒品问题与禁毒工作调查研究》，方志出版社2009年版，第34页。
② 王作富：《刑法》，中国人民大学出版社2010年版，第36—38页。
③ [美] 杰克·D. 道格拉斯：《越轨社会学》，河北人民出版社1987年版，第11—12页。

层次：

(1) 某种事物不对劲、陌生、奇特的感觉。
(2) 厌恶、反感的感觉。
(3) 某种事物违反准则或价值观念的感觉。
(4) 某种事物违反道德准则和道德价值的感觉。
(5) 某种事物违反准则或价值观念的判断。
(6) 某种事物违反道德准则或道德价值的判断。
(7) 某种事物违反正统道德轻罪法的判断。
(8) 某种事物违反正统道德重罪法的判断。
(9) 某种事物违反人类本性的判断。
(10) 某种事物绝对邪恶的判断。

从越轨的范围上来看，它包括法定犯罪、准犯罪、一般违法行为以及违反正统道德观念的社会病态行为，其外延较宽，使得用"越轨"一词，可以涵盖犯罪学的全部研究对象。犯罪学家主要采用第7、8层次的定义研究越轨，且将越轨行为限制在法律的框架中，很少讨论法律中尚未正式阐述的越轨形式。

至于毒品违法犯罪，按我国的《禁毒法》和《刑法》等现行法律的规定，单纯地吸食、注射毒品，违反了我国毒品管制的规定，属违法行为；走私、贩卖、运输和加工、制造毒品为犯罪行为；种植毒品原植物的，按数量的多少和情节的轻重分别为犯罪行为或者是违法行为。其中，目前我国涉及毒品的相关罪名共有12个，概括起来可大致分为四种类型：一是包括走私、贩卖、运输、制造毒品罪；非法种植毒品原植物罪；非法买卖、运输毒品原植物种子、幼苗罪；走私制毒物品罪；非法买卖制毒物品罪等5种罪名，皆属于牟利型毒品犯罪。二是非法持有毒品罪和非法携带、持有毒品原植物种子、幼苗罪2种罪名统称持有型毒品犯罪。三是包括引诱、教唆、诱骗他人吸食注射毒品罪；庇护容留他人吸食、注射毒品罪；非法提供精神药品、麻醉药品罪在内的3种罪名统称为帮助消费毒品罪。四是以包庇毒品犯罪分子罪，窝藏、转移、隐瞒毒品、毒赃罪等一系列罪名统称为妨害司法机关禁毒活动罪。在以上各种罪名中，尤其又以走私、运输、贩卖毒品为主要形式的经营牟利型毒品犯罪发案率最高、案件数量最多、情节和性质也最为严重。

作为社会学研究，本书用"涉毒犯罪"替代"毒品犯罪"，主要基于以下两个方面的考虑：

其一是"毒品犯罪"是具有社会危害性并应受到国家法律惩处的严重涉毒行为，存在明显的、确定的、绝对的评判标准和法律界限。本研究的宗旨是弱化"犯罪"的刑罚性，而更强调其"行为"性的特征，即重点关注其越轨行为发生的过程和逻辑机制，注重涉毒主体的理解和体验，而不是从"他者"的角度去对毒品犯罪行为给予法律的评判和界定，将涉毒女性归入罪犯的范畴，并探讨如何对其进行惩罚和改造。

其二是在我国，依据《刑法》《禁毒法》等法律法规，吸毒活动一般属违法行为。但事实上，在上举各种类型的毒品犯罪行为中，又多与毒品的违法吸食行为紧密联系在一起，例如引诱、教唆、诱骗他人吸食注射毒品罪，非法持有毒品罪，庇护容留他人吸食注射毒品罪等。因而在不少情况下，毒品违法与犯罪之间常常互为因果，其中"以贩养吸"就是一大最为常见的模式。因而在研究涉毒犯罪问题时，又将两者结合起来一并进行讨论。

为此，本书采用"涉毒犯罪"这一概念，以便在外延上有所拓展，使其在既具有犯罪学意义的同时，具有较为广泛的社会学意义，即"以刑法学的概念来统计资料，以社会学的概念来认识本质"①。

4. 女性涉毒犯罪

日本学者菊田幸一在其著作《犯罪学》中指出："因为犯罪的

---

① 佟新：《女性违法犯罪解析》，重庆出版社1996年版，第3页。

是女性，所以才说成女性犯罪。"① 一般而言，女性犯罪是以犯罪主体的性别特征作为根据来分析犯罪现象的一种特定视角。主要是着眼于女性犯罪与男性犯罪之间的差异性特征，而并非是指只有女性才有可能实施的犯罪。至于"女性涉毒犯罪"，则主要是相对于男性而言，特指作为自然人和刑事责任能力人的女性公民，直接或间接参与了与毒品犯罪相关的各种犯罪行为。按照我国的现行法律，女性涉毒犯罪与男性涉毒犯罪具有完全相同的法律地位，但由于较之男性，女性在生理、心理、社会因素等方面有其较为鲜明的自身特点，因而在法律上又有诸多特殊的照顾性规定。

还有，本书之所以不用"妇女"（Women）而采用"女性"（Female）一词，原因主要是在中国文化特有的语境下，相对于"女性"，"妇女"具有更加浓厚的政治色彩，例如"妇女运动""妇女解放""妇女联合会"等。《汇苑》云："未嫁谓之女，已嫁谓之妇。"因此在约定俗成的语言习惯中，"妇女"指代的多是成年已婚女性，具有反映性别、年龄与婚姻状况的多重含义。相形之下，"女性"的外延更加广泛，正如学者高彦颐在其研究明末清初才女时所说："我用的社会性别分析方法，本身就是现代思维的产物。在进行分析时，往往为了行文方便顺畅，还是用'女性'或'男性'比较恰当。"②

除此之外，需要预先说明的是，作为理解和认识女性涉毒犯罪问题的起点，本书主要是基于下列观点③：

（1）女性涉毒既是一种社会现象，同时也是一种社会行为

社会学家多依据行为的反社会性、行为的社会危险性和社会危

---

① ［日］菊田幸一：《犯罪学》，海泡等译，群众出版社1989年版。
② 高彦颐：《闺塾师：明末清初江南的才女文化》，李志生译，江苏人民出版社2005年版，"中文版序"。
③ 这部分内容主要参考了佟新：《女性违法犯罪解析》，重庆出版社1996年版，第4—7页。

害性来讨论犯罪问题。① 越轨行为一般以两种面貌呈现在人们面前，一个是作为宏观的社会现象，另一个是作为微观的个体行为。女性犯罪被看作是危害社会具有反社会性并且应该受到国家法律惩罚的行为，因此女性涉毒犯罪既是一种法律现象的同时，又是一种社会现象。其中，作为社会现象，尽管对于整个女性社会群体，涉毒犯罪仅是个别现象并具有偶发性的特征，但其行为的发生却有着十分深厚而广泛的社会根源。因而本书对于女性涉毒犯罪，更多的是从社会现象的角度来加以认识和解读。

（2）女性涉毒既是一种社会事实，同时也是一种社会过程

作为宏观的社会现象，涉毒犯罪是一种社会事实。迪尔凯姆认为，人类大多数的意向不是个人自己生成的，而是外界熏陶、影响甚至是压迫的结果。社会高于个人，社会事实无法用生理学、个体心理学以及其他研究个体的方法来诠释，而必须用社会科学的方法来解读。② 女性涉毒犯罪在刑法意义上是一种既定的事实，作为行为人的女性要对其负责，并为此承受法律的惩罚。然而从社会学的意义上说，任何犯罪活动都有一个客观的过程，即犯罪活动是在一定的社会与心理的基础上发生的，有其复杂的前因与后果，具有从普通人变为罪犯的过程性特征。女性涉毒犯罪，与其他形式的越轨行为和所有社会行为一样，是多种过程相互作用的结果，无论是在任何一个分析层次上还是在各种不同的分析层次上，这一过程都包含多重变量，如价值变量、条件变量等。

（3）涉毒女性是普通人，而不是特殊的人

从社会学的视角看，反社会性行为是人类普遍存在的行为。世界上没有天生的罪犯，涉毒女性也是普通人，而不是特殊的人。涉毒女性与涉毒男性在本质上没有明显的差别，但在诱发犯罪的原因

---

① ［德］汉斯·约阿希姆·施耐德：《犯罪学》，吴鑫涛、马君玉译，中国人民公安大学出版社1990年版，第76页。
② ［法］埃米尔·迪尔凯姆：《社会学方法的准则》，狄玉明译，商务印书馆1995年版，第24页。

等问题上，社会因素对男女两性的作用会有一定程度的差别，主要反映在男女把对不同社会地位的追求看作自身成功的目标，这种差别在传统社会表现得更为明显。不管是男性还是女性，毒品犯罪的本质都是违反国家法律，对公共健康和他人造成侵害，属于危害公共安全罪的范畴，理应受到法律的惩治。因此，本研究的落脚点不是女性与犯罪的关系，而是女性与毒品，即重点不是探讨如何打击女性涉毒犯罪，更多的是探讨女性走上涉毒犯罪的原因，即是什么因素使其走向涉毒犯罪的深渊。

最后还要强调的是，作为云南边疆民族地区，尤其是边境沿线地带的一种常见现象，在参与涉毒犯罪的各类人员中，外籍人员中的女性特别是来自缅甸、越南、老挝等境外周边邻国的外籍女性，不仅历来较为活跃，并在毒品犯罪活动中占有较大比重，而且于近年来呈现日益上升的明显趋势。对于这一类型的"女性涉毒犯罪"人员，因情况复杂，牵扯面较大，故在讨论中将暂且不做过多的涉及和讨论，敬请见谅。

1.4.2 研究方法

1. 质性研究

方法论在概念上是普遍适用于社会科学各门具体学科，并起指导作用的范畴、原则、理论、方法和手段的总和。在社会学的研究中主要存在两种基本的，同时也是对立的方法论倾向：实证主义方法论和人文主义方法论。前者是科学主义，后者是自然主义，而量化研究方法和质性研究方法，则是两种方法论的集中体现。

实证主义方法论受自然科学研究范式的影响，认为只有客观的、实证的和量化的研究才是科学和有价值的。并进而认为，社会学研究应该像自然科学研究一样来探讨各种社会现象之间的相互联系，要通过非常具体、非常客观的观察和经验概括来得出结论。[1]

---

[1] 童星：《现代社会学理论新编》，南京大学出版社2003年版，第27页。

长期以来，以量化研究为代表的实证主义方法论，一直是社会学研究方法论的主流。其中，迪尔凯姆的《自杀论》通过分析犯罪统计学资料，最终揭示自杀现象中类似自然现象的规律。以问卷调查为基础的定量研究，具有客观性、普遍性和代表性的特点，在社会学研究中成为最常用的方法之一。问卷调查能够有效地帮助研究者收集反映社会实际状况的资料，是获取第一手资料最可靠也最经典的方法，特别是在要大规模地了解社会整体状况时，有规模地进行资料采集，并且可以利用所收集的数据进行定量分析。定量研究优点在于宏观研究发现趋势性的因果规律与相关的规律研究结果可作概念上的推断演绎，具有客观性。然而，量化研究具有简化个体的局限。越轨行为涉及卷入该行为的各种主体之间的互动关系，而这种互动关系是一种鲜活的社会事实，其中蕴含着多种结构性和文化性的因素，这些因素无法采用定量的方法获取。民国社会学者周叔昭为此就反对运用统计来研究犯罪现象，并引用威廉海莱氏的说法："说百分之六十的再犯是从恶劣家庭来的，并不能证明任何特殊的再犯是从恶劣家庭来的。也不能证明恶劣的家庭环境在任何一个案件中都引起犯罪。"所以，犯罪统计分析只是指出各种社会现象与犯罪的可能关系，由各项统计所推出来的因果不能应用于每一个特殊的个案。目前的分析只是希望能发现犯罪现象与其他社会现象当中的因果关系，如贫穷、教育和家庭状况等。一般情况下用统计来探讨犯罪原因，所能得到的解释似乎过于粗略，"如果预作深入的探讨则不能不求诸个案的分析和研究了"①。

人文主义方法论则认为，在进行社会现象和社会行为研究时，应该充分考虑到人的主观性、社会现象和自然现象之间的差异性，在研究中要特别注重"人对人的理解"和"投入理解"。在研究方法上，质性研究是人文主义方法论的集中体现。社会学的理想是达到对研究对象的"真实的"解释，这是一种注重在最一般意

---

① 周叔昭：《北平一百名女犯的研究》，《社会学界》第6卷，1932年，第46页。

义上的理解而不注重实用目的的解释。① 在社会变迁的过程中，社会上的边缘群体最容易受到伤害。他们遭遇不幸是因为结构性问题，但社会往往会归咎于个人，并加以合理化，比如素质低、心理脆弱、不思进取，而忽视了他们所面临的困境和挣扎、努力。因此，熊秉纯主"从当事人的经验出发，抽丝剥茧地呈现出社会和社会结构对个人和群体的影响与束缚，这是研究的最好途径之一"②。布儒瓦也认为，如果要探究生活在敌对的社会边缘人群，参与观察式民族志方法要比定量研究更适合。③ 对妇女问题的研究，人们已经意识到，更重要的是去倾听妇女的声音，而不只是记录相关的数据。④

　　质性研究的目标就是在于发掘当事人的经验，从他们的角度来了解其世界，而不是用社会成见或刻板印象来解读或评判一个事例、一种现象。这对平时没有机会表达的弱势群体具有特别的意义，同时也意味着传统的认识会受到新的冲击。⑤ 采用质性的研究方法，可以避免把丰富立体的材料简单化和平面化。同时也便于在研究中从人际互动的过程中发现、理解其中种种复杂微妙的关系，从而解释其深层的逻辑关系，不至于忽略深层的行为动机和社会过程。以米德的学生布鲁默为首的芝加哥学派，就十分注重用人文科学方法来研究互动过程。认为人的行为是无法预测的、非决定性的，互动是一个角色创造的过程，因此主张用生活史、自传、日记、信件等作为研究材料，采用个案研究、非结构式访问、参与观

---

① ［美］杰克·D. 道格拉斯：《越轨社会学》，河北人民出版社1987年版，第34页。
② 熊秉纯：《质性研究方法刍议：来自社会性别视角的探索》，《社会学研究》2001年第5期。
③ ［美］菲利普·布儒瓦：《生命的尊严——透析哈莱姆东区的快克买卖》，焦小婷译，北京大学出版社2009年版，第9页。
④ ［加］宝森：《中国妇女与农村发展》，胡玉坤译，江苏人民出版社2005年版，第14页。
⑤ 熊秉纯：《质性研究方法刍议：来自社会性别视角的探索》，《社会学研究》2001年第5期。

察等方法来阐释互动过程的独特性质。① 质性研究是以文字叙述为材料、以归纳法为论证步骤、以建构主义为前提的研究方法。简言之，是以个案研究和口述史资料作为支撑和基础来进行的。

2. 资料来源

对于犯罪研究，现今已经很难做到像前辈社会学家严景耀先生在20世纪20年代为了调查犯罪问题，在司法部的大力协助下，只身装扮成罪犯在监狱中与犯人同吃住，了解真实情况。尽管后来被识破，但是由于取得信任，狱友仍一如既往提供资料。基于我国对毒品犯罪采取严厉打击的高压态势，毒品犯罪具有高风险性，为了规避落入法网的巨大风险，毒贩竭力把犯罪活动做得很隐蔽，这就为真实地认识犯罪设置了重重障碍。女性涉毒犯罪的调查是一项艰辛、危险的工作，无论是作为个别的现象还是作为普遍现象的女性犯罪，都是十分艰难的。因此，本书只能从以下三个方面来获取相关资料和数据：

其一是涉毒女性的口述。本书采用个案访谈的方式，与涉毒当事人面对面地访谈，记录口述材料成为本书资料的主要来源。其中的大多数案例，是在云南省第一女子监狱集中调查时获得的。② 这些调查对象，全部都是因毒品犯罪在监狱里服刑和接受改造的女性毒贩。除此之外，还有部分人属刑满释放后回归社会的涉毒女性。总之，构成本研究的访谈资料，绝大部分都是来自涉毒女性的口述，通过口述，描绘出了整个案例发生、发展的全貌。

其二是对监狱中在押毒犯的问卷调查。笔者在主持进行国家社科课题"云南边疆民族地区毒品犯罪成因分析及对策思考"期间，曾于2007年到云南省第二监狱对在押的毒犯进行问卷调查。问卷调查采取便利抽样方法，共发放问卷400份，收回有效问卷369份。

---

① ［美］杰克·D. 道格拉斯：《越轨社会学》，河北人民出版社1987年版，第34页。

② 为了保护受访者的隐私，文中受访者的姓名均采用化名或代号。涉毒犯罪虽然不是直接关注，不涉及具体犯罪细节和量刑，但是相对于普通研究来说，还是具有敏感性。

内容主要涉及毒犯人口学特征、社会经济特征和对毒品犯罪的认知—态度—行为（详见附录1：问卷调查样本）。通过问卷调查收集来的资料可以对调查对象做一个整体性的判断和陈述。

其三来自公安禁毒、各级检察院、法院及监狱管理系统等有关职能部门的档案文献资料。在当地检察院查阅刑事档案，是一种经过"过滤"的犯罪真实记录，也是被裁减了的文本，是刑事实际工作中所看到的犯罪实际情况，但对于了解涉毒女性的基本情况和女性涉毒犯罪前后过程还是十分有益的。

3. 调查过程

本研究的调查，主要采用个案访谈和参与式观察两种方法进行，调查地点分别为位于昆明的云南省第一女子监狱和滇西德宏州陇川县。其大致过程如下：

云南省第一女子监狱坐落在昆明，关押女犯3000多名，其中约三分之二为重刑女毒犯。调查访问时间是2011年3—5月间。访谈是在知情并同意的原则下，与女毒犯展开的面对面、一对一的访谈。为了不影响访谈对象的生产、生活，每次谈话的时间都选择在中午，持续30分钟左右。地点多在活动室或教室等方便、保密、清静的地方。方法上采用无结构、开放式访谈的形式进行，主要从研究对象的个人生活史的角度切入，重点是追溯当事人的经历，了解当事人的重大生活事件、生活处境与个人体验，内容广泛，涉及家庭、婚姻、教育、就业等相关方面。

在访谈过程中，一直遵守研究者和被研究者之间，是一种平等对话的关系。同时，关注被研究者自己的观点。由于访谈是在监狱这一特定的封闭场所进行，而访谈的部分内容多涉及访谈对象的隐私，因而对方往往不愿意"和盘托出"，担心因此加重刑罚，而选择对自己有利的话语。因此，在访谈过程中，除了学会倾听涉毒犯罪女性的"声音"，还要注意"察言观色"、辨别话语内容的真伪。限于监区的工作规定和保密原则，笔者无法采取现场录音的方式记录材料，同时也不便当场记录，而只能等访谈结束离开监狱之后，凭借记忆记录和整理访谈内容。

至于边境地区的田野调查，主要是2011年7—8月间，赴当前云南全省毒品问题最为严重的滇西德宏州陇川县及其辖下部分乡镇，进村入户进行实地调查。现将基本情况简单介绍如下：

陇川县位于云南省德宏傣族景颇族自治州西南部，毗邻缅甸北部克钦邦，国境线长约50.9公里。全县辖5乡4镇和1个国营农场，国土面积1913平方公里，总人口18.18万（2010年，下同），其中少数民族10.30万人，占县内总人口的56.6%，主要为景颇族、傣族、阿昌族、傈僳族等。[1]

陇川县是现阶段云南边境沿线地区以至全省范围内首屈一指的毒祸重灾区。截至2006年年底，全县共有登记在册的吸毒人员11491人，约占当年全县总人口的6.5%和云南全省在册吸毒人数的13.46%。历年来因吸毒和感染艾滋病死亡2126人，外出或下落不明138人。[2] 经2005年"禁毒防艾人民战争"打响以来的综合治理，目前吸毒人员已大幅度减少到4000人左右。

另据调查，在陇川县境内，截至2006年，仅吸毒人数超过1000人的乡镇就有3个（章凤、户撒、清平），全县71个村民（居民）委员会共693个村寨（社区）中，发现吸毒、贩毒等违法犯罪活动的达616个，约占88.8%。其中，景罕镇曼胆村朋生一队全村共有62户263人，仅登记在册的吸毒人员就有75人，历年来已死亡43人。

4. 调查访谈对象

如上所举，本研究的调查对象主要是涉毒犯罪女性。通过当事人的口述，收集了解其涉毒经历、家庭背景、工作状况、经济状况，以及个人生活史和人际关系等其他相关信息。至于监狱工作人员、禁毒一线的边防、武警和公安工作人员和家属朋友的谈话，则

---

[1] 《云南年鉴（2011年）》，云南年鉴社出版，2011年，第493页。

[2] 鲁刚：《社会和谐与边疆稳定：基于地缘、民族、社会和宗教的实证研究》，中国社会科学出版社2011年版，第80—81页。

作为验证和补充资料。

通过在云南省第一女子监狱和在陇川县的调查,共获得女性涉毒犯罪的 50 个案例,其中包括正在监狱服刑和刑满释放两种类型。现将其基本情况列表于下以供参考,出于对访谈对象的隐私权尊重,行文中出现的人名和地名均作了必要的技术处理。

表 1-2　　　　　　受访涉毒女性的基本情况表

个案编号	称谓	出生年份	籍贯	学历	婚姻状况	职业	犯罪年龄
1	大刘	1965	云南昆明	高中	已婚	打零工	31
2	阿宁	1975	云南昆明	中专肄业	未婚	工厂财会	27
3	安安	1975	四川泸州	初中	离婚	无业	30
4	小路	1993	云南禄劝	初中	未婚	无业	18
5	小宋	1982	云南德宏	小学	已婚	小姐	26
6	老曹	1958	云南德宏	文盲	已婚丧偶	无业	43
7	老田	1957	云南德宏	小学	已婚丧偶	农民	41
8	老韩	1944	云南德宏	文盲	已婚丧偶	农民	52
9	老金	1967	云南德宏	文盲	已婚	农民	39
10	老波	1962	云南德宏	文盲	已婚	农民	36
11	阿布	1986	四川凉山	文盲	未婚	按摩院打工	23
12	雪纯	1974	云南昆明	大专	未婚	酒店会计	24
13	小江	1983	江西	初中	未婚	广州打工	20
14	冰冰	1976	黑龙江	大专	未婚	无业	28
15	阿艺	1988	广西	中专	未婚	歌舞厅表演	21
16	香香	1982	不详	初中	未婚	广州打工	25

续表

个案编号	称谓	出生年份	籍贯	学历	婚姻状况	职业	犯罪年龄
17	陈家红	1979	云南昭通	小学	已婚	无业	32
18	玉罕	1971	云南版纳	文盲	已婚	农民	39
19	周新梅	1989	云南昆明	初中	已婚	无业	21
20	丽萍	1980	云南版纳	小学	已婚	版纳打工	30
21	阿茜	1983	陕西	初中	已婚	导游	25
22	阿珍	1980	四川	初中	已婚	服装生意	27
23	小楚	1995	云南楚雄	高中在读	未婚	在校学生	16
24	唐莉	1966	云南临沧	中专	已婚	工人	37
25	美兰	1987	云南版纳	小学	已婚	无业	23
26	小石	1984	四川	初中	已婚	无业	26
27	老陈	1958	吉林	小学	离婚	无业	51
28	老马	1954	湖南	小学	已婚丧偶	农民	46
29	阿霞	1981	广西	初中	离婚	打工	29
30	白静	1975	江西	高中	离婚	经营KTV	32
31	张玲玲	1975	山西	初中	离婚	下岗工人	31
32	小倩	1990	河北	初中	未婚	KTV打工	20
33	春丽	1994	湖北	初中肄业	未婚	歌舞厅打工	16
34	杨红艳	1987	云南大理	小学	未婚	服装店打工	20
35	阿曲	1972	云南曲靖	高中	离婚	经营酒吧	29
36	王莹	1969	江西	高中	已婚	下岗	41
37	阿南	1973	河南	初中	已婚	农民	38

续表

个案编号	称谓	出生年份	籍贯	学历	婚姻状况	职业	犯罪年龄
38	大周	1963	云南昭通	小学	已婚丧偶	农民	47
39	小庆	1984	重庆	初中	未婚	无业	26
40	文秀	1971	河南	高中	已婚	商店营业员	40
41	小婉	1990	广西	高中	未婚	无业	21
42	小玉	1991	云南版纳	初中	未婚	重庆打工	20
43	小凤	1989	云南临沧	小学	未婚	缅甸打工	22
44	阿莲	1975	湖南	小学	已婚	饭馆老板	35
45	阿微	1977	湖北	高中	未婚	无业	33
46	阿云	1983	云南	初中	已婚	无业	26
47	黄薇	1981	安徽	初中	未婚	夜总会打工	29
48	李梅	1973	辽宁	初中	已婚	无业	37
49	大李	1964	广西	高中	已婚	饭馆老板	43
50	马敏	1971	甘肃	初中	未婚	打工	32

1.4.3 研究框架

本研究主要采用访谈法、参与观察法来获得经验材料，探讨女性涉毒犯罪的社会过程、动机和感受。大致来说，一是厘清"是什么"——女性涉毒犯罪的历史和现实、主体特征和行为特点以及危害性，强调数据和事实的重要性；二是回答"怎么样"——女性涉毒犯罪的过程、发生机制和基本类型；三是解释"为什么"——在事实的基础上提炼出女性涉毒犯罪的诱发因素，借此去发掘涉毒犯罪行为产生发展的社会过程和逻辑生成机制，以及影响这种社会行为背后的深层次原因，尤其是考察在中国这一特定的文化、历史、政治背景和当前社会急剧变迁的情境下，涉毒犯罪与这些因素的关系，并进一步提出治理女性涉毒犯罪的相关对策建议。

基于上述基本思路和研究框架，本书分为下列五个部分共计6个章节：

第一部分即第1章导论，介绍本研究的背景——国内外毒品问题的总体情况和笔者关注女性涉毒犯罪问题的缘起；回顾并梳理毒品问题的研究成果，指出毒品犯罪研究中存在的薄弱环节，并阐明将以口述史和个案作为主要研究方法的重要性。

第二部分包括第2、3两章，分别从女性涉毒犯罪的基本情况和涉毒女性的主体特征两个方面，整体描述了女性涉毒犯罪这一社会现象，以回答"是什么"的问题，属于描述性研究。其中，第2章拟运用数据和史料作为支撑，宏观描述我国女性涉毒犯罪的历史和现状。大体上按照时间顺序，对我国女性涉毒犯罪的历史发展脉络作了纵向梳理。第3章主要是以涉毒女性为主，运用对监狱在押毒犯的问卷调查的统计结果，分析比较男女毒犯的人口学、社会经济特征以及对毒品（毒品犯罪）的认知—态度—行为上的差异。指出与男性相比，女性涉毒犯罪具有被动性、依附性、隐蔽性、团伙性等一系列的突出特征。

第三部分包括第4、5两章，主要是从微观视角，采用案例分析的方法和途径，多角度多层面地展示女性涉毒犯罪的行为特征。其中，第4章对女性涉毒犯罪情境和过程的分析，建立在对涉毒女性的生活事件、人际互动、社会关系、生活空间等分析的基础上。指出困境中的妇女是有动机的犯罪者，毒品可得性、可见性是涉毒行为发生的基本物质环境，不良生活环境和不良的人际交往促成犯罪实施，这四个方面构成了一个紧密联系的逻辑过程。第5章进而借鉴韦伯的类型学研究，依据犯罪的动机和诱因，将女性涉毒犯罪分为失范型、工具型和情感型三大类型。失范型涉毒犯罪是缘于社会转型时期，成功的目标和合法手段之间的失衡，犯罪动机是为"钱"；而工具型涉毒犯罪的女性本身就是吸毒人员，犯罪动机是为"毒"，以贩养吸是常见的模式；情感型涉毒犯罪是缘于女性在社会

中多充当情感性角色,看重亲情、爱情,所以犯罪行为表现出迫不得已的特点,因"情"致罪。这三种理想类型,涉及涉毒女性的生活和情感,在女性涉毒犯罪的情境因素中,由此构建出屈从的关系。

第四部分为第6章结论和讨论。通过对女性涉毒犯罪的行为特征、犯罪产生的基本过程和动机分析,指出女性涉毒犯罪是附着在女性吸毒人数不断增加的事实之上;女性涉毒犯罪的原因是多样的,对金钱、毒品和情感的需要产生了犯罪动机,不良的生活环境和不良的人际交往,加之女性免疫力低下产生了涉毒犯罪。而女性的免疫力低下,与女性在经济、社会、文化中的从属地位有关,由此导致了女性涉毒犯罪被动性和从属性的特点。因此,本研究从观念、制度、技术三个层面提出对策和建议,包括禁毒工作决策性别意识主流化,构建性别平等的机制,对女性进行赋权性干预,对女性发展给予政策性支持,完善社会保障机制,实施宽严相济的刑事政策等,从多方面来控制和治理日趋严峻的女性涉毒犯罪问题。

第五部分包括"参考文献""附录1:调查问卷""附录2:访谈提纲"。

1.4.4 研究的意义和主要创新点

1. 研究的宗旨和意义

作为社会学的研究,本书不仅仅是描述和评述女性涉毒犯罪现象本身,而且是努力去发现和分析现象背后的整个社会机制。主要目的和意义如下:

一是"呈现"。女性和毒品的关系由来已久,以至于1994年国际禁毒日把"女性,吸毒,抵制毒品"(Women, drug abuse, and drug control)作为主题,然而现实社会和学界却往往忽视女性涉毒犯罪问题,致使涉毒女性成为失语的一族。由于社会偏见,群众对毒品祸害的恐惧,使得人们痛恨和谴责那些其实是一无所知的涉毒女性群体。本研究从社会学视野,从一个动态的社会行动过程去审视女性涉毒犯罪过程,通过多个具有"故事性"的案例,呈现涉毒女性的工作、家庭、婚姻、生育等的日常生活状态和生活世界以及犯罪轨迹，突破传统的看法，澄清认识上的误区，达到"知情祛魅""化外恐惧"、消除偏见和误解的目的。

二是理解。长期以来，人们对毒品犯罪的研究多从"客位"立场出发，外在地描述、分析与探讨犯罪原因，忽略了涉毒主体自身的感受和主体建构，因此形成了脸谱化的描绘和公式化的解释，诸如"愚昧""贫困""铤而走险""见利忘义"等社会共识和道德批判，无法对涉毒人群的生活世界和真实现状做出富有生命力的解释。尤其是缺乏对犯罪过程中性别因素的关注，难以听到女性的声音。而在本书中，首先是把涉毒犯罪女性当作"人"来看待，然后再去追寻其走上犯罪道路的社会根源和滋生犯罪的土壤。诚如派克在《人的本质与社会秩序》中所说："我们都知道个人与社会的亲密关系，这种关系说明犯罪不是个人问题，而是集体的问题。"① 犯罪仅是人的行为模式很小的一部分。秉承"不要谴责，要理解"的现代理念，有助于更深刻、更细致地从宏观的社会结构和微观的个人日常生活来理解女性涉毒犯罪的情境、动机、原因。

总之，本研究的宗旨和意义，是选取现阶段在我国毒品问题及其治理中居于突出地位的云南边疆民族地区作为主要空间范畴，在通过问卷调查和个案访谈获取大量第一手资料的基础上，运用性别社会学、犯罪社会学等相关学科的理论与方法，并充分借鉴学术界现有的研究成果和调研资料，以迄今尚处于相对薄弱环节的女性涉毒犯罪问题作为特定对象，通过科学的探索和理性思考，把握女性涉毒的主要特点和过程，力图解释女性涉毒背后更为深层次的问题，从理论和实践层面提出具有建设性的见解。争取在社会学学科理论与方法的本土化建设上有所建树和贡献。同时，在构建和谐社会的语境下，对女性涉毒犯罪作社会学意义上的分析和研究，特别

---

① 转引自严景耀《中国的犯罪问题与社会变迁的关系》，北京大学出版社1986年版，第457页。

是探究在社会转型背景之下的应对之道,将对我国当前的禁毒的预防工作有所裨益,同时将有助于更深刻洞察和把握当下的毒品问题,及时有效化解社会矛盾,降低社会总体运行的风险和代价,从而构建更加安全、和谐、有序的社会。

2. 可能的主要创新点

经认真回顾和总结,本研究可能的创新点,主要体现在以下几个方面:

首先是在研究内容和视角上,具有充实薄弱环节和拓展研究领域的创新意义。如上所举,以往对于毒品问题特别是涉毒犯罪问题的研究,多流于就事论事,就犯罪谈犯罪,注重违法犯罪行为及其社会危害而忽视犯罪主体研究,"见事不见人"。受研究视阈所限制,在对涉毒犯罪主体的研究中,群体研究多,个体研究少;研究社会环境的多,研究个人经历与情感世界的少;研究与经济社会之间关系的多,研究人性和人情的少。本研究以涉毒犯罪女性的口述和问卷调查所得作为依据与支撑,试图从女性观点去诠释这一问题,反思在涉毒犯罪过程中乃至在日常生活中,男女所承受的不同压力,以及政治、经济、文化、心理等对男女不同的形塑和影响,由此在一定程度上具有充实薄弱环节和拓展研究领域的创新意义。

其次是研究方法和资料来源上的创新。毒品问题历来是一个较为敏感的热点问题,尤其是在毒品犯罪活动的资料收集和研究对象的复杂性方面显得更为突出,由此使得以往关于毒品问题的研究,要么是经验研究,所用援引的往往是见诸媒体报道的二手甚至是经辗转传抄多次的个案资料。由于缺乏确切可信、信息翔实的数据资料和来自真实世界的田野调查,其结论多是将一些不完整的案例信息加以综合;要么就是实证研究,在问卷调查的基础进行统计分析,注重量化分析,以求达到精确的判断,结果是漠视背后有血有肉的生活体验,无法真正了解涉毒女性的生存状态。

本研究的旨趣在于深入并描述其本来的生活状态,以从中捕捉生活的真实状况,而不是那种被局外人的先入之见歪曲了的东西。

Smith 指出，社会学的研究是以具体情境和经验立场作为研究的起点。① 因此本研究采用质性的研究方法，通过与女性毒品犯罪当事人进行面对面的访谈，认真倾听并记录其声音，将之作为研究的主要依据，由此便具有了一定的创新意义。而在分析策略上，则运用了叙述社会学的方法，对被访者的叙述内容及材料进行叙述性分析和解读，从中揭示当事人对事件的理解以及事件在社会生活中的意义，由此也就具有一定的创新意义。

---

① Smith, Dorothy E. *Women's Perpective As a Radical Critique of Sociology*, Social Inquiry, 1974, p. 44.

第 2 章　历史与现实：我国女性涉毒的基本情况

特恩斯特伦指出："对社会现象进行历史的分析，并不是那些对历史感兴趣的人所专有的奢侈品。如果想要研究当前，却忽略背后所依托之人的发展演变的过程，则此种研究必然陷于肤浅，止于皮毛。"[①] 因此，对女性涉毒犯罪的研究，有必要放置在一定历史环境中进行考察。

2.1　女性涉毒的历史脉络

2.1.1　鸦片的由来与蜕变

从历史发展的轨迹看，尽管起源于地中海东岸小亚细亚一带的毒品原植物罂粟及其初加工产品鸦片，早在 1300 多年前的唐朝初年就已通过"大食"、波斯等阿拉伯商人之手从海路传入我国，但在以后相当长的一段历史时期内，鸦片主要是被用作治病疗伤的药物而载入《唐本草》和明代李时珍的《本草纲目》等药学巨典。最初被称为"底也伽"，到明清时期逐渐出现"阿芙蓉""阿片""乌

---

① ［美］罗伯特·J. 桑普森、约翰·H. 劳布：《犯罪之形成——人生之道路及转折点》，北京大学出版社 2006 年版，第 3 页。

香"和"鸦片"等各种名称。①

至公元17世纪，即我国明、清两朝更替前后，一方面是随着源自今印度尼西亚苏门答腊一带和印度等地的鸦片吸食方法陆续传入我国，另一方面是在"新航线"开通后西方列强大举东来的热潮中，为弥补与我国茶叶、丝绸、瓷器、白银贸易的巨额逆差，葡萄牙、荷兰和后起的英、法等西方国家的商人在其政府支持下大肆向我国输入鸦片，到19世纪中叶达到极盛。由此在促使鸦片最终完成了从药物到毒品的蜕变历程的同时，给我国造成巨大灾难和深重危机，并直接引发了1840—1842年的中英"第一次鸦片战争"。

战后，随着我国国门洞开和鸦片烟毒的大量输入，"上至官府缙绅，下至工商优隶，以及妇女、僧尼道士，随在吸食，购买烟具，为市日中"②。至光绪末年，四川"城市中有百分之五十男子，百分之二十女子吸烟；乡村中有百分之二十五男子，百分之五女子吸烟；至于，则田妇老幼几无不吸"③。在华北地区，据山西巡抚报告说："（晋省）病在自种自吸，以致祸延妇孺。"④近代中国，鸦片流毒在全国泛滥成灾，致使炎黄子孙蒙受"东亚病夫"的耻辱，鸦片与中国存废续亡的问题紧紧相连，成为难以磨灭历史的鲜明印记。

2.1.2 鸦片入罪与女性涉毒

1. 鸦片入罪

据有关历史文献记载，鸦片入罪在我国始自雍正七年（公元1729年）清廷颁布第一道《禁烟条例》，直到民国年间，无论是"严禁"还是"弛禁"，200余年来各种禁烟法令陆续出台，络绎不绝。其间，清道光十九年（公元1839年）颁布的《查禁鸦片

---

① 苏智良：《中国毒品史》，上海人民出版社1997年版，第31—39页。
② 《黄爵滋奏疏徐乃济奏议合刊》，第69页。
③ 于德恩：《中国禁烟法令变迁史》（1934），收录于沉云龙编《中国近代史料丛刊》第878期第115页。
④ 《山西巡抚丁宝铨奏晋省禁烟办理情形为难折》，载《政治官报》第1176号。

章程》共39条，堪称集历次禁烟法令之大成，计有输入鸦片罪、种植罂粟罪、制造烟土罪、贩卖烟土罪、吸食鸦片罪、开设烟馆罪、制造鸦片烟具罪等诸多罪名。延至后世，在国民政府于1928年3月公布的《中华民国刑法》（史称《中华民国旧刑法》）第19章中，共罗列了15种与鸦片、吗啡等毒品相关的罪名，其中包括制造烟毒罪、贩卖烟毒罪、走私烟毒罪、制造和贩卖吸食鸦片器具罪、提供吸食鸦片馆舍罪、种植罂粟罪、持有烟毒罪、贩卖罂粟或高根种子罪、吸食与注射烟毒罪、帮助他人施行打吗啡罪、持有吸食鸦片器具罪等。

传统社会，妇女的生活以家庭为主，极少参加社会生产活动，因此女性刑事犯罪活动主要是在家庭范围内实施的"奸杀罪"。由于晚清以来社会制度和社会经济生活的变迁，女性参与社会经济生活的机会增多，女性参与刑事犯罪的活动也由单一趋于多样。1918年到1920年直隶高等审判厅与天津地方审判厅通过《大公报》所宣布的需要审判的案件及审判结果中，涉及妇女的刑事案件主要有拐卖、贩卖鸦片、通奸三类。① 据严景耀先生调查北京涉毒犯罪现象时发现，1920年男女犯人的比例是7∶1，到1936年比例是13∶1。在女犯的罪名中，吗啡罪和鸦片罪位居略诱、和诱、奸非、盗窃和诈欺取财等罪名之后，排名第六位和第八位。② 而据徐蕙芳等人对上海三个女子监狱的359名女犯调查所获数据，则以鸦片犯为最，计有90人之多，占在押女犯总数的25%以上。③ 另据张镜予根据北洋政府司法部《刑事统计年表》公布的数据，对1914年至1931年间的统计分析发现，当时我国犯罪人数最多的是鸦片烟毒犯。其中，仅以1923年而论，鸦片烟毒犯占全国犯罪人数总和的27.4%，

---

① 杨剑利：《女性与近代中国社会》，中国社会出版社2007年版，第220页。
② 严景耀：《北京犯罪之社会分析》，原载《社会学界》第2卷，1928年6月，李文海主编《民国时期社会调查丛编》（底边社会卷）（上），福建教育出版社2005年版，第210—237页。
③ 徐蕙芳、刘清於：《上海女性犯的社会分析》，原载《大陆杂志》第1卷第4期，1932年10月，现转引自李文海主编《民国时期社会调查丛编》（底边社会卷）（上），福建教育出版社2005年版，第325—347页。

其余为盗窃及强盗占19.6%、赌博占18.9%、杀伤占11.2%、略诱及和诱占4.45%、吗啡占3.44%，诈欺取财占3%，侵占占2.5%。这就是说，涉毒犯罪（含鸦片和吗啡）人数占了总数的30.84%！而按女性犯罪数据的比例排序，依次分别是奸非及重婚罪（41.8%）、略诱及和诱（23.8%）、伪证及诬告（12.9%），鸦片烟毒罪（12.4%），位居女子罪名中第四位①（具体情况见表2-1）。

表2-1　民国3年—12年时期涉毒罪中男犯和女犯人数一览表

罪名	性别	民国3年	民国4年	民国5年	民国6年	民国7年	民国8年	民国9年	民国10年	民国11年	民国12年
鸦片罪	男	14285	13951	8880	10798	7863	10161	11607	12023	13354	12872
	女	1885	2487	1484	1555	1368	2083	1891	1686	1994	1819
吗啡罪	男	1726	1764	1697	3035	2113	1461	2090	2147	1660	1652
	女	102	174	153	241	230	172	217	133	121	122

2. 各种涉毒女性

另据文献记载和学术界分析研究，晚清民国时期的各种涉毒女性中，大致又可分为以下几种类型。

（1）良家妇女

一方面，在晚清民国时期的中国，作为使人飘飘欲仙、令人销魂的"福寿膏"，吸食鸦片曾被当作是一种奢靡享受和高档消费，最早是在生活无忧、追求享乐的王公贵族和富裕阶层中流行，成为身份和地位的表征。受此影响，在社会上，吸食鸦片逐渐成为一种常见的交际方式和文化现象，以致在婚丧嫁娶和社交往来等场合，用鸦片烟土招待客人成为一种病态的时尚，其中就有不少女性参与其间。与此同时，在封建传统社会，由于上层社会的女性多被长期

---

① 张镜予：《北京司法部犯罪统计的分析》，原载《社会学界》第2卷，1928年6月，现转引自李文海主编《民国时期社会调查丛编》（底边社会卷）（上），福建教育出版社2005年版，第238—270页。

禁锢在家中，为了能让这些女性"守静处贞"，安于妇道，甚至还有部分女性被鼓励吸食鸦片。①

而另一方面，作为药物，鸦片具有止痛、止泻和降烧等药用功效。在全球范围内的许多地区，都曾有过将鸦片作为一种常用药物的经历。尤其是在那些"瘴疠"（疟疾）肆虐的热带、亚热带丛林湿热地带，使用更为广泛和频繁。乃至有学者认为，"瘴疠是西南地区鸦片存在的决定性因素"② 之一。在云南，则早在清道光年间，云南巡抚颜伯焘就曾上奏朝廷说："滇之边地，瘴气甚盛，百姓土民以吸烟以避瘴，乃竞相吸之。"③ 而在台湾等地，也有文献记载道："瘴毒披猖，患者辄死，惟吸食阿片者可以幸免。"④ 除此之外，甚至还有人认为，较之男性，妇女吸毒上瘾的可能更大，理由是"鸦片的衍生物——吗啡经常用来治疗月经疼痛、妇女易患的神经性疾病，以及用作妊娠分娩的麻醉剂"。

再一方面是鸦片能够帮助劳苦大众消愁解闷。"在英国维多利亚时代，1870年的鸦片供应，比1970年的烟草供应还要广泛和普遍，买鸦片者主要是穷人和底层民众。当时的研究表明，越是穷得叮当响的人，就越想买鸦片。"⑤ 而马克思所说"宗教是人民的鸦片"，也反过来说明鸦片能帮助受苦受难的下层群众解除抑郁和苦闷。美国和英国的研究都发现，与男性相比，女性更容易遭受抑郁症的折磨，在女性中，低收入并要照顾年幼儿童的女性遭受抑郁症危险性最大，"低收入母亲患严重抑郁症的比率是一般女性的两倍"

---

① 转引自台湾张维珈《妓女与烈妇——论清日之际台湾女性的鸦片滥用问题》，《文化研究月报》，2011年6月25日。原文见城户康成《日据时期台湾鸦片问题之探讨》（台中：东海大学历史研究所硕士论文，1992年），第6页。
② ［美］大卫·贝洛：《西南鸦片流毒：19世纪早期清政府在云贵川三省的禁烟》，载陆韧主编《现代西方学术视野中的中国西南边疆史》，云南大学出版社2007年版，第311页。
③ 《宫中档·法律大类·禁烟》，道光二十年一月十八日（1840年2月20日）。
④ 连横：《台湾阿片特许问题》，《台湾日日新报》第10731号，1930年3月2日，第4版。
⑤ ［美］马丁·布思：《鸦片史》，任华梨译，海南出版社1999年版，第87页。

"处于贫困中的成人经历新一轮的严重抑郁的比率是非贫困者的两倍","在这样情境之下,我们几乎不会惊讶于一些女性求助毒品或酒精来麻痹不能克服的伤痛"①。由于社会给女性提供的选择机会十分有限,面对生活的贫困和无助,不少人只能依靠鸦片来逃避深重苦难的现实生活。

除此之外,有时即便是跻身上层社会的女性也不例外,清朝末代皇后婉容就是典型代表。婉容天性热情开朗,从小受过良好的西式教育和传统文化的熏陶,但入宫之后,溥仪的冷漠和长期的孤寂使得婉容的精神日益颓靡,于是堕入袅袅青烟之中不能自拔,最终落得私生女被活活烧死和神志失常、两腿瘫痪、双眼近乎失明的凄惨下场,到1946年死的时候年仅40岁。②

(2)娼妓

娼妓使用毒品是古今中外一种十分常见的社会现象。"自19世纪晚期(以来),几乎所有关于娼妓的论述都有酗酒、吸毒的内容。鸦片制品和可卡因成为娼妓的日常必需品,这在彼此文化差异甚大的印度、法国、美国社会里是完全一样的。"③在我国也同样如此,民国时期"广大妇女特别是娼妓吸食者尤多"。19世纪中期,在上海等地的青楼妓院,为客人提供鸦片吸食的情况很普遍,"青楼中人染有烟瘾者十有八九"。不少地区开设的烟馆,实为提供鸦片吸食的妓院。娼妓之所以与毒品经常联系在一起,据研究原因主要如下:

其一是用鸦片催情。以性作为交换条件的卖淫行为常见于许多文化,而瘾品(包括烟、酒、鸦片)是这种行为的重要交换物。鸦片是私藏于烟花柳巷的娼妓用品之一,娼妓将鸦片当作催情剂、春药来使用。张昌甲《烟话》对此有一种说法,吸鸦片或许刚开始与狎妓有关,但吸食之后就对女色全然无兴趣。虽然长期吸食鸦片会

---

① 转引自[美]琼·C.克莱斯勒,卡拉·高尔顿,帕特丽夏·D.罗泽编《女性心理学》(3版),汤震宇、杨茜译,上海社会科学院出版社2007年版,第25页。
② 朱守云:《绝命于鸦片的末代皇后婉容》,《文史精华》2008年第7期。
③ [美]戴维·考特莱特:《上瘾五百年——瘾品与现代世界的形成》,薛洵译,上海人民出版社2005年版,第148页。

导致男性性机能衰退,不过在成瘾初期,却有延长性交时间的功效。为讨得寻芳客的欢心,妓院自然就会捧出鸦片当作撒手锏。①

其二是借抽鸦片寻求短暂的解脱。鸦片能使躯体对疼痛麻木不仁,也能抹杀记忆。许多年轻女子之所以成为妓女,大多是迫不得已,风尘女子总是遭到世人的白眼和侮辱,因此只有通过吸食鸦片才能忘却生活的不幸。"对于娼妓来说,暗无天日的生活状况更需要鸦片来麻醉自己,以致她们往往沉浸在鸦片中不能自拔。"② 据统计,美国约有 80% 的妓女使用各种不同类型的毒品,毒品成为她们摆脱黑暗的芬芳。③ 马丁·布思将妓女使用鸦片的原因总结为:"她们给顾客吃鸦片以便能够洗劫他们;她们自己服食鸦片来泯灭自己职业的苦难:解除一场夜工作后的肌肉疼痛和治疗各种性病。"④ 妓女使用鸦片剂不仅能保证她们长时间的繁重工作,同时也是避免怀孕的一种原始方式,因为连续不断地服用鸦片可破坏卵子。另外,有的妓女还相信,吸鸦片可以预防患梅毒与淋病,为此不少人染上毒瘾。

其三是老鸨用来控制妓娼的工具。吸鸦片使人精神颓败,无精打采,缺乏反抗意识。19 世纪海外华工使用鸦片非常普遍,曾有一位英国官员说过:"抽鸦片的苦力,也许是世界上最可靠的工人了。"⑤ 妓院老鸨为了控制娼妓,让其永远俯首帖耳地听任自己驱使,故意让其染上毒瘾。让妓女染上鸦片瘾,是旧中国老鸨控制妓娼的惯用伎俩之一。

其四是以卖淫或妓院为幌子进行贩卖鸦片活动。有的娼妓本身就是瘾君子,通过陪客人吸食鸦片,既可满足自己的毒瘾,又可以获得双份的报酬,加之妓院来往人员频繁,更是成为鸦片交易的最

---

① 张维珈:《妓女与烈妇——论清日之际台湾女性的鸦片滥用问题》,《文化研究月报》,2011 年 6 月。
② 《妓女贩烟》,《盛京时报》,1914 年 8 月巧日,第 2331 号 7 版。
③ 佟新:《女性违法犯罪解析》,重庆出版社 1996 年版,第 183 页。
④ [美] 马丁·布思:《鸦片史》,任华梨译,海南出版社 1999 年版,第 79 页。
⑤ [美] 戴维·考特莱特:《上瘾五百年——瘾品与现代世界的形成》,薛宣译,上海人民出版社 2005 年版,第 137 页。

佳场所。① 有史料记载说，1913年奉天（今沈阳）有一私娼不但私吸鸦片，而且还"开灯售客"；1915年郝田氏则"素有烟癖，迄未戒除且在家开灯待客"；1917年有一桂姓妇女向嗜鸦片，"迄未戒除，开灯供客，毫无忌惮"。

（3）"女堂倌"

由于吸食鸦片成为时尚，因而在全国绝大部分地区的大小城镇都开设有烟馆，并有人提供专门的服务。烟馆的跑堂最初都是男性，后有上海租界的烟馆为了招揽顾客，约于19世纪70年代开始增设"女堂倌"，雇用青年女性服务员为烟客提供服务，以吸引烟客光顾。据悉，最早设置"女堂倌"的是上海租界的"眠云阁"烟馆，这家豪华烟馆的主人是一位女老板，一时间生意兴隆，引得其他商家眼红，争相招募"女堂倌"。② 据分析，"女堂倌"的特点主要有：

一是类似茶园、餐馆的堂倌，主要职责是为烟客提供服务，诸如端茶倒水，点火挑烟。故时有人作《竹枝词》调侃道："提将枪来烟已到，一壶开水叫连声。""牙签时样挂胸前。"③

二是来源多为农村女性。19世纪末期，西洋商品流入中国，小农经济破产，不少贫苦人家的女子被卷入城市打工潮。"女堂倌以自由之身受雇于烟馆，收入不菲。"④ 正因为充任"女堂倌"收入可观，吸引不少迫于生存压力的女性争相应雇，由此成为热门职业。"甚至附近乡村良家妇女，闻此等堂倌月中大获厚资，往往稍因贫苦，辄弃家而私逃，自甘于贱役而不顾。"

三是行为举止犹如妓娼。"女堂倌"为烟客提供服务时，行为举止类似妓女，多有意无意地故作轻佻、泼辣、风流状，在不同程度上又有出卖色相之嫌。因此在其产生之初就带有浓郁的色情成

---

① 《妓女犯烟》，《盛京时报》，1914年8月巧日，第2331号7版。
② 池志徵：《沪游梦影》，上海古籍出版社1989年版，第159—160页。
③ 《烟馆竹枝词》，《申报》，1872年7月4日。
④ 姚霏：《空间、角色与权力——女性与上海城市空间研究（1843—1911年）》，上海人民出版社2010年版，第184—185页。

分。为此，曾有一则《烟馆异事》报道说："上海之洋泾浜开张烟馆者，所用走堂皆系少年妇女，容色仅中人，而装饰妖丽，勾引游人往来如织，托业虽非倚门，然行为较之倚门尤甚。"① 当时烟馆的景象是："其妇女（女堂倌）贪人厚赏，不顾廉耻，调谑无状。或坐其膝上，或一榻横陈，其秽亵有不堪言者。"② 对此，也有《烟馆竹枝词》描述说："而今竟作烟灯伙，半逗风流半卖羞。"③ 由于这种兼具烟馆与妓院色彩的服务通常比妓院的价格还要低廉，引得顾客纷至沓来。常客除多是纨绔子弟、富商阔佬、官员士绅等富人外，不少下层的商贩、店伙、杂役、苦力等穷人也纷纷跻身其间，一度出现"无贵无贱，若老若幼，争趋如鹜"的空前盛况。④

四是"女堂倌"并非全部都是出卖色相的人群。"女堂倌以自由之身受雇于烟馆，性质上全然不同于娼妓卖淫。"⑤ 一般没有人身依附关系，多以自主的身份进入烟馆，拥有应聘、辞职和选择的自主权，性质上属于自愿接受雇用的劳动妇女。

这些在烟馆、茶楼、酒肆工作的"女堂倌"，曾被部分学者看作是女性走出家门较早的职业大军，视为是我国妇女解放的先驱。但由于烟馆本是藏污纳垢之地，加之多以女色诱人，因而受到社会舆论强烈的谴责，把"女堂倌"斥为扰乱社会秩序、败坏社会风气的"女祸"，曾一度被政府取缔。以后几经反复，到光绪末年，随着上海所有烟馆全部关闭，"女堂倌"也为之而销声匿迹。

(4)"乞丐帮"和"肛门队"

走私贩卖鸦片利润丰厚，尤其是到了清末民国时期，为了获得高额暴利，鸦片走私之风愈演愈烈。参与走私贩毒的，既有外国侵略者，也有台前幕后的军政要员、土匪恶霸、不法奸商、地痞流氓

---

① 转引自姚霏《空间、角色与权力——女性与上海城市空间研究（1843—1911年）》，上海人民出版社2010年版，第184—185页。
② 同上。
③ 同上。
④ 同上。
⑤ 同上。

各色人等。近代上海是我国鸦片地下贸易最大的集散地之一，20世纪20年代出现的由黄金荣、杜月笙、金廷荪组成的"三鑫"集团，几乎垄断了法租界的鸦片贸易，年收入5000多万元，相当于同期北洋政府财政收入的14%—20%，是当时全国范围内首屈一指的大毒枭。[1] 与此同时，有组织的鸦片武装贩运活动相继在云南、四川等地陆续兴起，这就是赫赫有名的滇川大小"烟帮"。

除此之外，作为毒品经济链上的中、下游流通环节，尤其是面对数千万烟民的终端消费市场，地下黑市更是遍布全国各地城乡，女性参与其间，同样是随处可见。其中，尤以"乞丐帮"和"肛门队"最为著名。

所谓"乞丐帮"，有文献记载说：民国初年北洋政府时期，"安徽亳州、江苏徐州农民赴青岛，多以夫妇两人或全家老小，扮作乞丐模样，手推数辆小车，每车装上数筐烟土，筐上盖以极破烂不堪的污秽衣服，夫推父拉，沿途乞讨到青岛。然后依次出售烟土和小车，更换衣服乘车而返。"[2] 可谓犯罪方式隐蔽，手段狡诈，别出心裁。

"肛门队"则见于日本侵华战争期间。据有关资料披露，日本侵略军于1931年发动"九一八事变"后，随即在我国东北地区实行毒化政策，强制占领区农民种植罂粟、割取鸦片交售殖民当局。延至1937年北平沦陷后，日军通过设立禁烟局专卖局征收重税，由此，民间私贩鸦片以牟取厚利的活动日甚一日。值此期间，为了逃避日伪当局层层设卡稽查，有的"妇女把烟土包好塞进阴户或肛门中，频繁穿梭北平至绥远、包头一带，贩运大烟土"，被时人戏称为"肛门队""水门队"。[3]

---

[1] 苏智良、姚霏：《近代中国社会转型期的贩毒巨擘——上海三鑫公司研究》，《上海师范大学学报》2005年第1期。

[2] 邵雍：《中国近代贩毒史》，福建人民出版社2004年版，第47、111页。

[3] 石玉新、徐俊元、李秉新：《近代中国烟毒写真》（上卷），河北人民出版社2000年版，第73页。

(5) 普通农妇

云南是我国最早种植罂粟的地区之一,时间上一般认为不晚于明朝中晚期甚至还要更早,但与内地的情况几乎如出一辙,鸦片在云南最初也是用来作为治病疗伤的药物,以后才逐渐蜕变为毒品并大面积蔓延开来。据《清实录·有关云南史料汇编》卷三记载,道光二年(1822),御史向清朝廷奏报云南省地方情况称:"迤南、迤西一带复有种罂粟花采其浆以作鸦片烟者,请交地方官严行禁止。"延至道光十八年,云南大多数山区均"广种罂粟","深山遂谷之中,种植罂粟花,取浆熬烟,其利十倍于种稻"。以后虽经清廷多次下令查禁惩处,仍不断蔓延,终成燎原之势,到光绪二十二年(公元1896年),总产量达600万两左右[①]。延至清末,云南的罂粟种植面积在30万—70万亩,民国年间最盛时的1923—1932年达到120万—130万亩。空间上遍布全省绝大部分地区,而以滇东、滇东北、滇东南及滇中一带种植面积较广。晚清民国时期,云南因种植罂粟面积广、产量高、品质好而名噪一时,所产鸦片称为"云土",其中又以产自滇西、滇南一带少数民族地区的"夷方土"为极品。

按照社会分工,在传统的农耕社会,女性历来也是农业劳动力的重要组成部分,在罂粟的种植活动中也不例外。据费孝通先生早年调查,云南禄村妇女就常到邻村去帮人种植和收割罂粟换取报酬。"当时的市场为妇女提供了收摘罂粟、从事农作或背运东西的机会。""在摘鸦片时,妇女甚至是儿童可能同男子干得一样快。"[②] 罂粟一般于每年九月播种,翌年三月收割,耕种技术相对粗放,技术含量不高,体力消耗也不大,因而是当时农村妇女参与较多的农事活动之一。从一定程度上讲,农村妇女参与种植和收割罂粟,是历史上女性涉毒人员中人数最多、空间覆盖面最广,同时也最为常见的一大类型。

[①] 云南省地方志编撰委员会:《云南省志卷五十六公安志》,云南人民出版社1996年版,第19页。

[②] [加]宝森:《中国妇女与农村发展:云南禄村六十年的变迁》,胡玉坤译,江苏人民出版社2005年版,第211页。

总之，按照清末民国时期的国家法律和所设刑事犯罪罪名，在鸦片烟毒的生产、运输、销售和消费（吸食）等各个环节上，都有女性参与并在其中发挥出了重要作用，充当着一系列的特定角色。

2.2 女性涉毒的现代转型

1949年新中国成立后，我国政府相继颁布了《关于严禁鸦片烟毒的通令》（1950年2月）、《中华人民共和国惩治毒贩条例》（1952年10月）等一系列法令法规，结合"清匪反霸""镇压反革命""土地改革"等对敌斗争和社会改造运动，依托各级地方政府，充分发动各民族人民群众，仅用了3年多的时间，就基本肃清了危害数百年的鸦片烟祸，使我国一度成为世界范围内为数不多的几个"无毒国"之一。

及至改革开放后的20世纪80年代，受国际毒潮泛滥等诸多内外因素的影响，致使原已基本肃清的毒祸又沉渣泛起、死灰复燃。自20世纪90年代初以来，一方面是随着对我国危害最大的云南境外"金三角"毒源地，相继完成了从鸦片到海洛因的"白色化"和由鸦片、海洛因等传统毒品向冰毒、摇头丸、K粉（氯胺酮）等化学合成毒品的"新型化"进程；另一方面是境外"金三角"毒源，由最初的取道云南主要流往广东、香港，然后辗转欧美、日韩等世界各地的走私贩运，发展成为毒品过境与国内消费并行的整体态势；进入21世纪后，随着西北边疆境外阿富汗等国"金新月"毒源地的迅速崛起、东北边疆境外朝鲜和俄罗斯远东地区对我方毒品渗透加剧，而以广东、福建等东南沿海地区为重点的新型毒品地下生产活动日趋猖獗，最终形成毒源"多头入境、全面渗透"和"内部开花"的严峻局面。毒品问题日益严峻，女性涉毒活动也随之而持续上升。

2.2.1 女性涉毒犯罪的现状

当今世界，随着现代化步伐的迈进和社会转型，女性参与社会活动的深度和广度都在不断增加，女性犯罪问题也逐渐凸显出来，由此引起社会各界的普遍关注。21世纪初期，全世界囚犯人数是910万人，其中女犯接近50万人，即20名囚犯中约有1位是女性。英国犯罪学家维维恩·史丁在2005年"监狱与社会"国际研讨会上提交题为《在囚女犯：一个被遗忘的课题》的论文中说，在1992—2002年的10年间，世界前50个主要国家的在押囚犯人数陡增了50%，一些国家的女囚人数比男囚人数的增速更快，如英格兰和威尔士在男囚人数增长了50%的同时，女囚人数激增了173%。从全球范围看，近年来犯罪率呈普遍上升趋势，女性犯罪相对增长更快，女性犯罪数量的激增已经成为社会转型期的一个重要的问题。① 据澳大利亚新快网报道，根据该国统计局公布数据显示，澳大利亚女监犯数量暴增，增长速度超越男监犯。2011年，女监犯的数量增加了8.4%，这一数字比2002年时的数据增长了48%；相比之下，男监犯的数量在过去12个月内只微升了0.2%，比10年前增加了29%。截至2012年6月30日，在澳大利亚监狱服刑的女性已经达到2201人。而在女监犯中，最普遍的犯罪均与毒品有关，占17%，其次是故意伤害罪占14%；而在男监犯中，最常见的犯罪是故意伤害以及性侵，分别占17%和15%②。

在我国，据国家司法部网站披露，从2000年年底至2006年，全国在押女性犯人数净增了3.9万，平均每年增加15%，大大超过了在押犯平均增长率。③ 特点是在日益增长的女性犯罪中，"女性的

---

① 《全世界每20名囚犯中约有1名是女性》，来源：新华网（http://www.xinhuanet.com），2005年4月23日。

② 《澳大利亚女监犯数量暴增 毒品犯罪最普遍》，来源：环球网，http://world.huanqiu.com/exclusive/2012-12/3353971.html，2012-12-07。

③ 张亚飞：《从文化变迁看女性犯罪的社会预防》，《河北公安警察职业学院学报》2008年第4期。

交通肇事犯罪、暴力犯罪、团伙犯罪等现象相对较少，重新犯罪率低，但参与吸毒、贩毒、恐怖活动的比例较高"①。

时间上，我国女性涉毒犯罪从 20 世纪 80 年代开始呈上升趋势，以后便在女性犯罪类型的排序中逐渐前移。其间，1986—1988 年，涉毒犯罪排名第五，位居重婚、侮辱诽谤、拐卖人口、故意杀人之后。到 1989 年和 1990 年，女性毒品犯罪取代故意杀人罪跃居第四。再到 1991 年，又进一步取代拐卖人口罪位居第三。② 2004 年，在女性涉毒犯罪中，增长率最高的是运输贩卖毒品罪。③ 占同类刑事案件比例，依次为 1986 年 7.22%，1988 年 7.76%，1989 年 8.87%，1990 年 9.12%，1991 年 12.49%，1992 年 13.10%。④ 在 2011 年全国法院判决生效的毒犯中，女毒犯占 11.33%，高出女性在刑事罪犯总数的比例近 6 个百分点。通过对 2007—2011 年全国法院审理的毒品案件来看，毒犯表现为女性多，无业人员多，曾犯罪人员、累犯、再犯多，以贩养吸多的特点。

从北京铁路运输中院 2010 年审理的涉毒案件来看，女性毒犯占 40%，主要以外地户籍女毒贩为主，占 75%。⑤ 而从在押女犯的具体人数看，2002 年年底全国在押女犯 69022 名，其中涉毒犯罪人数为 14546 名，占在押女犯总数的 21.07%，与 1999 年相比上升了 3.14%。⑥ 毒品犯罪案件与其他刑事犯罪案件相比，女性被告人所占比例明显较高，占毒贩总数的 30.3%。⑦

与此同时，女性毒品犯罪案件在全部毒品犯罪案件中的比重也

---

① 徐久生：《德语国家的犯罪学研究》，中国法制出版社 1999 年版，第 236 页。
② 王金玲：《社会转型中的妇女犯罪》，浙江人民出版社 2003 年版，第 135 页。
③ 王金玲：《犯罪中的热岛：妇女犯罪》，《观察与思考》2004 年第 2 期。
④ 佟新：《女性违法犯罪问题初探》，《社会学研究》1995 年第 5 期。
⑤ 佟季、闫平超：《2007 年至 2011 年全国法院审理毒品犯罪案件情况分析》，http://www.law-lib.com/fzdt/newshtml/fzjd/20120627093252.htm，2012-6-27。
⑥ 蔡敏：《我国女性吸毒问题日趋严峻》，http://women.sohu.com/2004/02/10/55/article219015591.shtml，2004-2-10。
⑦ 《毒品犯罪呈现四特点 女毒贩比例上升占三分之一》，载自 http://news.china.com/zh_cn/news100/11038989/20060626/13429876.html，2006-06-26。

在逐年增长：2003 年比例为 14.72%，2004 年为 15.9%，2005 年为 20.29%，2006 年进一步上升到 25.21%。①北京市第一中级人民法院及其下辖 9 个区县法院一审审理的女性毒品犯罪案件数，2003 年 48 件，2004 年 52 件，2005 年 69 件，2006 年 88 件，4 年间增长了 115%。上海市监狱管理局 20 世纪 90 年代初关押的毒犯还不足 1%，截至 2005 年 4 月共关押涉毒罪犯 2268 名，占在押犯的 10.08%，其中女性 417 名，占总人数的 18.39%。②重庆市高院从 2005 开始，审理的女性毒品犯罪案件以每年 10% 的速度上升。③

2.2.2 女性吸毒

如上所举，按我国的现行法律体系，吸毒活动在法律上一般属违法行为，但由于吸毒与各种形式的贩毒等犯罪活动之间的密切联系，加之在吸毒活动中如有引诱、胁迫、容留、庇护等诸多情节，就同样属于犯罪行为的法律界定，因而本研究将吸毒问题也一并纳入讨论。

在吸毒人员的性别差距上，尽管就整体数量而言女性一般低于男性，但同样呈不断上升的较明显趋势。美国女性吸毒者在吸毒者中的的比例，在 20 世纪 60 年代为 14%，80 年代上升到 30%，到 90 年代进一步上升为 40%。④在亚洲国家，据联合国禁毒署 2002 年度《世界毒品问题报告》，亚洲女性毒品滥用者约占吸毒人员总数的 10%。同时还预测说，随着发展中国家在社会文化障碍消失和性别平等程度上升之后，吸毒人员的性别差距可能还会逐渐缩小。⑤

---

① 郭玺、王文波：《女性毒品犯罪：六成多女性主动参与》，http：//www.chinacourt.org/article/detail/2007/06/id/254389.shtml，2008-1-9。
② 孙安清、陆大柒：《上海监狱系统在押涉毒罪犯的构成特点与治理对策》，《法治论丛》2006 年第 5 期。
③ 《重庆毒品案增长 86% 女性未成年毒贩暴增》，http：//cq.qq.com/a/20090626/000349.htm，2009-6-26。
④ 郭建安：《吸毒违法行为的预防与矫治》，法律出版社 2000 年版，第 20 页。
⑤ 《2012 年世界毒品报告》，来源：联合国禁毒署，http：//www.enodc.cn，2012-07-02。

在我国，据国家禁毒委发布的历年《中国禁毒报告》，1999年我国登记在册的女性吸毒人员为13.6万人，到2009年年底女性吸毒人员增加到20.5万人，约占总数133.5万人的15.4%，到2011年进一步增加到28.88万人左右，约占当年全国登记在册吸毒人员总数179.4万人的16.1%①。

在女性涉毒人数和所占比例明显上升的同时，最显著的特点是吸食新型毒品的人员中女性增长速度更快，部分地区甚至还超过了男性。尤其是自2006年以来，在新型毒品吸食人员中，女性初吸者已超过男性，占到54.5%，整整高出9个百分点；传统毒品则相反，2006—2007年，女性的初吸者占10.30%，男性占16.70%，比男性低6.4个百分点。② 当然，尽管在不同的地区往往还存在一定的差异，但总体来说，城市女性吸毒的比例要远远高于农村。例如，在东南沿海的广州和深圳，女性吸毒人员均占到吸毒总人数的40%以上，并呈现出较明显的低龄化特征。据林少真的调查发现，吸毒女性年龄在30岁以下，占76.3%，其中20岁以下和21—30岁的各占吸毒女性的29.5%和46%。而同年龄段男性吸毒人员比例，30岁以下占51.5%，其中20岁以下占13.1%，21—30岁占38.4%。相形之下，女性比男性多出近四分之一③。

从发展趋势来看，近年来我国的冰毒、氯胺酮等新型毒品吸食活动，正呈由社会闲散人员向大中学生、企事业员工、个体老板、演艺界人士蔓延扩散的较明显趋向。

2.2.3 女性贩毒

与毒品吸食活动不同的是，在我国的现行法律体系中，凡贩卖毒品者，无论数量多少都是触犯刑律的犯罪行为。随着毒品吸食活

---

① 《中国累计登记吸毒者逾179万》，《法律界》，2012年6月21日。
② 林少真：《话语建构视角下的新型毒品吸食行为研究》，博士学位论文，上海大学，2010年，第42页。
③ 同上书，第43页。

动的大面积蔓延扩散,女性参与贩毒活动的比例也在逐年上升。

2001—2011年,北京市海淀区人民法院审结毒品犯罪案件明显上升,2009年801件,达到最高峰,约为2005年前案件数的四倍。特别是女性涉毒案件上升很快,已攀升至全部涉毒案件的三分之一。尤其是"90后"涉毒人群中,女性所占比例更是高达63.3%,"90后少女"涉毒现象不容忽视。① 天津市第一中级人民法院2010年审理的毒品案件数量和犯罪人数比2009年分别增长47%和42%,2011年上半年,同比分别增长29%和19%;毒犯低龄化、女性化趋势明显②。涉毒犯罪的女性低龄化特征比较明显,80后、90后居多。从职业来看,无业仍是主体,但是也出现了向有正当职业和高学历转变的趋势。从海口市中级人民法院近年受理多宗毒品犯罪案发现,海口毒品犯罪案呈现80后女性贩卖、运输毒品案件增多等特点。这些涉毒女性大都是80后,具有较高的文化程度。她们被国外毒贩以谈恋爱为名或是许以高额报酬,或以出国旅游、考察市场等为诱饵,参与走私毒品的犯罪活动③。2011年以来,厦门海关查获的6起旅客携毒走私进境案中,犯罪嫌疑人全部为中国籍年轻女性。相似的情况是,这些女性都有个外籍男友,她们是被利用、引诱或欺骗带毒。在她们的背后,都有着一个以非洲人组建的毒品走私犯罪集团的影子。④

至于毗邻"金三角""金新月"两大世界毒源地的云南、广西、四川、新疆、宁夏等西部省区,因地处毒品内流的前沿地带和主要通道,因而走私贩毒活动更为猖獗。其中,在女性涉毒犯罪问题较为突出的四川省凉山州,1994年全州抓获的女性贩毒人员约占被抓获贩毒

---

① 《"90后"涉毒人群中女性超六成》,http://news.163.com/11/0628/08/77KD5D7B0001124J.html。

② 《毒品犯罪呈女性化低龄化趋势》,http://news.163.com/11/0702/07/77UKHUPD00014AED.html。

③ 《海口毒品犯罪呈现80后知识女性增多的特点》,http://hi.people.com.cn/n/2012/0627/c231190—17185571.html。

④ 《天使也疯狂 海关提醒:毒品走私利用年轻女性》,http://roll.sohu.com/20120627/n346638219.shtml,http://roll.sohu.com/20120627/n346638219.shtml。

人员总数的14%，1995年上升到30%以上，1996年进一步增加到33.6%以上，1997年猛升到53.6%并首次超过男性毒犯人数。再到2002年抓获女性贩毒人员505人，约占当年抓获毒犯总人数875人的57.5%；2003年抓获女性贩毒人员611人，占总数1050人的58.1%。在2006年起诉的377名女性犯罪嫌疑人中，毒品犯罪嫌疑人达220人，占58.4%。① 另据统计，自2007年1月至2009年1月，在凉山州检察机关批准逮捕的2098名毒品犯罪嫌疑人中，女性为1124人，占53.6%。② 值此期间的2008年，凉山州两级法院共受理涉毒案件390件509人，结案387件507人，其中女性191人，占案犯总人数的37.67%，比2007年增加了51.59%。③

在云南，女性参与走私、贩卖、运输毒品等涉毒犯罪活动的比例更高。据对云南省某女子监狱做的调查显示，毒品犯罪占比高达80.8%。④ 相关档案资料显示，云南监狱系统1981—1985年共收押毒品罪犯255名，以后仅在1996年1—9月就收押了1621名，增长幅度达到6.36倍。截至1996年9月，在押毒犯占全省在押犯人总数的15.81%。其中女性毒犯分别占毒犯总数的16.8%和在押女犯的50.07%。再到1999年年底，云南监狱系统关押的毒犯已占全省在押犯人总数的21.68%，其中女性毒犯分别占整个毒犯总数的18.24%和在押女犯的59%。数据显示，云南省女性犯走私、贩卖、运输毒品罪的人数占女性犯罪总人数比例，2007年为44.24%，以后为2008年42.28%、2009年36.39%、2010年1—5月为35.88%。尽管比例逐年下降，但在绝对人数上，2007—2010年5月省共有3169名女性涉毒犯罪，约占全省女性犯罪总人数的40.44%。⑤

---

① 沈晓瑛：《凉山州妇女毒品犯罪现状、特点及对策》，《凉山审判》2004年第3期。
② 唐伟：《当前凉山州毒品犯罪的原因、特点及其对策》，《中国刑事法庭》2009年第12期。
③ 昂钰：《特殊人群贩毒问题研究》，未刊稿。
④ 蔡雪娇：《浅析云南省女性罪犯教育改造特点》，《法制与社会》2011年第5期。
⑤ 徐孝荣，段琼梅：《边疆贫困地区女性犯罪相关问题的调研——以昭通市刑事审判为例》，http://www.gy.yn.gov.cn.2011-4-11。

在参与走私贩毒的女性中，又以吸毒女性、怀孕和哺乳期妇女以及少数民族女性较为突出。马誉宁和李世帅的研究指出，2008年至2010年期间，我国公安机关抓获的涉毒特殊人员数量共计10050人，"两怀"妇女为3037名，约占30.2%。特殊人群贩毒是从2005年开始凸显出来的，当年全国共查获4214名特殊群体贩毒人员中，孕妇和哺乳期妇女有2545名，占总数的65%；而其中凉山彝族自治州布拖县、金阳县、昭觉县和攀枝花市的彝族妇女有1389名，占33%；新疆籍涉毒特殊人员为623名，占14.8%，主要为喀什地区巴楚县、和田地区和田县和墨玉县、伊犁州伊犁市、阿克苏等地的维吾尔族妇女。2005年、2006年云南省公安机关就分别查破特殊群体贩毒案件646起、1240起，抓获被雇用、利用贩毒的特殊人群744名、1510名；2007年1月至8月，云南省公安机关又查破此类案件1271起，抓获贩毒人员1470名。①

2007年9月5日至11月6日，云南省各级公安机关，共破获组织、利用特殊人群贩毒案件147起，抓获的220名涉毒特殊人员中，怀孕妇女有167名，占75.91%；哺乳期妇女有51名，占23.18%②。据报道，2006年7月27日，26名涉嫌走私毒品的犯罪嫌疑人从德宏芒市带毒到广州，中途在昆明机场落网。26人中有23人体内藏毒，以新疆籍妇女为主，其中19人是孕妇，4人带着未满周岁的小孩③。2008年，云南省共破特殊人群贩毒案284起，抓获436名特殊人员中怀孕妇女258名、哺乳期妇女144名。2011年，西双版纳州景洪市警方抓获带毒妈妈200余人次。在宁夏检察机关受理移送审查起诉的毒品犯罪案件中，2004年女性贩毒人员为62人，到2009年上升为101人，增长61%，其中尤以怀孕和哺乳期

---

① 马誉宁、李世帅：《论社区管控在特殊人群涉毒问题中的应用》，http://www.jhak.com/jlzm/jdsg/2013-01/14/content_ 8121_ 2. html，2013 - 01 - 14。

② 《今年9月以来我省破获的特殊人群贩毒案件简析》，http://www.mps.gov.cn/n16/n80209. 2007 - 11 - 8。

③ 《特殊人群体内带毒令人震惊》，《人民公安报》，2006年8月23日。

妇女参与贩毒的人数居多。① 另据新疆司法厅副厅长张爱国透露，截至2006年年底，新疆在押毒犯3748人，约占在押犯人总数的10.7%。其中，女犯750名，占在押毒犯总人数的20.01%；维吾尔族、回族等少数民族女性656人，分别占在押毒犯总人数的17.49%和女性毒犯的87.47%。②

2.3 女性涉毒带来的各种问题

作为有"世界瘟疫"之称的毒品，其最直接的危害是造成吸毒人员对毒品的依赖，即众所周知的成瘾性，以及由吸毒、贩毒等违法犯罪活动引起的一系列问题。对此，来自联合国麻醉品管理局发表的一份文件指出："毒品生产、毒品走私和吸毒，再加上伴随而来的暴力和贪污腐化，（正在）继续危害所有国家公众的健康。"③ 一方面，尽管无论是男性还是女性，涉毒犯罪造成的危害都是非常巨大的；而另一方面，由于女性的自身特点及其在社会生活中扮演的角色，涉毒违法犯罪产生的各种负面影响和社会危害相对更大。

2.3.1 毒品与健康

一般而言，吸食毒品造成的危害，主要是其特有的成瘾性并进而破坏人体的正常生理机能和免疫系统，对神经系统、心血管系统、消化系统以及生殖系统产生毒性作用，导致吸毒者的思维紊乱、行为异常。相形之下，由于女性的免疫机能相对于男性较弱，因而更易受到毒品的损害，严重影响内分泌，带来月经失调（闭

---

① 《宁夏毒品犯罪呈上升趋势 女性贩毒人员日趋增多》，来源：新浪网，2010年6月23日。

② 张爱国：《新疆涉毒犯罪特点及改造对策》，中国犯罪学研究会第十六届学术研讨会论文集（下册），2007年。

③ 转引自姚建龙：《对女性吸毒问题的探讨》，《青少年犯罪研究》2001年第6期。

经、痛经、经期紊乱、经量减少、经期缩短等)、妊娠机能降低、难以受孕等病变症状。与此同时，吸毒多诱发和加速女性性病、妇科疾病的感染与传播。有资料显示，在被调查的吸毒女性中，患有宫颈糜烂、阴道炎等妇科疾病的高达67.26%，患有性病的则占到27.72%。[1]

研究证明，由于女性有着比男性更加强烈的毒品药理感觉，因而吸毒成瘾的时间通常要比男性短，再加上女性心理脆弱、承受挫折的能力较差，以及经济地位和社会地位相对较为低下、社会歧视和偏见等因素的作用，女性一旦吸毒成瘾，对毒品的心理依赖也就更强。

除此之外，近年来毒犯为了逃避缉查而雇用大批怀孕和哺乳期妇女以"体内藏毒"的方式运送毒品，由此对人体造成的危害更大，一旦用避孕套包裹的毒品在体内破裂，就会危及运毒人员的生命安全甚至造成暴毙的严重后果。而误用各类掺假毒品，尤其是用作静脉注射的海洛因被人掺假，则历来是造成吸毒人员突发性死亡的又一重要原因。

2.3.2 毒品与色情

如前所述，早在晚清民国时期，鸦片烟毒就已经被妓院等色情场所用作催情剂而广泛使用，由此形成毒品与色情的沆瀣一气。延至新的历史时期，又进一步发展成为与女性涉毒密切相关的两种主要形式。

其一是由于毒品特有的成瘾性和高昂的价格，往往迫使吸毒人员在迅速耗尽家财之后，不约而同地走上违法犯罪的道路。其中，男性吸毒人员以"两抢一盗"等暴力侵财犯罪较为常见，女性则纷纷跻身卖淫者的行列，通过出卖肉体来获取毒资。据有关资料，在

---

[1] 温锦旺、王卫平：《福建东南沿海吸毒女性的基本状况分析和研究》，《福建医科大学学报》2007年第1期。

美国，大约有一半的女性吸毒者从事性交易活动①，印度约有三分之二的女性吸毒者通过性交易来换取毒品和金钱②。在我国则据禁毒部门统计，为了筹集毒资，在女性吸毒人员中，约有高达80％的人在不同程度上有过卖淫行为，由此"男盗女娼"之说在民众中不胫而走。

其二是随着冰毒、摇头丸、K粉（氯胺酮）等新型毒品的出现并迅速蔓延开来，更是进一步促使毒品与性交易密切结合起来，成为近年来日趋突出的一大新情况和新问题。其中，重要的原因之一是相对于鸦片和海洛因等抑制类传统毒品，冰毒、摇头丸、K粉（氯胺酮）等兴奋类新型毒品在药理上的催情作用更加强烈，以至于被形象地称为"约会药""强奸药"和"迷奸药"。据调查，在歌舞厅、夜总会等娱乐场所，客人通过抽吸、鼻索（鼻吸）、口服和注射等方式使用新型毒品的过程叫"溜冰"。溜完冰之后通常还要"散冰"，包括听重音乐和发生性行为，因而性行为发生率接近百分之百。一般情况下，性行为对象大部分都是所谓"嗨妹"或"散冰女"，大多由坐台小姐充当，陪客人使用新型毒品并提供性服务。

2.3.3 毒品与艾滋病

进入21世纪以来，艾滋病感染人群的性别比变化十分明显，女性感染艾滋病比例上升得很快。资料显示，1993年全世界艾滋病感染人群中，男女性别比例为75:25，到2001年变为52:48，也就是说，全世界有近一半的艾滋病感染者是女性（1760万）。在15—24岁年龄段的艾滋病病毒感染者中，女性占了60％。在南亚、东南亚地区，女性感染者比例达26％，且不断升高。根据国务院防治艾滋

---

① Logan TK, Leukefeld C. Sexual and drug use behaviors among female crack users: a multisite sample [J]. Drug Alcohol Depend, 2000, 58 (3): 237-245.

② Panda S, Bijaya L, Sadhana Devi N, etal. Interface between drug use and sex work in Manipur. Natl Med J India, 2001, 14 (4): 209-211.

病工作委员会办公室公布的数据,我国内地艾滋病病毒感染者中女性所占的比例显著增加,已从1998年的7.1%上升到2008年的35%,十年间翻了四倍,其中近九成为育龄女性。[1] 1989年至2003年,云南省感染艾滋病病毒的男女性别比为4∶1,到2004年达到2.45∶1,再到2008年达到1.52∶1。[2]

进一步说,在血液、性、母婴三大艾滋病传播和感染途径中,吸毒女性比男性面临感染艾滋病的更大风险,并主要体现在以下两个方面:

首先是由共用针头注射海洛因而受到艾滋病毒的交叉感染。国际上,艾滋病病毒感染者中吸毒人员的比例,希腊为38%,英国为61%,比利时为66%,法国为20%,意大利为64.3%,西班牙为65.9%。[3] 在我国,经静脉注射吸毒感染艾滋病的比例,最高时的20世纪80年代末曾一度占据90%以上,且几乎全部为男性。其间,在1989年年底经有关部门在"滇西边境部分农村"检出的我国首批146名艾滋病病毒感染者中,全部都是男性海洛因注射吸毒人员。[4] 以后随着毒品吸食活动的大面积蔓延扩散和女性吸毒人数的迅速增长,到2004年1—9月的新增感染者中,女性从1998年的15.3%上升到41%。[5] 再到2011年,据国家卫生部、联合国艾滋病规划署、世界卫生组织联合公布的统计数据,在我国累计报告的78万例艾滋病病毒感染者和艾滋病病人中,女性占28.6%,即22.31万例。同时在当年新发现的4.8万名艾滋病感染者中,由注射吸毒而感染的仍占18.8%。其中,云南仍是全国范围内由注射吸毒而感

---

[1] 《中国艾滋病感染者女性比例十年间翻五倍》,来源:中国新闻网,2008年10月20日。

[2] 邬江、骆寒青:《民族地区吸毒与艾滋病预防现状研究》,中国人民公安大学出版社2011年版,第18页。

[3] 姚建龙:《对女性吸毒问题的探讨》,《青少年问题研究》2001年第6期。

[4] 国家卫生部:《中华人民共和国艾滋病预防和控制中期规划(1990—1992)》,1990年12月。

[5] 《2004年中国艾滋病预防联合评估报告》,来源:《新京报》,2004年12月2日。

染艾滋病病毒的疫情高发区之一。①

其次是通过吸食新型毒品而引发的滥交和集体淫乱，以及强奸、轮奸等犯罪行为导致感染。反映到统计数据上，在2011年新发现的4.8万例艾滋病病毒感染者中，依次为异性性传播感染占52.2%、同性性传播感染占29.4%、注射吸毒传播感染占18.0%、母婴传播感染占0.4%。② 而在高居榜首的异性性传播感染中，因吸食新型毒品而导致的淫乱占到一半以上。为此，在我国国家卫生部与联合国艾滋病规划署、世界卫生组织联合发布的《2011年中国艾滋病疫情估计》中特别强调指出，在云南、新疆、广西、四川、贵州5个毒品吸食活动较为严重的省区，"存在吸毒与卖淫交叉的暗娼人群中HIV感染率相对较高"的明显特征。

2.3.4　毒品与家庭

俗话说，"一个女人一个家"，女人在家庭中承担着生育和抚养后代的重任。在一个正常的家庭中，女性具有极其重要的作用。特别是已婚妇女，作为母亲和妻子，既是家庭生活的组织者和管理者，又是维系家庭和睦的主要纽带。然而对于涉毒女性来说，不仅面临较之男性更为严峻的挑战，而且往往会对婚姻家庭生活造成毁灭性的冲击和破坏。

吸毒影响了女性的正常婚育。调查显示，劳教戒毒女性群体的结婚率和生育率都很低。原因是吸毒的污名化，使其在组建家庭、生育养育等问题上障碍重重，面临着更多的阻力和干扰。一方面，无论是男性还是女性，染上毒瘾通常便意味着失业、破产直至家破人亡等一系列的严重后果。另一方面，因为涉毒犯罪，女性被关押在强制戒毒所或监狱，更是容易导致家庭的解体。据调查，在已经生育的女性戒毒者中，单亲妈妈（包括未婚生子、分居、离异、丧

---

① 国家卫生部、联合国艾滋病规划署、世界卫生组织：《2011年中国艾滋病疫情估计》，2011年11月。

② 同上。

偶)的比例,竟然高达61.1%。①

　　而吸毒妇女一旦妊娠,将对胎儿产生多方面的负面影响。研究表明,女性在怀孕期间使用阿片类毒品,会影响子宫中胎儿的生长发育,造成胎儿宫内窒息、死胎或者是早产等严重问题。与此同时,妊娠期妇女如果吸毒,毒品可通过脐带进入胎儿体内,致使胎儿在母体内就开始形成药物依赖并受到诸多危害。带来的直接后果就是产生"快克婴儿""海洛因婴儿",典型特征从一生下来就有大哭大闹、呕吐、发冷、发热、呵欠流泪等毒瘾发作的种种不良症状。根据美国的一项研究表明,海洛因、可卡因、大麻等成瘾性物质,对胎儿中枢神经系统造成的影响甚至会持续至青少年时期,对下一代的学习、心理、认知和行为产生严重不良后果。而对于那些因吸毒感染上艾滋病病毒或其他传染病的女性,则就有可能通过母婴传播途径将病毒传染给下一代。

　　在子女的教育方面,母亲是儿童通往社会生活的桥梁,是儿童社会化早期最主要的传承者,对于子女的健康成长起着关键性的作用。因而一旦母亲参与吸毒贩毒活动,孩子便成为家庭中首当其冲的第一受害者。在通常情况下,女性一旦吸毒上瘾之后,对身边的人和事就会变得漠不关心,直至完全放弃对子女的管理和教育涉毒犯罪。而母亲因涉毒被关押在戒毒所或监狱,由于与家人长期隔离,又会导致孩子脱管,过早走向社会,产生偏差和越轨行为。

　　女性涉毒与其他一系列的违法犯罪之间,也有着十分重要的因果联系并呈现出十分显著的诸多个性特征,除上文中已有所涉及之外,更为广泛和较深层面上的问题,在此暂不赘述而留待下一步讨论。

---

　　①　钟莹:《女性戒毒群体的社会支持状况与社会福利服务需求》,《河南社会科学》2007年第11期。

2.4 本章小结

综上所述，对于女性涉毒的历史与现状，可以得出以下几点初步结论：

首先是从历史发展脉络看，几乎自19世纪中前期鸦片由药物逐渐蜕变为毒品开始，在其生产、流通和消费的各个主要环节上，就有女性的介入并在其间发挥着重要的作用和功能。

其次是导致女性涉毒的原因，既有十分具体的个人因素，同时也与各种复杂的社会因素密切相关。尽管在不同的历史时期和时代背景下，情况不尽一致而存在较大差异甚至是质的区别，但同样是从问世之初，毒品就与贫困、奢靡和各种不良社会风气紧紧联系在一起。从一定意义上讲，作为身处社会底层的绝大多数涉毒女性，无论是历史上还是今天，在既是吸毒贩毒等毒品违法犯罪活动参与者的同时，也是毒品肆虐的受害者。

最后是古往今来，由女性的生理特征和社会角色所决定，女性涉毒，历来就与卖淫嫖娼等色情活动结下不解之缘。从历史上作为春药在妓院烟馆广泛使用的鸦片烟毒，到今天在KTV、歌舞厅、夜总会等娱乐场所风靡一时的冰毒、摇头丸、K粉等各种新型毒品，可谓由来已久，一脉相承；而近年来日趋猖獗的"体内藏毒"走私贩运，也不过是历史上"肛门队""水门队"的翻版而已。

第3章　差异与共性：涉毒犯罪群体的性别比较

涉毒人员的构成及其特点，是毒品问题研究的一个重要组成部分。通过对涉毒人群的人口学特征、社会学特征以及行为特点的比较分析，有利于从整体上认清"谁在涉毒？"这一问题。

笔者在主持国家社科基金项目《云南边疆地区少数民族毒品犯罪成因分析及对策研究思考》课题调查研究时，曾于2008年前往云南省第二监狱，对在押毒犯作了问卷调查。因为涉毒犯罪的敏感性以及调查对象的特殊性，因此只能采取方便原则，共发放500份问卷，回收369份问卷（女犯207份，男犯162份）。采用自制基本情况问卷调查表，内容包括了毒犯的人口学特征、社会经济特征、对毒品及毒品犯罪的认知与态度、行为特征等内容，并采用SPSS统计软件进行初步分析。由于数据本身离散度过大，信效度不高，故无法进行更为深入的数据分析，仅可做普通的频数及百分比检测。统计结果仅仅是作为认识女性涉毒犯罪的背景知识或辅助手段，不能对此得出一种结论，将之外推。

在此，谨以问卷调查所得数据，对男女涉毒犯罪的差异作一大致勾勒，以作为理解女性涉毒犯罪的基础。鉴于云南某监狱关押的都是重刑犯，同时受到类型和地域局限，不能代表所有的涉毒人员的全部特征，因此数据分析中将尽量结合涉毒女性的访谈内容及其他省区的情况予以适当补充。

3.1 人口特征

年龄、籍贯、民族、婚姻状况等,是人口学特征的基本要素。以下根据调查所得,进行简要分析并从中找出较为突出的特点以供参考。

3.1.1 年龄结构

从社会学的角度看,年龄不仅有关一个人生长发育的统计指标,同时也反映了相对应的行为差异。因此,年龄不单纯是一项人口统计指标,对于毒品问题研究而言,涉毒人员的年龄结构,是衡量毒品问题发展态势的重要指标之一。

1. 毒犯年龄以青壮年为主

调查的结果表明,女性毒品犯罪的高峰段是26—35岁,占48.5%;其次是36—45岁,占26.2%;再次是25岁及以下,占18.3%;最后是46岁及以上,占6.9%。其中,26—45岁的青壮年占了总数的74.8%(详见表3-1)。在河南某女子监狱中,经对232名女子涉毒罪犯调查结果显示,年龄在30岁以下的占12%;30—39岁的占42%;其余40—49岁的占36%,50岁以上的仅占10%。[①] 也就是说,不管是边疆民族地区还是内地,女性毒犯的犯罪年龄高位段是25—45岁。较之民国时期,鸦片烟毒犯中男子以41—50岁年龄段为最多,女子则以31—40岁时期为最多(占该罪名女犯总数的31%,其次为41—50岁的占29.7%)[②],现阶段我国女毒犯年龄往后推迟了大约5年。

[①] 苏海莹、章恩友、宋胜尊、谷世清:《涉毒女犯自我归因分析及对策》,《河南司法职业警官学院学报》2007年第3期。

[②] 张镜予:《北京司法部犯罪统计的分析》,李文海主编《民国时期社会调查丛编》(底边社会卷)(上),福建教育出版社2005年版,第238—270页。

严景耀1927—1930年在北平监狱调查时发现,"44岁是女犯的众数,44岁之后,人数逐渐减少。年龄分布曲线的变化是完全缓渐的,35—44岁是犯罪最高峰"①。尽管年龄与犯罪之间并不存在必然的因果关系,但通过年龄可以看出一定的问题,如体力、精神、经济状况等。女性犯罪的高峰段主要集中在26—45岁这个年龄段。一方面具备了犯罪所需的生理和心理条件,有足够的行为能力;同时,接触社会的机会扩大,物欲和情欲得到极大的提高,内因加上外因就会促成犯罪。

表3-1　　　　　　　　男女毒犯的年龄分布

	女毒犯		男毒犯	
	频数	%	频数	%
25岁及以下	37	18.3	10	6.2
26—35岁	98	48.5	89	54.9
36—45岁	53	26.2	49	30.3
46岁及以上	14	6.9	14	8.6
总计	202	100.0	162	100.0

2. 涉毒女性的年龄略低于男性

较之于男性毒犯,女性毒犯在年龄上呈现出较明显的"低龄化"倾向。在女性毒犯中,25岁以下的占18.3%,而男性毒犯仅占6.2%,高出将近3倍。涉毒女性犯罪低龄化,主要是因为这些人往往是在初中毕业之后就踏入社会。由于受教育程度偏低,又多有过在娱乐场所工作的经历,因而涉毒年龄也就相对较低。

---

① 严景耀:《北京犯罪之社会分析》,原载《社会学界》第七卷(1933年),转引自李文海主编《民国时期社会调查丛编》(底边社会卷)(上),福建教育出版社2005年版,第271—323页。

3.1.2 籍贯

根据表3-2中的统计数据，在女性涉毒犯罪人员中有三分之一来自四川、新疆、贵州、湖南等外省区。特点是在云南查破的以怀孕和哺乳期妇女（通常称为"双怀"妇女）为主体的涉毒"特殊人群"，大多来自外省区和缅甸、老挝、越南等境外周边邻国。①

表3-2　　　　　　　　女性毒品罪犯的籍贯

籍贯	人数（人）	百分比（%）	籍贯	人数（人）	百分比（%）
不明	3	1.45	内蒙古	1	0.48
安徽	3	1.45	青海	1	0.48
北京	1	0.48	山东	1	0.48
广东	1	0.48	陕西	2	0.97
贵州	11	5.31	上海	1	0.48
河北	1	0.48	四川	14	6.76
河南	5	2.4155	西藏	1	0.48
黑龙江	1	0.48	新疆	1	0.48
湖北	6	2.90	云南	137	66.18
湖南	9	4.35	重庆	5	2.42
江西	1	0.48	合计	207	100
其他	1	0.48			

---

① 引自云南警官学院昂钰教授主持完成的省社科基地研究项目成果《特殊人群贩毒问题研究》，未刊稿。2009年。

从表3-2得知，云南籍女毒犯137人，约占总数的66.18%，主要来自云南省城昆明、滇西中心城市大理和德宏、保山、临沧等中缅边境沿线地区。具体人数依次为大理30人、临沧27人、昆明19人、德宏15人、保山14人，分别占样本中云南女性毒品犯罪人数137人的21.9%、19.7%、13.9%、10.9%、10.2%。这主要是与云南毗邻"金三角"毒源地的特定地理位置有关。

3.1.3 民族结构

我国是以汉族为主体的多民族国家，除汉族外，共有55个少数民族。因此，在调查问卷中关于"民族"这一项问题中，主要是采取了自填的方式，因此答案内容丰富，涉及多个民族，例如女毒犯涉及民族有13个，男毒犯有10个民族。就其总体情况而言，由于汉族在我国居于占人口总体数量90%以上的主体地位，因而涉毒犯罪人员也主要是以汉族为主，但在云南等边疆民族地区，按所占人口比重，少数民族涉毒呈现出相对较高的特点。从表3-3可以看出，涉毒犯中，人数最多的是汉族，而女犯汉族比例为78.7%，高于男犯汉族的59.9%；其次是回族，男毒犯回族高达21.0%，女犯回族比例是6.3%。涉毒女犯中，人数比例排在第三位的是景颇族的3.9%，男性是彝族的6.8%。而在少数民族中，省内人员又以主要分布在边境沿线地区的景颇族、傣族等跨境民族较为突出，来自外省区的则以新疆的维吾尔族和四川凉山州的彝族相对较多，其中又多属以怀孕和哺乳期妇女为主体的"特殊人群"。例如，在昆明市2005—2007年抓获的319名涉嫌贩运毒品的"特殊人群"中，按民族结构维吾尔族占41%，彝族占39%，汉族占17%，其他少数民族占3%，合计少数民族女性涉毒犯罪人员达到83%。

表 3-3　　　　　　　男女毒犯的民族结构

		频数	百分比			频数	百分比
女毒犯	白族	6	2.9	男毒犯	彝族	11	6.8
	布依族	1	0.5		白族	5	3.2
	藏族	1	0.5		藏族	1	0.6
	傣族	4	1.8		汉族	97	59.9
	侗族	1	0.5		回族	34	21.0
	汉族	163	78.7		满族	2	1.2
	回族	13	6.3		苗族	1	0.6
	景颇族	8	3.9		纳西族	1	0.6
	傈僳族	1	0.5		佤族	1	0.6
	苗族	1	0.5		维吾尔族	1	0.6
	佤族	2	1.0		其他	8	4.9
	维吾尔族	1	0.5		合计	162	100.0
	彝族	5	2.4				
	合计	207	100.0				

3.1.4　婚姻状况

1. 已婚和未婚人员基本持平

资料显示，在民国时期的涉毒女性罪犯中，占比最低的是未婚独身人员，其次是已婚人员，最高的是离异和丧偶人员①。然而据本次调查的结果，情况已经发生较大变化。在婚姻状况上，女毒犯中"未婚"人员占 42.9%，已婚人员占 43.3%，两相比较，大体持平。相形之下，男性毒犯中，已婚人员要比未婚的高出 10 个百分点。据分析，女性毒犯中未婚人员较多的原因，一方面是大多涉毒女性进入社会较早，由于文化程度低，其中的大多数最初只能在饭店、娱乐场所从事服务工作，耳濡目染，较易误入迷途；另一方面

---

① 周叔昭：《北平一百名女犯的研究》，原载自《社会学界》1932（6），转引自李文海主编《民国时期社会调查丛编》（底边社会卷）（上），福建教育出版社 2005 年版，第 271—323 页。

是年轻女性一旦有过涉毒经历,便很难找到配偶,即使结婚也缺乏相对的稳定性,极易出现离异现象。

2. 女犯离婚率明显高于男犯

调查还显示,女犯中"离婚"人员有 22 人,占总数的 10.8%;而男犯离婚的比率仅为 6.8%。重要的原因之一是在家庭中,发现男性吸毒,妻子多会在"为夫、为子、为家"的牺牲精神下忍辱负重,寄希望于"浪子回头";而一旦妻子吸毒,丈夫往往就会感到不堪忍受而最终抛弃妻子。由此可见,从家庭和婚姻的角度看,涉毒对女性造成的危害要远远大于男性。

表 3-4　　男女毒犯的婚姻状况

	女毒犯 频数	%	男毒犯 频数	%
未婚	87	42.9	66	40.8
已婚	88	43.3	81	50.0
离婚	22	10.8	11	6.8
丧偶	3	1.5	2	1.2
其他	3	1.5	2	1.2
合计	203	100.0	162	100.0

3.2　社会经济特征

社会经济特征一般包括受教育程度、家庭背景、职业和经济状况以及个人的不良嗜好、越轨行为等。

3.2.1　受教育程度

1. 男女性别差异不大

在受教育程度上,总体上女犯与男犯之间的差别不是太大,甚至在一定程度上还要略高于男犯。其中,"小学及以下"文化程度为 39.5%,比男犯的 42% 低 2.5 个百分点;"初中"文化程度为

44%，与男犯的43.2%相差无几；"高中"文化程度为15.5%，反而比男性的12.3%高出3.2个百分点；"大专及以上"文化程度则为1.0%，不到男犯2.5%的一半。

2. 受教育程度普遍低下

从表3-5显示的结果看，女性毒犯文化程度普遍较低。在共计200名女毒犯中，初中及以下所占比例高达83.5%。而在河南某女子监狱的232名女毒犯中，文盲占28%、小学占27%、初中占30%、高中占13%，高中以上学历的仅占2%。从中可以看出，不管是云南边疆民族地区还是地处中原的河南，女毒犯都呈现出受教育程度普遍低下的共性特征，地域差异不太明显。至于在云南查获的来自四川凉山州的彝族妇女，则几乎清一色都是文盲，其中绝大部分人连自己的姓名都不会写，甚至还有相当一部分人不会讲汉语。

表3-5　　　　　　男女毒犯的文化教育程度

	女毒犯		男毒犯	
	频数	%	频数	%
小学及以下	79	39.5	68	42
初中	88	44.0	70	43.2
高中、中专、技校	31	15.5	20	12.3
大专及以上	2	1.0	4	2.5
合计	200	100.0	162	100.0

有研究表明，缺乏社会认知技能是导致犯罪的重要原因之一[1]。而社会认知技能的获得是与受教育程度直接相联系的。受教育程度低下，一方面是降低了人们在社会中谋生的能力，由于对环境的适应能力差，掌握的知识少，难以取得较好的收入；另一方面法律和道德观念低下，不能控制自己的行为，易受社会环境中不良因素的影响。

---

[1] S. Bennetta, D. P. Farringtona, L. R. Huesmannb. Explaining Gender Differences in Crime Behavior, 2005, (10). and Violence: The importance of Social Cognitive Skills. Aggression and Violent portance of Social Cognitive Skills. Aggression and Violent.

3.2.2 家庭背景

1. 大多来自农村

从表 3-6 不难看出,就"家庭所在地"来说,女犯组的城市、集镇(县城和乡镇政府所在地等)、农村 3 项数据,分别为:城市 44 人,占 22.0%;集镇 57 人,占 28.5%;合计为 50.5%。农村 99 人,占 49.5%。基本上为城乡各占一半。男犯组则为城市 13.0%,集镇 20.4%,合计 33.4%;农村 66.6%。两相比较,女犯中的城镇居民要比男犯多得多。

表 3-6　　　　　　　男女毒犯的家庭所在地

	女毒犯		男毒犯	
	频数	%	频数	%
城市	44	22.0	21	13.0
集镇	57	28.5	33	20.4
农村	99	49.5	108	66.6
合计	200	100.0	162	100.0

再从表 3-7"家庭居住环境"看,女犯组比重最大的乡村占 46.5%,其次是城乡结合部占 14.1%,两项合计占 60.6%;接下来为集镇 12.1%,商业居民区 10.1%,工业居民区 9.6%,机关集中地 7.6%。男犯组则为乡村 62.3%、城乡结合部 13.6%,合计 75.9%;其次为商业居民区 10.5%,集镇 6.8%,工业居民区 3.7%,机关集中地 3.1%。

表 3-7　　　　　　　男女毒犯的家庭居住环境

	女毒犯		男毒犯	
	频数	%	频数	%
商业居民区	20	10.1	17	10.5

续表

	女毒犯		男毒犯	
	频数	%	频数	%
工业居民区	19	9.6	6	3.7
城乡结合部	28	14.1	22	13.6
乡村	92	46.5	101	62.3
机关集中地	15	7.6	5	3.1
集镇	24	12.1	11	6.8
合计	198	100.0	162	100.0

由此可见，按照商业居民区、工业居民区、城乡结合部、乡村、机关集中地、集镇6种居住环境划分，在乡村居民比重最大而男犯比女犯更高（女46.5%、男62.3%）的基础上，其余各项指标中，除城乡结合部（女14.1%、男13.6%）和商业居民区（女10.1%、男10.5%）两项数据差异不大外，集镇（女12.1%、男6.8%）、工业居民区（女9.6%、男3.7%）以及机关集中地（女7.6%、男3.1%），均显示出女性远远高出男性的较突出特征。

2. 家庭类型

从犯罪学的角度而言，被调查者的家庭类型通常被作为一项要素来加以考察。尤其是对于未成年人而言，不健全的或不良的家庭是导致其违法犯罪的重要原因之一。从调查结果来看，尽管完整家庭占八成左右，其中女犯82.7%，男犯86.9%。但较为明显的是，女犯成长于非完整的家庭的比例要高于男犯4.2个百分点。问题家庭、残缺家庭，或家庭成员中有人吸毒等不良因素，是导致涉毒犯罪的又一个重要因素。

表3-8　　　　　男女毒犯的家庭类型

	女毒犯		男毒犯	
	频数	%	频数	%
一般家庭	167	82.7	139	86.9
单亲家庭	13	6.4	7	4.4

续表

	女毒犯		男毒犯	
	频数	%	频数	%
再婚家庭	14	6.9	7	4.4
没有家庭	8	4.0	7	4.4
合计	202	100.0	160	100.1

3.2.3 职业和经济状况

1. 职业结构

从毒犯被捕前从事的职业来看，女犯中"在家务农"占36.9%，较之男犯的52.5%低15.6个百分点；"经商农民""进城务工农民"两项数据，女犯分别是13.6%和9.7%，而男犯为15.8%和7.6%。也就是说，在涉毒犯罪的农村居民中，继续"在家务农"的女性明显低于男性；而在外出人员中（包括经商和务工两项），则男女无较明显的差异，所占百分比分别为23.3%、23.4%而近乎一致；在"城市无业人员"中，女犯（13.6%）比男犯（2.5%）高出5.44倍；"城市个体户"中，女犯（13.1%）也高出男犯（5.7%）两倍多；"城市工人"中，则女犯（3.4%）尚不及男犯（8.9%）的一半；"公司职员"中，女犯（4.4%）又远远高于男犯（1.3%）。

从女性毒犯职业结构来看，排名第一位的是"在家务农"，第二、三位分别是"经商农民"和"城市无业人员"，第四位是"城市个体户"。由此来看，农民在女毒犯中占了绝大多数（52.2%），这明显与云南的城市化程度低、农业户籍人口比重大直接相关。

另据研究，由于云南人的传统乡土观念较重，因而向内地流动的人口数量相对较少，而多呈现为由外省区流入云南和省内人员由农村向城市、由山区半山区向平坝地带尤其是中小城镇流动的较明显趋向。在边境沿线地带，则突出表现为境内外跨国界双向交叉流动的较典型特征，由此成为境外"金三角"毒品渗透入境，进而向云南靠内地区和外省区大面积蔓延扩散的重要载体。[1]

从所得调查数据看，在"城市无业人员"中，女犯高出男犯11.1个百分点（女13.6%、男2.5%）；而在"城市工人"中，则女犯3.4%低于男犯8.9%5.5个百分点。由此可见，较之男性，女性就业率的高低与涉毒犯罪之间，有着十分明显的反比关系。

表3-9　　　　　　　　　男女毒犯的职业结构

	女毒犯		男毒犯	
	频数	%	频数	%
在家务农	76	36.9	83	52.5
经商农民	28	13.6	25	15.8
进城务工农民	20	9.7	12	7.6
城市无业人员	28	13.6	4	2.5
城市个体户	27	13.1	9	5.7
城市工人	7	3.4	14	8.9
在校学生	2	1.0	0	0
公司职员	9	4.4	2	1.3
其　他	9	4.4	9	5.7
总　计	206	100.1	158	100

2. 经济状况

在经济收入方面。由于城乡间的巨大差距和三农问题日趋突出，农民收入低下，因而半数以上的毒犯都是农村居民。其中，"每月无稳定收入"的女性毒犯占到55%，其余为月收入在500元以下的占11.4%，500—800元占9.4%，801—1000元的占8.9%，1000元以上的占15.3%。按照表3-10显示出的数据，女犯中无稳

---

[1] 鲁刚：《中缅边境沿线地区的跨国界人口流动》，《云南民族大学学报》2006年第6期。

定收入的高于男犯 13.6 个百分点。当然，无稳定收入并不等于无收入，实际上，许多卖淫女和"嗨妹"尽管属于无业人员，但并非是完全没有收入，而仅是无正当的合法收入而已。

表 3-10   男女毒犯月收入情况

	女毒犯		男毒犯	
	频数	%	频数	%
无稳定收入	111	55.0	65	41.4
500 元以下	23	11.4	22	14.0
500—800 元	19	9.4	14	8.9
801—1000 元	18	8.9	22	14.0
1000 元以上	31	15.3	34	21.7
合计	202	100.0	157	100.0

表 3-11   男女评价自身经济状况

	女毒犯		男毒犯	
	频数	%	频数	%
富裕	1	0.5	2	1.3
还可以	39	18.8	34	21.4
一般	130	62.8	75	47.2
能吃饱饭但缺钱花	35	16.9	36	22.6
吃不饱饭	2	1.0	12	7.5
合计	207	100.0	159	100.0

由表 3-11 结果显示，从涉毒犯罪人员对个人经济状况评价来看，认为自己经济状况"一般"的占多数，女犯比例以 62.8% 高于男犯 15.6 个百分点。男犯在自评经济状况方面，两极分化较为突出，在认为自己"富裕""还可以"的选项中明显高于女犯，但认

为自己"吃不饱饭"的比例也同样高于女犯。从调查的结果看,女性对于自身收入的满意程度明显高于男性,这也许与女性对自身经济状况的期望值偏低有关。

3.2.4 不良嗜好

不良嗜好与犯罪之间的关系,学术界至今尚无较一致的意见。据周叔昭对北平100名女犯的调查研究发现,"鸦片烟、酒、赌博等恶习,单独不一定会发生罪恶,但是当它们对于人们的身心发生一种堕落的影响,可以间接地引起犯罪的发生,尤其是当其他因子加入的时候",并进一步指出:"恶习同犯罪还有一种关系,乃是嗜好的耗费对于人们的经济收入的影响,恶嗜直接引起贫穷,间接引起犯罪。"① 有研究表明,抽烟、喝酒是接触毒品的媒介物质,酒和烟草更容易导致年轻人接触其他毒品,因此过早喝酒和吸烟在行为上一般具有越轨倾向的普遍性征兆。② 对于成年人而言,对于烟草和酒精的依赖是一种有害健康的不良嗜好,但对于未成年人以及处于成年早期的人,抽烟、饮酒等习惯在一定程度上与越轨行为不无联系。

吸烟、酗酒、赌博等不良嗜好与吸毒,理论上都属于成瘾行为。表3-12显示,男犯的成瘾行为明显比女犯多,然而在207名女毒犯中,有其中任一成瘾行为的比例累计达到48.8%。在笔者访谈的50个对象中,个案2坦陈在涉毒犯罪前有过在学校打架被开除的记录;个案3早恋、早婚、早育,17岁就生下儿子;个案20是因在赌场赌博欠下高利贷,走投无路之下替赌场老板运毒还债;个案36是名16岁的高中生,早恋,恋上贩毒男友。虽然一时还不宜断言,以往的不良习惯和生活方式,与以后的违法犯罪行为有必然

---

① 周叔昭:《北平一百名女犯的研究》,原载《社会学界》1932年第6期,现出自李文海主编《民国时期社会调查丛编》(底边社会卷),第271—323页。

② [美]O. 瑞、C. 科塞:《毒品、社会与人的行为》(第八版),夏建中、孙屹、秦海霞等译,中国人民大学出版社2001年版,第15—16页。

的联系,但这种现象至少可以说明,个体的违法犯罪行为绝非偶然,而与人的观念、人格、生活方式有着千丝万缕的联系。

表3-12　　　　　　　男女毒犯具有不良嗜好

	女毒犯（N=207）		男毒犯（N=162）	
	频数	%	频数	%
抽烟	31	18.9	106	41.1
酗酒	22	13.4	52	20.2
赌博	36	22	43	15.1
吸毒	12	7.3	18	7
经常出入娱乐场所	63	38.4	39	16.7
合计	164	100.0	258	100.1

除此之外,在自我陈述不良嗜好时,在押毒犯出于种种顾虑,通常会有意隐瞒曾经吸过毒的经历,因此问卷调查显示,仅有5.8%的女犯和11.1%的男犯有过吸毒的经历。事实上,大部分涉毒人群都存在"以贩养吸"的问题,原因是一旦吸毒上瘾,就需要源源不断的钱财来满足毒瘾,及至倾家荡产之时,通过以贩养吸来获取钱财或是所需毒品,就成为不少吸毒人员的重要选项之一。调查显示,经常出入娱乐场所的女犯,在比例(38.4%)上要明显高于男犯(16.7%)。娱乐场所是涉毒的高危场所,在这一特定环境中极易接触到毒品。加之性交易常与吸毒行为交替进行,而在娱乐场所的"小姐"中,不少人本身就是男性吸毒人员的性伴侣兼毒友。与此同时,由于混迹于娱乐场所,其价值观念、生活方式、个性特点也容易导致吸毒行为。

3.2.5　越轨行为

在问及"在逮捕前的受处罚情况"时,由于男女毒犯均多不愿意正面回答问题,由此导致这一指标的缺失值比较大。问卷显示,毒犯在因涉毒犯罪被关押前,男犯有犯罪前科的通常要比女犯高，其中大约有3.6%女犯和7.6%的男犯曾经受到过学校或工作单位的纪律处分、行政处分，或受到治安行政处罚、劳动教养乃至触犯刑律。不过要特别强调指出的是，由于受访者多出于自我保护等心理因素而故意隐瞒，使得问卷调查所获数据，要比实际情况低得多。

表3-13　　　　　男女毒犯被捕前的受处罚情况

	女毒犯		男毒犯	
	频数	%	频数	%
判刑	5	2.6	8	5.1
劳教	0	0	2	1.3
治安行政处罚	1	0.5	1	0.6
学校或单位的处分	1	0.5	1	0.6
没有	189	96.4	145	92.4
合计	196	100.0	157	100.0

事实上，涉毒人员的不良嗜好、越轨行为，对于涉毒行为具有一定的传导作用，偶然地、完全被动地、无意识地接受毒品和从事涉毒行为的情况，只是个别的现象。进一步说，在生活中，除了涉毒之外，还往往伴随着卖淫、盗窃、赌博等越轨行为。其中，男性吸毒人员往往因"两抢一盗"、流氓斗殴和赌博等违法犯罪行为而被处罚，女性则通常是因为吸毒和卖淫。

3.3 认知与态度

3.3.1 对毒品犯罪的认知

调查的结果表明，女性涉毒犯罪人员并不是像人们想象得那样愚昧无知，在对毒品及毒品犯罪的认知方面，就整体而言，女犯的

知晓率通常还要高于男犯。其中,在"对毒品危害的知晓率"上,有41.14%的男犯选择"知道",比女犯高出15.29个百分点。而在"对毒品犯罪及其后果的知晓率"上,约有69.31%的女犯和55.00%男犯回答"知道"。从中可见,女犯对毒品的危害和涉毒犯罪及将会受到的惩罚也有较高的认知度,但为什么还要明知故犯、铤而走险参与毒品犯罪活动,正是本研究在个案研究中要试图解决的问题之一。

表3-14　男女毒犯对毒品危害及毒品犯罪的知晓率

	对毒品危害的知晓率(%) 男犯	对毒品危害的知晓率(%) 女犯	对毒品犯罪及其后果的知晓率(%) 男犯	对毒品犯罪及其后果的知晓率(%) 女犯
知道	41.14	25.85	55.00	69.31
不知道	58.86	74.15	45.00	30.69
总计(人)	100(158)	100(205)	100(160)	100(202)

3.3.2 对毒品犯罪的态度

依据表3-15,在明知毒品有害和贩毒是犯罪行为的情况下,仍然持"只要能赚到大钱,宁愿赌一把"和"为了钱,心甘情愿,不计后果"赌徒心理的人,男女差异不大;持"别的人干,所以我也干"从众心理的人,反而是男犯高于女犯;而持"挣钱轻松"的人,女犯要比男犯多。这一结果,在大大出乎笔者意料的同时,也与人们对女性优柔、内敛、缺乏主见、从众心理强的印象大相径庭。其中的缘由,除女性面临的生存压力更大,同时对金钱的渴求更加强烈之外,其余均还有待进一步探讨。

对于男女毒犯在被抓获时的心理反应,从表3-16中可以看出,除选择"害怕"女犯高于男犯之外,其余"不害怕""一般"和"早就想到会有这一天",女犯均低于男犯。其中,近60%的女犯选择"害怕",显然是与女性心理的共性特征密切相关,但仍有超过40%的女犯选择"不害怕""一般"和"早就想到会有这一天",就与人们对女性胆小怕事的普遍印象相去甚远。

表 3-15　　　　　　　实施毒品犯罪前的想法

	女毒犯 频数	%	男毒犯 频数	%
只要能赚到大钱,宁愿赌一把	39	19.50	28	18.67
别的人干,所以我也干	36	18.00	36	24.0
为了钱,心甘情愿,不计后果	33	16.50	28	18.67
挣钱轻松	38	19.00	22	14.66
其他	54	27.00	36	24.00
合计	200	100.0	150	100.0

表 3-16　　　　　　　被抓获时的心理反应

	女毒犯 频数	%	男毒犯 频数	%
不害怕	15	7.42	13	8.23
一般	33	16.35	43	27.22
害怕	120	59.41	71	44.93
早就想到会有这一天	34	16.82	31	19.62
合计	202	100.0	158	100.0

3.4 犯罪行为特征

由于生理特征、心理素质等方面的性别差异,使得女性毒品犯

罪行为与男性相比,具有不同特征,并表现在手段、方式、扮演角色等诸多方面。

3.4.1 隐蔽性和欺骗性

作为全球公害,世界上绝大多数国家都对毒品犯罪采取高压严打的共同立场,因而走私贩毒是一种以生命为赌注的高风险犯罪行为,这就决定了毒品犯罪固有的隐蔽性。较之男性涉毒犯罪,由于法律上的保护性规定和人们对女性普遍抱有同情心理,再加上女性的生理特征,致使女性涉毒犯罪具有更大的隐蔽性和欺骗性。① 近年来,毒品的走私贩运在采用各种新技术手段进行犯罪活动的同时,利用女性的生理特点钻法律的空子逃避打击成为一大新情况和新问题,由此导致更多女性卷入了涉毒犯罪活动中,并呈现出较明显的性别差异。

首先是在表 3-17 中反映出来的"走私或运输毒品的方式"上,女犯与男犯之间的差异,在"体内藏毒""随身携带"和"利用机动车辆夹带运输"3 项数据中,"体内藏毒"和"随身携带"2 项,女犯均明显高于男犯,而"利用机动车辆夹带运输",则男犯要远远高于女犯。导致这些差异产生的原因,除"利用机动车辆夹带运输"与社会分工和职业因素直接相关外,近年来毒贩利用女性的生理特征,大量雇用女性采取人体藏毒的方法,将毒品藏匿于胸部、腰部、腋下以及卫生带、胸罩中,甚至塞入生殖器官或肛门内,以及把毒品用避孕套多层包裹后吞入腹中以蒙混过关,即为其中的惯用伎俩之一。

其次是与国家法律的保护性规定有关。按照我国《刑法》《刑事诉讼法》《禁毒法》等现行法律法规的明文规定,凡怀孕或正在哺乳自己不满一周岁婴儿的妇女触犯刑律,不仅不适用死刑(包括死缓)②,而且一般情况下不得拘押和逮捕,而采用取保候审、监视

---

① 杨士隆:《犯罪心理学》,教育科学出版社 2002 年版,第 274 页。
② 《中华人民共和国刑法》第 49 条。

居住等其他强制措施①，甚至对吸食毒品而又屡教不改的怀孕和哺乳期妇女，也不得采用强制隔离戒毒的方式。② 这些保护性法律规定，初衷和着眼点是体现人文关怀，保护妇女儿童的合法权益。但与此同时，也就成为毒贩钻法律的空子，利用怀孕和哺乳期妇女进行走私运毒活动的重要方式之一。有的毒贩或租或借他人的婴儿掩护贩毒，在一些边远山区还形成"为贩毒导致超生，以超生掩护贩毒"的严重局面。

表3-17　　走私或运输毒品的方式

	女毒犯		男毒犯	
	频数	%	频数	%
体内藏毒	52	25.74	33	20.63
随身携带	113	55.94	67	41.87
利用机动车辆夹带运输	9	4.46	28	17.50
其他	28	13.86	32	20.00
合计	202	100.0	160	100.0

最后是司法机关和社会公众对罪犯的态度差异。在现实生活中，人们习惯把女性与善良、温和、柔弱联系在一起，人们会放松对女性的戒备，因此，贩毒集团会利用女性特殊的生理条件和社会对女性的宽容心理来贩毒运毒，这就使得女性涉毒犯罪更具欺骗性和隐蔽性。

3.4.2　团伙性和群体性

由于女性与男性之间存在的较大差异，在实施毒品犯罪时，女性往往倾向于结伙作案，一方面多人配合可以增强逃避打击的能力，另一方面也是为了在精神上相互慰藉、依赖，减少恐惧心理。为此，在毒品犯罪案件中经常会出现夫妻、母子、姐妹、兄妹、朋

---

① 《中华人民共和国刑事诉讼法》第60条。
② 《中华人民共和国禁毒法》第39条。

友等共同实施毒品犯罪的情况。

基于涉毒犯罪风险大,使得毒贩在行事上都比较小心谨慎,仅将亲属视为自己人加以信任。因此,毒品犯罪中,家族式犯罪集团较多,有的是全家一齐上,有的是亲戚朋友抱成团,"有力出力,有钱出钱",致使毒品犯罪的各个环节都在"自己人"中间进行。一段时间后,通常又会从中分离出新的团伙,并纠合其他亲朋好友参加进来,如此一来,团伙规模也就越来越大,数量越来越多。近年大量出现家族式贩毒团伙,其生成机制莫不如此。据统计,在四川凉山州布拖县,家族式团伙贩毒案件,占全县毒案总数的27%左右①。由此使得大批的女性被卷入其间,成为毒品犯罪分子。例如下列案例1、案例2中的两家人,就是较具代表性的典型实例。

案例1:

四川凉山州布拖县则洛村村民阿达一家人,除八十多岁的老母亲和一名幼儿外,全家人都参与吸贩毒活动。阿达因涉嫌贩毒被刑拘,姐姐和姐夫因贩毒被判死缓,妹妹也因贩毒被逮捕,儿子又吸又贩,儿媳运输毒品。

案例2:

2006年秋,云南某市公安机关在市内客运中心抓获运输毒品犯罪嫌疑人吐尔逊,当场缴获几百克海洛因,并从其身上搜出一张《刑事判决书》,从判决书中发现,其丈夫因运输毒品罪于5天前被执行死刑。被抓获以后,尽管吐尔逊对其本人运输毒品的犯罪事实供认不讳,但对上下线关系却始终不肯交代。后经进一步审讯得知,此次购买毒品的5万元钱系由家中的几个兄弟姐妹一起凑的,企图以吐尔逊来云南为丈夫收尸作为掩护,将毒品带回新疆分头出手牟利,没想到又重蹈覆辙,为了保全亲人,吐尔逊选择自己承担全部罪责。

---

① 熊贵华、张坚、蔡忠:《有效整治布拖县的毒品犯罪问题初探》,四川禁毒信息网,2008年4月。

团伙性的涉毒犯罪具有人数在3人以上，有明显的首要分子，有预谋地实施毒品犯罪等基本特征。女性参与毒品团伙犯罪一般分为三种形式：一是女性参与型，一般是指以男性为主，女性参与其间并处于从属地位；二是女性主导型，这一类型近来有所增长，团伙大多都由女性自己熟悉和认识的伙伴、同学、邻居和亲属组成，同时也不乏个别女性从最初的马仔，逐渐上升为团伙的组织指挥者即毒枭的案例；三是纯女性型，多见于特殊人群贩毒，往往是发现其中的一个，就会抓获一大群"双怀"妇女。

女性涉毒犯罪，尤其是特殊群体贩毒，往往具有数人结伴而行的群体性特征。贩毒集团在利用特殊人群运输毒品的同时，通常都要安排其他人尾随监视，一有情况就立即向躲在幕后的老板报告，整个团伙分工明确，组织严密。即有专人负责到境外购买并组织将毒品走私入境，特殊人群就被雇佣以身体带毒、运毒，运到目的地之后有专门的人负责"接货"，并付给这些运毒者一定数量的辛苦费。

案例3：

2007年年初，云南公安机关发现有一个宁夏籍贩毒团伙频繁利用怀孕和哺乳期妇女，从德宏州边境运输毒品到大理，然后再中转到内地，于是对该团伙人员进行长期监控。延至同年6月，禁毒部门获悉该团伙主要成员杨某将在大理市某医院门口接收毒品，于是协调大理警方进行跟踪布控，在一旅社中将杨某抓获，同时抓获7名运送毒品的怀孕和哺乳期妇女，缴获海洛因1000余克，毒资12万元。

案例4：

2007年秋，大理警方成功摧毁一个利用特殊人群运输毒品的团伙，抓获犯罪嫌疑人马某等11人，其中仅怀孕期妇女就有3名。①

---

① 案例4选自云南警官学院昂钰教授的省社科基地研究项目成果《特殊人群贩毒研究》，2009年，未刊稿。

3.4.3 被动性和依附性

由于女性兼具"被动的生理因素"(生殖器官特征、生殖机能特征、体质弱)和"被动的社会因素"(社会规范及社会化)的双重特征,因而被动性成为女性犯罪的基本心理特征。为此,日本学者广濑胜世指出,女性犯罪的核心问题是"受动性",环境条件在其中有着"特别重要的意义"。①

女性大多是受到欺骗、盲从或胁迫而走上犯罪道路。问卷调查结果见表3-18所示,在对"如何走上毒品犯罪道路"的问题上,回答"帮别人忙"和"被人引诱、唆使"的女犯,比例均略高于男犯。因而女性涉毒犯罪行为具有更多的被动和不得已而为之的特征。由于女性在生理、心理素质及经济条件相比男性都比较弱,因而在实施毒品犯罪时,经常依附男性或犯罪团伙,具有较明显的依赖性特征,在犯罪团伙中大多处于胁从或配角地位。在实际调查中发现,一个涉毒女性的背后往往都会有一群人或者是依附某个男性,这个男性可能是她的丈夫,也可能是她的情人或男友,同时还可能是她的父亲、兄弟甚至儿子。

表3-18 如何走上毒品犯罪道路

	女毒犯		男毒犯	
	频数	%	频数	%
帮别人忙	53	26.63	35	22.15
被人引诱、唆使	68	47.74	95	43.04
同伴影响	52	23.62	47	32.91
家族带动	3	2.01	4	1.90
合计	176	100.0	181	100.0

---

① [日]广濑胜世:《女性与犯罪》,姜伟、姜波译,国际文化出版公司1988年版,第110页。

以往在毒品犯罪活动中，女性总体处于消极被动的地位，积极主动实施犯罪的比例相对较小。不过，在近几年审理的毒品犯罪案件里，越来越多的女性出于对金钱的贪婪、对暴利的追求等原因，而主动从事和谋划毒品犯罪活动，一改过去被动和依附性强的特点。由被动变为主动，是近年来女性毒品犯罪的又一新特点。

3.5 本章小结

本章主要以在云南某监狱男女涉毒犯的问卷调查所得作为依据，通过对两性不同的人口学特征、社会经济特征和行为特征的比较和归纳，以找寻女性涉毒犯罪的性别特征和差异，为下一步的讨论提供铺垫和支撑。

问卷调查的结果显示，男女两性毒犯之间的共性特征为：以青壮年居多，受教育程度相对低下，家庭背景多为农村居民，经济收入普遍较低，多沾染抽烟、喝酒、赌博等不良嗜好并伴随有各种越轨行为。

较显著的差异主要有：女性涉毒犯罪以26—35岁为高峰段，低龄化特征更为明显；籍贯（来源地）以云南本省为主，同时外省人员占有较大比重（三分之一）；民族结构呈现出少数民族相对较高的特点，其中尤以来自四川凉山州和新疆籍怀孕与哺乳期少数民族妇女较为突出；婚姻结构方面，女犯离婚率明显高于男犯，离异、单身的较多；职业结构上城市无业人员居多，在职人员低于男性；对涉毒犯罪的知晓率和所具铤而走险的赌徒心理均高于男性；犯罪行为尤以隐蔽性和欺骗性、团伙性和群体性、被动性和依附性三大特征较为突出。

第4章　困境与出路：女性涉毒犯罪的情境和过程

齐默尔曼认为："社会行动的客观结构是情境确定的。"① 情境的内容不是单一的，而是个人生活状况诸方面的综合，情境中诸多因素与行动者之间的关系形态是多种多样的，其性质可能是积极的，也可能是消极的。因此，在某些情形下，主要取决于个体对情境的主观体验和认识。

在社会生活中，情境因素常常直接影响个体行为，不仅构成了个体社会活动的背景条件，而且也参与着个体行为内驱力的动机的形成过程。因此，情境是指直接影响人形成动机、产生某种行动的内在与环境因素的总和，是主观情境因素，如认知、判断、价值取向等和客观情境因素交互作用的结果。一方面，行为人犯罪前所处的情境的构成状态，不仅左右着其已有的犯罪动机的外化情况，而且行为人在是否通过实施反社会行为来满足自己的某种需要问题上，即在犯罪动机斗争方面，也受制于其周围的情境状态。"对需要转变为犯罪动机的过程有影响的因素，除了人，作为努力想满足这一需要的违法主体，他所处的具体生活情境也有重要影响。"② 所谓犯罪情境是"个体在事实犯罪的过程中所面临的直接促使其形成与其原有心理结构相适应的犯罪动机，或者将已有犯罪动机转化为

---

① 转引自杨善华《当代西方社会学理论》，北京大学出版社1999年版，第56—57页。
② ［苏］B. H. 库德里亚夫采夫：《犯罪的动机》，刘兆祺译，群众出版社1992年版，第105页。

侵害行为的外在形势"[1]。

常人方法学的创始人加芬克尔高度重视日常生活中实践行动的索引性，即成员与特定背景和情境相联系。这种索引性说明了行动者在日常生活中的行动受到一系列相关联的情境制约。在涉毒犯罪事件中，行动者行动的情境的索引性特点，呈现出这种社会现象的情境因素是复杂多样的。本章主要依据涉毒女性的口述资料，通过生活事件、生活空间和人际交往等情境中的主要因素的分析，来呈现犯罪的生产过程，犯罪策略的使用。

4.1 罪前情境

4.1.1 情境之一：外出打工

传统社会，女性通常被束缚在家庭中。然而随着城市化的进程，农村剩余劳动力的增加，外出打工成为一种新的生活方式，这也促使部分女性从农村流向城市，从家庭走向社会，成为"打工妹"。

"外面的世界很精彩，外面的世界很无奈。"流动为女性融入新的时代和市场经济带来机遇，但也增加了女性生存的风险。当她们怀着理想、欲望和冲动涌入城市的繁华中，由于接受教育和职业培训方面的性别不平等，女性流动人口在城市中很难获得与男性平等的就业机会。有的找不到工作，即使有工作，大多从事的是工资收入比较低、缺乏福利保障和职业发展潜力有限的工作领域。在访谈的 50 个涉毒女性的案例中，有 13 个女性是无业（典型的是个案 17），由于无业，无所事事，就只好在社会上"混"（个案 4）。有的从事保姆（个案 19）、帮工（个案 34 最初是在饭店当服务员，后来又在服装店帮工）、服务员（个案 21 曾在一家宾馆当礼仪小姐；个案 48 的第一份工作是在一家宾馆当服务员）等女性化的职业。

---

[1] 张远煌：《犯罪学》，中国人民大学出版社 2007 年版，第 291 页。

赚钱回家是外出打工的最大动力和最主要的目的,然而快节奏的生活、过重的工作负荷、微薄的收入、城市生活的高成本等一切不如意都与她们"进城"的初衷相悖。

> 我出生在云南一个偏僻的山区,父母都是农民。只读过3年小学。19岁就开始到浙江,打了12年的工。后来,在昆明打工的哥哥叫我和老公来昆明打工。结果来昆明一年多都没找到合适的工作,租住在城中村,平时就闲居在家中,生活主要靠哥哥接济。(个案17)

在劳动力市场,女性的身体被当作可以运作、买卖的商品。①有的年轻女性,因为无一技之长,难以在社会上立足,只能凭借自己年轻的资本混迹于KTV、歌舞厅等娱乐场所。个案47在一家夜总会当业务经理,为客人介绍包厢,提供服务。个案32小倩最初是在一家公司当生产统计员,但不久就因嫌工作枯燥,收入低,辞职和几个小姐妹去KTV工作。类似的还有个案33的春丽,起初是在网吧找了份网管兼收银员的工作,但由于工作经常出错,被老板炒了鱿鱼。失业后,生活陷入窘迫,因为自身长相姣好,就有人介绍她去娱乐场所工作,收入有了很大提高。据春丽坦言:"社会太残酷,诱惑太多。"当她们置身于灯红酒绿的娱乐场所,面对巨大的贫富落差,极易产生被剥夺感,同时受"及时享乐""笑贫不笑娼"的颓废观念感染,把金钱作为唯一追求的目标,行为异化。有的女性,也正是在这样不良的环境下认识了有违法犯罪行为的男友,并自愿结成同居关系,依附男性生活。如个案25是在KTV唱歌时认识一毒贩,被他的出手大方倾倒,两人迅速好上并发展成情人关系。与此类似的还有个案33,在娱乐场所认识贩毒男友。

外出打工是女性流动人口生命历程的重要事件,也是关乎个人发展的重要影响因素。流动不仅改变了女性的生活状况,改变了她们的生活方式、社会交往和思维方式,进而改变了她们的命运和人

---

① 马冬玲:《流动女性的身份认同研究综述》,《浙江学刊》2009年第5期。

生轨迹。经济的发展，劳动力的流动，给了女性更多的社会参与机会，扩展了女性生存空间。一方面，深刻的变化，加上与社会接触越来越多，无形中，女性与社会的矛盾、与他人的冲突也随之增加。如目标追求与实现手段之间的冲突，社会的富裕与妇女相对的贫困的冲突，很可能成为犯罪的诱因。当她们对物质方面的要求超过其自身合理收入的范围时，或者是当不能用合理的方式来解决自己对物质的欲望时，一旦经人诱惑或受朋友圈的影响，极易吸毒贩毒。另一方面，妇女参与空间越大，参与程度越深，其进行犯罪的机会和手段也就会越多。较之"两抢一盗"等暴力犯罪活动，毒品犯罪似乎更加适宜于女性的参与，本小利高，无须技术，进出随意，致使女性犯罪在整个犯罪总体中所占的比重不断增加，甚至出现与男性违法犯罪趋同的现象。

4.1.2 情境之二：吸毒成瘾

在访谈的50个女性涉毒犯罪案例中，有吸毒史的女性就达到29个，占总数的一半以上，她们多半都经历了初次吸毒—吸毒上瘾—以贩养吸的过程。吸毒成瘾是一种反复发作的脑疾病，一些人开始吸毒时往往出于好奇、模仿、从众、解闷、享乐等。然而一旦成瘾，在行为上就完全被毒品支配，甚至丧失理智。由于毒品进入人体后作用于人的神经系统，使吸毒者出现一种渴求用药的强烈愿望，并不顾一切地寻求和使用毒品，"一朝吸毒，天天想毒，终身吸毒"。为了维持失衡的生理状态，只有持续不断地吸毒，而且不断增加毒品剂量，才能维持身体的"常态"，事实上，欣快与痛苦的交替已经使吸毒者进入一个无法平衡的世界。一旦成瘾，在心理和人格方面就会出现一系列的变化。有研究结果表明，毒品依赖者抑郁症状的发生率为75%。[①] 具体表现为，对任何事物不感兴趣，生活过得毫无意义、不愿与人交往等症状，出现"抑郁心境的适应

---

① 杨玲、李明军等：《毒品吸戒问题研究——来自心理学的探索》，科学出版社2010年版，第14页。

性障碍"，与社会格格不入，自我封闭，无心参加生产劳动，感情冷漠，对婚恋不感兴趣。例如，个案2阿宁，是个年满36岁的未婚女子，自19岁就开始吸毒，进出戒毒所已经有6次。当笔者问到"为什么现在还没有结婚"的问题时，阿宁很诧异地回答说："我从来就没有想过要结婚。"

吸毒行为是一种在社会公众心目中打上异常标记的不良行为，个体一旦染上毒瘾，必然会受到人们的拒斥和蔑视，以往正常的人际交往圈子受到破坏，因而在吸毒人群中，孤独感是普遍存在的。个案1大刘是生于1965年的妇女，有20多年的吸毒史。自20世纪90年代初期染上毒瘾后，夫妻关系不睦，经常吵架，家里兄弟姐妹感情疏远直到不再来往，儿子长大成人后从家里搬出在外面租房住，剩下她一个人孤独地生活。因此，为了寻求一种归属感和认同感，常常就会使得吸毒人群自动地聚集在一起，形成一个亚文化圈子，这样既满足了依赖者的归属需要，又对吸毒行为不构成威胁。但这样一来，也使得其处在一个相对封闭的小圈子里，妨碍了亲社会行为的培养和社会支持的获得。①

吸毒者染上毒瘾之后，在心理上可能会体验到一种无价值感或不安全感，加之社会给予的压力，从而降低了对自我的评价。这种较低的自尊会影响吸毒者对环境的适应性，由于自卑，不愿结交朋友，缺乏与人的情感沟通，从而导致社会孤独感加深。而孤独者又可能因为社会关系的缺陷或缺乏一种归属感，使得自我评价降低。研究表明，吸毒人群的自尊明显低于正常人，具体表现在当毒瘾发作时，常常放弃自己的人格尊严，不择手段地去获取毒品。

染上毒瘾的吸毒人员，对于毒品有强烈的渴望，这就需要雄厚的毒资来支撑。但是吸毒人员却拒绝通过合法的工作途径来获取金钱，一方面是因为一般的工作收入不高，很难满足吸毒和生活的开

---

① 杨玲、李明军等：《毒品吸戒问题研究——来自心理学的探索》，科学出版社2010年版，第13—14页。

支;另一方面,长期吸毒,对身体的戕害使得吸毒人员无法适应工作;再加上社会广泛存在的排斥和隔离,阻绝了吸毒人员的合法生存方式。由此导致吸毒人员往往会铤而走险,进行抢劫、盗窃、杀人、贪污、诈骗、贩毒和卖淫等违法犯罪活动。

4.1.3 情境之三:家庭变故

1971年,社会心理学家索洛蒙(L. Solomon)对生活事件与人的情绪压力之间的关系调查表明:每当人们情绪、心理、身体等方面偏离常态时,往往也是人们所在的初级群体发生重大变故之时(见表4-1)①。

表4-1　　　　生活事件与人的情绪压力关系

事件对人影响的顺序	生活事件	平均值
1	配偶死亡	100
2	离婚	73
3	夫妻分居	65
4	监禁期间	63
5	家庭近亲死亡	63
6	个人患病	53
7	结婚	50
8	解雇	47
9	夫妻和好	45
10	退休	45

在表4-1中,"平均值"指相应事件发生后,100个人当中出现情绪、心理、身体等方面重大变化的比例。从索洛蒙的调查可以

---

① 转引自郑杭生《社会学概论新修》(第三版),中国人民大学出版社2006年版,第162页。

看出，在列举的对人们生活影响重大的前十位事件中，属于家庭成员发生变故（瓦解或成员与群体隔离）的事件达到6件，且全部排在前列。从某种程度上来说，家庭是为追求经济的目的而合作形成的经济单位，完整的家庭是夫妻两人共同支撑起来。然而，因为离异、疾病、违法犯罪等因素损坏了家庭结构，尤其是家庭顶梁柱（父亲、丈夫）的缺失，减弱了家庭的经济功能和社会保障功能。从而使得家庭陷入困境和危机中，从而降低了生活质量和生活水平。严景耀在研究犯罪时也发现，有的家庭人口多，专靠一人工作，负累过重，劳力不足以养家，于是就会想到歧途；有的因家庭不和睦，各自分散；有的家庭教育缺乏，儿童不能适应社会；或因家中重要人死亡，生计骤然艰难，或因无配偶而漂泊不定，得不到归宿的安慰等。①

在访谈案例中，笔者发现，在涉毒女性中失婚女较为多见。对于"失婚"的概念内涵，学术界目前还没有明确定义。大致说来，因离婚或丧偶而失去婚姻，因贫困等种种原因无法成婚而失去结婚机会，夫妻两地分居以及自愿独身的"不婚"，都可以称为"失婚"。婚姻的失败，情感上受到伤害，离婚对于女性来说是个沉重的打击，心情不好是很自然的事情，同时也加重了经济负担。个案3本身就是无业，离婚后还要向丈夫支付儿子每个月的抚养费用。个案29是个失婚女，因为要独自抚养女儿和照顾年迈的父母，走上贩毒道路。除了离婚，还有的丈夫是因强制隔离戒毒、因犯法坐牢或者病故等原因导致了家庭男性主劳动力的缺席，这对于女性来说无疑是"天塌下来了"。个案28老马是个50多岁的妇女，原本过着殷实的小康生活，但是丈夫病故后，家庭陷入困境，既要抚养两个儿子，又要照顾疾病缠身的婆婆，这一切全都加负在老马一个人的肩上。个案20丽萍是个80后，丈夫坐牢，撇下9岁的儿子和年老多病的父母让她一个人养活。个案27老陈是个54岁的单身妇女，

---

① 严景耀：《北京犯罪之社会分析》，原载《社会学界》第七卷（1933年），转引自李文海主编《民国时期社会调查丛编》（底边社会卷）（上），福建教育出版社2005年版，第325页。

东北下岗工人，身体不好，患有严重的风湿病。20多岁的女儿也是没有工作，经常还伸手要钱。帕森斯认为，在家庭内部分工中，女性表演表达性角色，负责照料孩子并为其提供安全和情感支持；而男性则表演工具性的角色，负责养家糊口（Parsons and Bales, 1956）。然而当家庭发生变故时，家庭结构受损，尤其是家庭男性劳动力的缺失，挣钱养家的责任从男性转移到单亲妈妈身上。单亲妈妈因多缺乏专业技能训练，收入较低，难以独自支撑一个家庭。残破家庭变得风雨飘摇，生活倍加艰难，家庭陷入贫困中。

此外，家庭成员一旦生病，也会加重家庭经济负担，导致家庭因病致贫的事例，也屡见不鲜，成为困扰女性的又一生活情境。例如，个案45阿微是独生女，有一段时间失业，恰逢母亲生病急需用钱，在这样的情境之下，受人诱惑到云南为人带毒。个案50马敏是因妹妹上大学，弟弟生病欠下一大笔债务要还，才去贩毒。

此外，还有的是因为父母离异或病故，家庭经济状况恶化，使得孩子辍学、脱管的现象较为常见，导致了孩子在社会化过程中出现缺陷，影响了健康成长。个案3安安从小就没有母亲，只有父亲和哥哥，但感情不好，所以就一直和姨妈生活。个案19周新梅在读小学5年级的时候，父母离婚后各自成家，扔下新梅和弟弟两人不管，姐弟俩就只好寄居在伯伯家长大。个案23小楚还是个高中生，父亲去世，母亲改嫁，从小由奶奶独自抚养长大。

外出打工、吸毒成瘾和家庭变故等重大生活事件，影响了当事人的正常生活，从而成为人生的一大转折点，改变了人生的轨迹。这些生活事件背后折射出来的是女性的生存困境。大部分涉毒女性经济贫困，入不敷出，缺少积蓄，且收入不稳定，在经济上具有脆弱性，一旦面临疾病、失业、吸毒、离婚、丧偶等生活事件时，生活就很容易陷入困境。女性较之于男性更容易陷入贫困和难以摆脱贫困的一个重要原因是她们缺乏相应的社会支持网络，缺乏可动用的社会资本。而家庭支持不足、社会保障缺乏，使得女性遭受的压力无从缓解。美国托莱多大学教授江山河与温弗里2006年在研究社会支持、性别与犯人违规行为关系时发现，女犯比男犯对社会支持

有更高的需求。① 为此，山根清道指出，"女性犯罪的一大原因是对她们的保护不够，在社会生活中容易产生障碍"②。

犯罪不只是个人反常的行为，同样也是社会病态的表现。"犯罪的人是受压迫者，犯罪的妇女更是受压迫之在最下层者。"③ 打工妹、吸毒女、失婚女、孕妇和哺乳期妇女是社会上的边缘群体和弱势人群，是就业难、生活难等民生问题的主要承受者。"犯罪人本身是在迅速改变的社会环境中失去适应能力的受害者。"④ 她们是处于较低层次的女性，面临的生活困难往往多于一般人，必然会心理失衡，这就容易诱发不同程度的认同危机和心理危机，从而极易导致反社会情绪和失范行为取向，使得成为潜在的犯罪者。因此，从某种程度上来说，女性涉毒犯罪其实就是"权利低水平均衡下的非制度化生存"。也就是说，一方面，社会对弱势人群的权利保护均处于很低的水平；另一方面，人们赖以生存的制度环境缺少确定性，在遭遇某种困境的时候，就容易采取非制度化生存方式。⑤ 而打工妹、吸毒女、失婚女、孕妇和哺乳期妇女参与贩运毒品，就是属于趋利性非制度化生存。

4.2 生活空间

违法犯罪行为的发生往往与某种特定的场所有一定关系，特定

---

① 江山河：《社会支持理论》，曹立群、任昕主编《犯罪学》，中国人民大学出版社2008年版，第92页。
② ［日］山根清道：《犯罪心理学》，罗大华等译，群众出版社1984年版，第289页。
③ 周叔昭：《北平一百名女犯的研究》，原载《社会学界》，1932年，转引自李文海主编《民国时期社会调查丛编》（底边社会卷）（上），福建教育出版社2005年版，第323页。
④ 严景耀：《中国的犯罪问题与社会变迁的关系》，北京大学出版社1986年版，第204页。
⑤ 孙立平：《权利失衡、两极社会与合作主义宪政体制》，载《书屋》2007年第1期。

的场景会诱发某些行为。① 一个人是否能接触到越轨环境，并学习越轨行为，对于犯罪行为的实施是十分重要的。特定的环境、特定的氛围会给人心理造成暗示性或诱导性的作用。同时，身处此环境之下的人会受到周围群体的言行刺激，为了被同辈群体接纳，从而屈从于环境压力表现顺应。通常，毒品犯罪的特定场所，一是犯罪的目标——毒品具有可见性和易获得性。Becher 指出，一个十分明显但是又经常被人忽视的现象，即某种麻醉品是否容易得到，也就是毒品的易得性是一个人变成吸毒越轨者这个过程的关键部分。② Clausen 也认为，"成为一个瘾君子需要具备的条件之一是：必须有毒品"③。也就是说，一个人是否成为毒犯，其中一个重要的因素是毒品是否能够到手。二是毒品亚文化的流行，在态度和观念上容忍毒品，这就为涉毒犯罪行为提供支持。由此，环境在决定一个人是否从事涉毒活动方面，也起着十分重要的作用。

4.2.1 社区环境

社区环境也叫生活小环境，是指特定的社会成员所生活和居住的地区。美国芝加哥学派的社会学家认为，一个人所居住的社区的社会和物理特征，决定了实施越轨或犯罪行为的可能性。社区环境的好坏，对每一个人是否走上违法犯罪的道路，会产生很大的影响力。

云南是我国面向东南亚的主要窗口之一，周边与缅甸、老挝、越南接壤，国界线长达 4060 公里。从 20 世纪 80 年代中期开始，随着边境沿线地区的全方位开放，为鼓励边境商贸活动，我国取消沿用多年的边境通行证制度，撤销大部分边境检查站，以方便人员及商品的进出。目前云南有 13 个国家一类口岸，7 个二类口

---

① 王发曾：《城市空间环境对城市犯罪的影响》，《人文地理》2001 年第 16 期。
② Becher, Howard S. The Outsiders: Studies in the Sociology of Deviance. New York: Free Press. (1963). p. 51.
③ Clausen, J. "Drug Addiction: Social Aspects", in D. Silles (ed.): International Encyclopedia of Social Sciences, New York: Macmillan, (1968). pp. 298-303.

岸，90个边民互市通道和103个边贸互市点，形成了陆、水、空全方位开放的空间格局。此外，云南边境地区生活着16个跨境民族，双方边民往来十分密切，历史上就形成了自由出入边境的传统习俗。

特殊的自然地理环境和人文环境，客观上为境外"金三角"毒品向我国境内渗透提供了可乘之机，致使云南尤其是中缅边境沿线地区，成为现阶段我国首当其冲的毒祸重灾区和禁毒斗争的前沿主阵地。正如一位国际缉毒专家说："不论是由于战争或者灾难，边境控制和安全结构的削弱，从客观上使得这些国家变成了毒品便利的后勤和中转站，这不仅对国际恐怖分子和武装分子是这样，而且对毒品走私犯也是如此。"[1]

生活在这样的社区环境，毒品具有易获得性和可接近性。在受访的50个涉毒女性中，有24名女性就是云南本地人，有的就是生活和居住在云南边境一线（除了个案5、个案6、个案7、个案8、个案9都是陇川人之外，个案18、个案20、个案25和个案42是版纳人，个案24、个案43都是临沧人），还有的甚至本身就是跨境民族。笔者在陇川的田野调查，发现类似的现象比较常见，如个案6、个案7、个案8、个案9、个案10。例如，个案7和个案9都是景颇族人，所在的村寨离缅甸仅两三公里，抬脚就可以出国，相反离当地县政府陇川的章凤镇还有6公里。由于毒品的可得性，生活的村寨吸毒成风，全村虽然只有200多人，而吸毒的人就有70多个，占村民的三成左右。在当地跨境民族通婚较为普遍，例如，个案7的儿子娶的就是缅甸媳妇，个案9的女儿嫁到缅甸，女儿女婿住在缅甸，而外孙则送到中国来读书。个案7和个案9有多年的吸毒史，借着走亲戚的名义，经常来往于境内外，顺便也从缅甸带回毒品。个案25是景洪傣族人，生活的村子里有部分人在从事毒品买卖，因而被情人利用帮助联系购买毒品。

---

[1] 陈贝蒂：《中国吸毒调查》，新华出版社2006年版，第116页。

我家住在嘎洒镇附近，从景洪市区出发几公里即可到达。我生活的村子主要靠种植橡胶与香蕉为生，因为这几年橡胶行情看好，村民的生活都比较富裕，有钱人也不少，两三层的傣家的小楼在寨子里到处可见。我们村有人从事毒品生意，有十多个村民因贩毒而被判刑，我们那个寨子在当地名声不太好。（个案25）

还有的是省外人员在云南边境地区经商、打工、务农，接触到毒品。早在20世纪80年代，安徽临泉地区由于人多地少，农民多外出务工，不少人长途跋涉到云南，帮人承种西瓜，工资多少是根据当年西瓜的收成，当遇到年景不好的时候，几乎拿不到工资，当地有些人就拿毒品代替，而这样的工资带回临泉，竟然比丰收的年头还要丰厚。一来二去，暴利吸引，就有人走上贩毒的道路，[①] 以至于安徽临泉成为我国三大毒品集散地之一。

有人类学家指出："鸦片消费曾经是边民的日常生活经验，涉及瘴气、疟疾等疾病和农耕社会的新型生计方式、饮食习惯、医药治疗、器物开发、消费文化、社交往来等方面，也涉及信仰的转变和宗教实践。在边疆社会，西方殖民的影响以鸦片为媒介从生计经济渗透到人的心灵，……即便经历了20世纪50年代新中国对烟毒的涤荡禁绝，鸦片的文化风习和被殖民的心理依然在对边疆社会产生着深远的影响。"[②] 由于长期生活在鸦片种植区中，受历史传统的影响，云南边境地区的当地群众形成了一套与鸦片有关的特定的生产生活方式、行为规范、价值观念，即"鸦片亚文化"。在旧社会，对于当地农民来说，鸦片就是人们的生计，是必需的农作物，是衣食得赡的唯一可靠收入。在新中国成立初期开展禁种罂粟工作，就曾遭到当地群众的阻挠，视"铲烟如铲命"。

在这样一种特殊的社会文化和心理氛围中，鸦片的吸食、种

[①] 陈贝蒂：《中国吸毒调查》，新华出版社2006年版，第133页。
[②] 沈海梅：《医学人类学视野下的毒品、艾滋病与边疆社会》，云南大学出版社2011年版，第16页。

植、贩运，已成为一种道德上比较中性的生活方式，其危害性处于社会舆论的模糊地带，缺乏道德上的可谴责性。① 公众具有较强的包容心理，毒品犯罪就是在这种"鸦片亚文化"的庇护下得以维持和延续。有的人甚至是已被判刑的毒犯，对自己的犯罪行为毫无罪责感："我们那儿都认为贩卖毒品主要是为了赚点钱，让生活好过一些。我们又不偷不抢，卖别的东西都行，怎么卖这些东西就是犯法呢？""我们村里的人都认为，卖鸦片是做生意，不同于杀人、强奸。""我们那儿因贩卖毒品坐牢的人很多，没有人说三道四。"很多人认为，犯其他罪是可耻可恨的，而贩卖鸦片却可以得到原谅。甚至在有的地区还出现"敢干4号（海洛因）赚大钱盖洋房是能人"，"嫁人要嫁贩毒人，有钱有屋好风光"等群体的错误认知。

4.2.2 涉毒家庭

家庭是人的社会化的第一场所，个人的成长和个性的形成总是与具体的家庭生活环境、家庭结构的影响密切相关，不良的家庭环境影响了个人的健康成长。不良的家庭环境，一方面指的是家庭结构的不完整，另一方面包括了家庭成员的作风不正或有违法犯罪行为。

从访谈的内容来看，有部分涉毒女性的家庭结构是不完整的。家庭是人生活的起点，一旦父母离异、分居、死亡而导致家庭结构残缺，就很容易使家庭成员失去父母之爱、夫妻之情、家庭之乐，感情上受到创伤，经济上缺乏保障，心理上容易失衡，由此导致心理偏差，人格变态，产生对社会、集体、他人的不信任感和敌意，形成以自我为中心，并容易产生攻击性等行为。犯罪学的研究表明，生活在破碎家庭的人与正常家庭的相比更容易产生失范、越轨行为。缺陷型家庭对青少年吸毒有明显的影响，特别是对女性影响

---

① 高巍：《中国禁毒三十年——以刑事规制为主线》，法律出版社2011年版，第6页。

更大。研究表明,成长于缺陷家庭的女性吸毒率明显高于男性。[1]父母早期对子女缺乏起码的温暖和关怀,动辄就打骂,这会使子女感到被家庭遗弃,对其成长有较大影响。一方面会使子女在心理上受到创伤,以后在生活中容易出现问题,会主动吸毒或在他人的诱使中吸毒;另一方面,他们在父母的拒绝中寻找新的归宿,走向不良群体,进而跟随他人吸毒。个案3璐璐之所以走上涉毒犯罪的道路,跟家庭不无关系。璐璐自小失去母亲,自幼在姨妈家长大。由于亲情缺失,长期处于"感情饥荒"状态,使得璐璐出于对爱情的渴望,对家庭温暖的向往,过早地恋爱生子并很快离婚。失败的婚姻本身对于女性来说是很大的挫折,却得不到亲人的安慰,只有从毒品那里寻求暂时的慰藉。

> 我从小就没有母亲,只有父亲和哥哥,但是感情不好。我一直和姨妈一起生活。17岁就和男友同居,生下一个儿子。男友在广州打工,我在家无业,后因感情不和,提出离婚。男友死活要儿子,儿子交由奶奶带,我出每个月的生活费。我心情不好时,回家找到爸爸和哥哥说一说,说不到两句,他们就开始吼我,每次我都是哭着离开家。朋友看我心情不好,说是吸吸海洛因就会好起来。来到这里(监狱)后,只有姨妈来看过我,姨妈说:"他们不来看你,我来看你,又不是没人看。"(个案3)

Denise Kandel 研究并证明,"同辈群体对吸毒的影响因素被高估,相对于同辈群体,父母的影响被低估了"[2]。塞尔卜维奇和乔达诺的研究表明,在影响女性犯罪的家庭因素中,家庭结构是否健全并不重要,重要的是父母的做法,如果父母在对子女行为的监督、

---

[1] 杨玲、李雄鹰、赵国军:《青少年吸毒心理分析及吸毒行为防治研究》,《天水师范学院学报》2002年第2期。

[2] 转引自蔡德辉、杨士隆:《少年犯罪:理论与实务》,台北五南图书出版社,2003年版,第277页。

沟通和尊重、接纳和支持等三个方面做好了，就能有效预防子女尤其是女儿的犯罪。然而，在实际生活中，父母对子女的监护态度呈现两极分化，这都不利于孩子健康人格的形成，放任自流或随意打骂的方式，容易使女性形成反社会的攻击性性格，出现行为失范；如果父母过度保护，不敢放手，就会容易使女性形成依赖人格，缺乏判断力和独立性，从而跌入社会陷阱。①

研究的结果显示，那些对孩子管教不严的家庭，海洛因的吸食率和与吸毒者接触的频率较高，随着父母管教孩子更加严厉，吸毒的人也越来越少。② 儿童心理学家索克说过："对于孩子来说，父母离异带来的创伤仅次于死亡。"个案 19 周梅在读小学 5 年级时父母离婚后，她和弟弟就处于放任自流的状态，16 岁就开始到昆明当保姆，并接触到毒品。生活在不良的家庭中，父母疏于管教，过早就离开学校和家庭，也就是离开了社会主流轨道的约束和引导。在社会上"混""玩"，逐渐形成自己的同伴圈子，社会联系减弱。

> 我父母在我读小学 5 年级时离婚之后，都不管我们了，现在都不晓得他们在哪里。我和我弟弟是大爹养大的。（个案 19）

与个案 3 父亲动辄打骂的粗暴教育方式相反，个案 14 冰冰的父母则过于溺爱。父母很早就离婚，因此就想在经济上补偿冰冰，不仅为她买房子，甚至大学毕业之后也不要求冰冰找工作独立，相反还拿大把钱供她挥霍。在得知冰冰吸毒后，父母非但没有检讨和反思自己的教育，反而将女儿吸毒归咎为冰冰男友的责任，上门去闹。不管是粗暴型的还是溺爱型的教育方式，其实都存在着父母与子女之间在教育上的"弱交流"现象。

> 我家家境富裕，父母在海南海口开饭店、旅店，很有钱。

---

① 夏国美：《社会学视野下的禁毒研究》，《社会科学》2003 年第 10 期。

② Braucht et al；Commission of Inquiry into the Non–Medical Use of Drugs 1973；Gerstein 1976.

我有个1981年出生的弟弟。我十几岁的时候，父母离婚，我和弟弟跟妈妈。妈妈一直将弟弟带在身边在外面做生意，我和姥姥住在东北老家。过了六七年，父母回到老家，觉得亏欠我太多，因此就想法在经济上补偿我，还给我在市区买了套房子。我大专毕业后没有找工作，朋友圈子都是经济实力较强的人，我们经常聚在一起吃摇头丸，好玩。我和妈妈住得较近，也和母亲聊天，但不提吸毒的事。得知我吸毒之后，我妈还去男友家闹。（个案14）

"吸毒者很多来自有父母没有能力管教孩子，或家庭成员有吸毒行为的家庭。"① 生活在不良家庭中，家庭成员的不端行为对女性的影响更大。调查显示，女性青少年罪犯中，家庭成员有劣迹、曾因违法犯罪受过公安、司法机关处罚的占13.3%，比男性青少年高出4.7个百分点。② 在研究涉毒女性的家庭背景时，发现部分涉毒女性生活在毒品家庭中。毒品家庭，一般是指家庭成员中至少2人有涉毒行为的家庭。家庭是各成员间相互作用的有机整体，其中某一个体出现吸毒问题应视为家庭系统运行障碍出现的症状。因为一个家庭成员的吸毒问题不仅累及本人，而且也会殃及其他家庭成员。③ 据司法部门预防犯罪研究所"吸毒违法行为预防与矫治"课题组的调查，吸毒女性组中家庭成员和亲属吸毒的比例明显高于男性组，女性组配偶和恋人吸毒的比例接近有效个案的一半，合计比例达到48.15%，而男性组的同类比例仅有7.09%，相差极为悬殊。④ 由此来看，家庭成员吸毒是女性涉毒不容忽视的危险因素。

---

① Commission of Inquiry into the Non-Medical Use of Drugs 1973；Robins 1975a；Zinberg 1979.

② 丛梅：《男女犯罪行为方式及犯罪原因比较研究》，《江苏公安专科学校学报》2001年第5期。

③ 赵子慧、怀扬、张官柏、杨茂彬：《成瘾者自愿戒毒康复中"家庭联谊会"介入的作用》，《中国药物滥用防治杂志》2004年第4期。

④ 郭建安、李荣文：《吸毒违法行为的预防与矫治》，法律出版社2000年版，第186页。

表4-2　　　　　　　　毒品家庭成员的行为失范

个案编号	父辈	同辈（配偶、恋人、兄弟姐妹）	子女
5	父亲吸毒	兄妹6个，5个吸毒（3个吸毒死亡）	—
6	爷爷吸毒	夫妻吸毒（丈夫吸毒死亡）	2个女儿吸毒
7	—	夫妻吸毒（丈夫吸毒死亡）	—
8	—	夫妻吸毒（丈夫吸毒死亡）	3个儿子都吸毒
9	—	夫妻吸毒（丈夫现在强制戒毒所戒毒）	—
10	—	夫妻吸毒（丈夫吸毒被抓5次）	3个儿子中有2个吸毒死亡
22	—	夫妻吸毒，因以贩养吸共同获刑	—
27	—	母亲吸毒	独生女儿吸毒
31	—	夫妻以贩养吸；丈夫吸毒、酗酒、赌博	—
36	—	夫妻以贩养吸；姐姐、姐夫吸毒；弟弟吸毒死亡	—
48	—	夫妻吸毒；妻子贩毒	—

笔者在陇川调查过程中，在派出所凑巧遇见来给弟弟开吸毒死亡证明的李女士。李女士约莫45岁，戴着金项链和金耳环，当我提出想采访她时，她爽快答应。"我弟弟吸毒。娶了个缅甸媳妇，一家人去江浙一带打工，一个月前生病回到老家，前几天就死啦。"笔者看见李女士提到表姐和弟弟吸毒的事情，一直是乐呵呵的。当谈到弟弟吸毒死亡事情，从李女士和站在一旁背着2岁娃娃的弟媳妇的脸上，笔者几乎看不到失去亲人的悲伤，仿佛仅仅是在谈家长里短，无关生命和死亡。也许是生活在毒品家庭中，多次经历了亲人吸毒死亡的事实，内心已经麻木，或许本来就是对生命漠视。李女士在谈到弟弟吸毒死亡的事情时，也无意中引出了表姐（个案6）涉毒被关押在昆明的事。"我表姐现在52岁了，文盲。我爷爷抽大

烟，小时候经常叫我表姐和弟弟去帮他在外面买大烟回家。我表姐年轻的时候也抽上大烟，也快有二三十年时间了。她老倌也抽大烟，前几年死啦。生的2个女儿现在也吸毒，我跟这两个侄女很少来往。"

　　毒品亚文化是可以代际传递的，父母一方或双方吸毒，容易把这一不良嗜好传递给自己的子女，产生"毒二代"，甚至是"毒三代"。个案6的家庭就是典型的"毒三代"，爷爷抽大烟，夫妻两人也抽大烟，两个女儿也不幸染上毒瘾。类似这样的涉毒家庭，在云南边境地区比较常见，子承父业，代代相传，始终逃不脱毒品的魔掌。个案5的父亲老宋以前是村长，年轻时就开始抽大烟吸毒，受此影响，小女儿小宋和她的5个哥哥姐姐中只有一个没有染上毒瘾，悲惨的是3个哥哥吸毒已死亡，有2个姐姐嫁到省外，只剩下小宋一个人独自生活在村里。毒品所带来的危害使几乎所有的不幸都浓缩在小宋一个人的身上。据村里的乡村医生尹医生介绍，"小宋黑道白道什么都干。既吸毒，又是站街女，客人需要打个电话，她就上门服务，还卖点毒品给客人，长期下来，染上艾滋病"。个案8是夫妻两人吸毒，所生的3个儿子也不幸吸毒；个案10为夫妻吸毒，结果3个儿子中有2个儿子吸毒。因为自幼目睹了毒品给社会、家庭、个人带来的危害后成长起来的90后选择离家外出打工的方式，自觉逃脱社区大环境和毒品家庭小环境的不良影响。如个案9夫妻俩有多年的吸毒史，小儿子长大成年后，就和其他人一起到广州打工，三年来没有回过一次家，只是偶尔给家里寄上一点钱。

　　在涉毒家庭中，有的家长也意识到自己的涉毒行为带给孩子的影响，不仅有沾上毒品的可能性，同时父母一方或双方因涉毒犯罪被关押在监狱，就会导致未成年孩子脱管，最终也容易走向犯罪。例如个案31张玲玲和丈夫染上毒瘾之后，两口子就干上了以贩养吸的营生。有一次在出租房内将海洛因分包时，夫妻双双被捕。至今，关在监狱的张玲玲还后悔不已，"因为犯罪，自己正在读初一的女儿因此辍学，过早地混迹社会"。个案31的女儿年仅12岁就离开学校，没有接受教育，父母被抓，家庭破裂，无所依靠，只好在社会

上混,长大之后,是否会步父母的后尘吸毒贩毒,这很难断定。同样地,个案 24 唐莉是两个孩子的母亲,在和笔者谈话时,反复提到自己贩毒罪行不仅对社会有害,同时也给女儿带来无尽的伤害:

> 由于我长期在缅甸贩毒,丈夫为此离开了这个家,年仅 9 岁的女儿一下子就没有了家。孩子不知道去什么地方好,也不想让我妈接过去,最后把孩子送到外地一所寄宿学校读书,这样一来,女儿一年半载也很难见到亲人一面。我没时间陪她,只是从金钱上面满足她,但是比如说,从我个人来说,她根本没有得到母爱。女儿性格变得越来越孤僻、傲慢,爱发脾气。女儿的事情对我触动很大,我也想多陪陪她,承担做母亲的责任。当时,我就很想回头,但是很难回头。现在关在这里(监狱),我心里面就觉得最对不起的是我女儿。为了我的事情,孩子有家也回不了,只能寄人篱下。(个案 24)

人的发展是一个社会化的过程,而在人生成长的关键阶段,由于社会化的缺陷或缺失,都可能对人的行为产生负面影响。这些个案的一些具体细节告诉人们,家庭结构的不完整、家庭成员的行为失范、畸形的婚姻状况,导致了涉毒女性社会化过程的不完善,从而成为影响女性走上涉毒道路的重要原因之一。

4.2.3 娱乐场所

娱乐场所指的是以营利为目的,并向公众开放、消费者自娱自乐的歌舞、游艺等场所。随着文化生活的多元复杂,娱乐场所所指的范围有所扩大,除歌舞厅、夜总会、迪厅、KTV 等歌舞娱乐场所外,棋牌室、网吧、酒吧、洗浴中心等各类新型娱乐场也纷纷涌现。为了满足客人的各种娱乐需求,除了传统的喝酒、跳舞、唱歌之外,在娱乐场滋生出赌博、色情陪侍、群体吸毒等现象,渐渐演化为娱乐行业的潜规则,并逐步为社会大众所熟知。娱乐场所渐变为从事黄、赌、毒活动的地下窝点。

吸食新型毒品是一项集体娱乐项目，一场集体狂欢的盛宴，多人聚集在一起"嗨"，需要有音乐、有灯光的刺激。作为群体互动的活动，使用新型毒品的吸食活动主要集中在娱乐场所。一是因为其场地的隐蔽性，既可以保证吸毒违法活动的"安全性"，还提供了毒品买卖的市场，因此娱乐场所是零星贩毒的高危场所；二是因为文化氛围的交融性。新型毒品在因被赋予了"时尚、前卫"的含义而在社会中流行，吸毒者钟情于肉体的欲望和感官的快乐的享乐主义，这与娱乐场所特有的群体娱乐文化纠结在一起，使得娱乐场所成为与新型毒品"联姻"基础。① 当夸饰性消费兴起，毒品消费超越了单纯的物质消费层面，吸毒行为被符号化，成为炫耀、示同和示异的表征。

在访谈的过程中，笔者发现部分女性有在娱乐场所工作或频繁出入在娱乐场所消费的经历（见表4-3）。群体的示范效应为娱乐场所女性从业人员及在娱乐场所的女消费者提供了学习、强化吸毒越轨行为的社会环境，构成了女性涉毒的宏观社会背景。

表4-3　　　　　　访谈对象出入娱乐场所的情况

个案编号	娱乐场所	目的	对于涉毒行为的影响
12	酒店	工作（财会）	—
15	酒吧、歌舞厅	工作（歌舞表演）	工作辛苦，染上毒品
25	KTV	娱乐（唱歌）	认识贩毒情人
30	歌厅	娱乐（唱歌）	男友引诱吃摇头丸
33	宾馆	娱乐（吸毒）	认识贩毒男友
35	酒吧	工作（老板）	认识涉毒男友
37	赌场	娱乐（赌博）	因欠赌债被老板逼迫贩毒

---

① 赵亮员：《娱乐场所特征与涉毒的关联分析》，《中国人民公安大学学报》2011年第1期。

续表

个案编号	娱乐场所	目的	对于涉毒行为的影响
41	网吧	娱乐（网络游戏）	认识涉毒男友
44	舞厅	娱乐（跳舞）	接触到麻古
47	夜总会	工作（业务经理）	工作无聊，好奇，"打K"
48	茶室	娱乐（玩牌）	被牌友引诱吸食冰毒

在娱乐场所工作，作息时间与其他一般职业相反，晚上上班，白天睡觉，工作枯燥，收入较高，喜欢聚众打牌，并容易染上毒瘾。个案47黄薇在夜总会上班，一开始吸食摇头丸就是为了好玩，后来接触K粉时最初感觉很排斥，但在群体示范效应的群体作用和从众心理的影响下，黄薇吸毒的心理经历了从恐惧、刺激，到无所谓、兴奋、习以为常、模仿的过程。

我在一家夜总会做业务经理，主要工作是为客人介绍包厢，提供服务。在夜总会整个场地，使用K粉这种现象很普及，K粉能够在特定的包厢、特定的音乐、特定的气氛中玩，我们称之为"打K"，不称之为"吸"。一开始不以为然，觉得没什么，没想到这么严重。对于吸毒，我一开始只是好奇，在夜总会没事干，我就跟一帮朋友从吸食摇头丸中寻找快乐。后来，我又接触了K粉，最初也是很排斥的，三次四次后就接受了，以后也就不自觉地玩起来了。人以群分，都是那样的人，我也不可能清高，没有文化，不知道害怕，我要是不吸，就有不合群的感觉。在这种场所，想不吸毒都难。（个案47）

个案15阿艺从广西艺术学校毕业出来之后就和男友南下，去广州、深圳沿海发达地区打工，用她的话来说，"发达地区，娱乐业也发达"，在酒吧、歌舞厅走穴表演的过程中接触到毒品。个案44本身经营着一家小饭馆，在一次去舞厅跳舞的时候接触到麻古。

女性经常出入娱乐场所,享乐的氛围,纸醉金迷的生活方式,形形色色的异性,使得她们最终难以逃脱性的交易和毒品的阴谋。有的女性在娱乐场所中,被男性那种一掷千金的气概迷倒,甘愿成为其附庸。个案 25 美兰是在一家 KTV 唱歌时,认识毒贩,因为毒贩的出手大方,当晚就以一两万元相赠,两人很快就发展成情人关系。同样地,个案 33 是在宾馆玩耍的时候认识了毒贩男友,被其出手大方倾倒。个案 39 阿曲自己经营着一家酒吧,在酒吧里结识了男友。男友贩毒有钱,天天把阿曲的酒吧包了,还把海洛因混在香烟里教会她吸毒。

赫希(Trvis Hirschi)的社会联系理论(Social Band Theory)认为,人生来就有越轨的天性,这种越轨天性需要有效的社会化过程来加以控制,这一社会化过程使人们形成重要的社会纽带,而家庭、学校、社区等是人们联系社会的重要节点。① 然而,与"金三角"毗邻的社区环境、涉毒家庭和"黄、赌、毒"盛行的娱乐场所,是涉毒女性的生活空间,也是她们联结社会的主要节点。在这些场所,社会控制松懈,不仅毒品易看见和易接近,而且毒品亚文化流行,为人们提供了学习和强化越轨行为的社会环境。同时,正是在这些特定的场所,接触到的不良的社会群体,恰恰是使其成为女性涉毒的关键人物。因此,有毒的社区、涉毒家庭和娱乐场所,成为女性涉毒犯罪的重要场所。

4.3 人际关系

格兰诺维特(Granovetter)提出,人们的行动和决策不是脱离社会结构,而是"嵌入"于一定的社会关系网络之中,并受其制

---

① [美]特拉维斯·赫希:《少年犯罪原因探讨》,吴宗宪译,中国国际广播出版社 1997 年版,第 8—40 页。

约①，这就是著名的"嵌入性"理论。梁漱溟精辟地指出，中国社会是一个关系本位的社会。② 费孝通把关系本位的中国生动形象地比喻为"差序格局"，意即每个人都有一个以己为中心，按照亲疏远近结成的社会关系网，就像把一块石头丢在水面上会推出一圈圈的波纹，每个人都是他社会影响所推出的圈子的中心。③ 翟学伟将中国人际关系的基本模式概括为人缘、人情和人伦构成的三位（三维）一体，"它们彼此包含并各有自身的功能：人缘是指命中注定的人际关系，人情是指包含人际交换行为，人伦指人与人之间的规范和秩序。三位一体的人际关系构成了中国人为人处世的基本模式，来源于中国传统社会文化背景中的天命观、家族制度和以儒家为核心的伦理思想的合一"④。中国人在与人交往时，对于外人采取一种排斥、不信任、不合作的行为方式，而圈子里的"自己人"会相互信任、合作、互惠，共享一定的社会资本，这种思路沿袭着中国传统人际关系的脉络，以此区分"自己人"和"外人"。

根据群体成员之间关系亲密程度的划分，库利分为初级群体和次级群体。初级群体是亲密的、面对面接触和合作的群体，而在此基础上形成的初级关系，不仅是人们进行感情交流的重要纽带，也是社会控制的重要形式。景军研究指出，亲密关系涉及身份的认同、情感互通、相互依赖和信任以及人际交往中的安全感。在青少年吸毒者初吸和复吸过程中，亲密关系扮演了一个重要角色，因为它是搭建吸毒朋友圈的基础。⑤ "亲密"一词是英文单词"intimacy"的音译，意思是亲密、亲昵、关系密切或者性行为。可见，亲密既包括普通朋友之间的亲密关系，也包括性伴侣之间的亲密行为。"亲密关系"包含着情感，同时还有信任和共同享有特殊的信息。

---

① ［美］马克·格兰诺维特：《镶嵌——社会网与经济行动》，罗家德译，社会科学文献出版社2007年版，第9页。
② 梁漱溟：《中国文化要义》，上海人民出版社2005年版，第43页。
③ 费孝通：《乡土中国 生育制度》，北京大学出版社1998年版，第27页。
④ 翟学伟：《中国人际关系的特质——本土的概念及其模式》，《社会学研究》1993年第4期。
⑤ 景军：《中国青少年吸毒经历分析》，《青年研究》，2009年第6期。

"这一密切性和共同享有特殊信息的历史显然包含着信任,即不会在公众场合将相互袒露的信息和情感用来损害家庭生活。"①

传统社会,在女性狭小的生活世界中,人与人之间的关系,往往是由血缘、姻缘、亲缘与地缘等多重社会关系交织在一起。亲属群体、情爱关系在"自然"成长起来的个人之间面对面的社会关系,远比正规的社会关系重要得多。根据叶敬忠、吴惠芳对留守妇女的田野调查,血缘和姻缘网络是留守妇女遇到困难时寻找支持和帮助的首选目标,地缘网络次之,最后的选择才是正规组织。② 据杨玲等研究发现,女性吸毒更多的是受到男友或家庭亲属吸毒的影响而被动吸毒的,这是女性吸毒人员较之男性吸毒人员的不同点之一。有调查显示,吸毒女性第一次毒品来自于同辈异性的几乎占了56%(其中来自于男友或丈夫的占33%),与父母一起或与性伴侣一起吸毒的占到54.3%。③ 在访谈中,笔者也发现,女性涉毒犯罪的途径,也大多是通过配偶或男友及家人,即以关系密切、相互信任、接触频繁的群体影响最大(见表4-4)

表4-4 女性涉毒犯罪的领路人

个案编号	领路人	个案编号	领路人	个案编号	领路人
1	朋友	18	陌生男子	35	男友
2	朋友	19	社会上认识的大哥	36	家人(姐姐和姐夫)
3	女性朋友	20	情人	37	赌场老板
4	朋友	21	丈夫	38	老乡

① [澳大利亚]唐·埃德加、海伦·格莱泽:《家庭与亲密关系:家庭生活历程与私生活的再建》,仕琦译,《国际社会科学杂志》(中文版)1995年第1期。
② 叶敬忠、吴惠芳:《阡陌独舞:中国农村留守妇女》,社会科学文献出版社2008年版。
③ 杨玲、李明军:《毒品吸戒问题研究——来自心理学的探索》,科学出版社2010年版,第60页。

续表

个案编号	领路人	个案编号	领路人	个案编号	领路人
5	家人（父亲）	22	丈夫	39	朋友
6	家人（爷爷）	23	陌生女人	40	朋友
7	丈夫	24	男性朋友	41	男友
8	丈夫	25	情人	42	朋友
9	丈夫	26	情人	43	毒友
10	丈夫	27	家人（女儿）	44	毒友
11	老乡（大姐）	28	家人（儿子）	45	娱乐场所的同事
12	酒店同事	29	朋友	46	丈夫
13	男友	30	男友	47	娱乐场所的毒友
14	男友	31	丈夫	48	牌友
15	娱乐场所同事	32	男友	49	男友
16	男友	33	男友	50	朋友
17	家人（哥哥）	34	社会上认识的大姐		

4.3.1 恋人

　　据相关调查研究显示，女性受家庭及亲属关系中吸毒行为的影响大于男性，尤其是受恋人和配偶吸毒行为的影响非常突出；而男性则受兄弟姐妹和旁系亲属吸毒行为的影响非常突出。[①] 据报道，

---

① 郭建安、李荣文：《吸毒违法行为的预防与矫治》，法律出版社2000年版，第186页。

女性感染毒品的途径有三分之二是男性"带路"所致。① 在女性涉毒的背后，往往有个吸毒的丈夫或男朋友。据周涛等人的调查显示，40%的吸毒女性的男朋友吸毒，24%的吸毒女性的丈夫吸毒。②

女性在涉毒犯罪方面受异性不良交往因素的影响尤为显著。③ 涉毒的男友或丈夫，往往就是带领女性走向涉毒违法犯罪的向导。依据50个涉毒女性的口述，有8个是受丈夫的影响（个案7、个案8、个案9、个案10、个案21、个案22、个案31、个案46），9个是受男友影响（个案13、个案14、个案16、个案30、个案32、个案33、个案35、个案41、个案49）。除了丈夫、男友之外，在女性涉毒路上的领路人，在一起姘居的婚外情人（个案20、个案25、个案26），也是女性涉毒犯罪的重要人物。这三项加起来共有20个，约占总数的四成有余。

诚如马克思所说："人和人之间直接的、自然的、必然的关系是男女之间的关系。"④ 丈夫、男友、情人的共同点，都是基于在情爱关系的基础上建立起来的亲密关系。"亲密关系是以'情感'构建的关系，包括但不限于家庭关系，可扩大至同居关系。"⑤

从首次涉毒的情境因素来看，已婚妇女涉毒往往是被丈夫逼迫和威胁而迫不得已涉毒。但是对于年轻未婚女性来说，情况比较复杂。在生活中，与父母关系不好、与父母间缺乏沟通；文化程度比较低，过早地进入社会，经济状况不好，经常出入娱乐场所，因此在社会交往过程中，容易被一些"有本事""讲义气""肯花钱"的同辈异性吸引，并形成男女恋爱关系，在经济上依附于男性。男

---

① 钱姬霞：《女性吸毒，三分之二是男人带路》，《南湖晚报》，2007年6月26日。
② 周涛、赖星雄：《吸毒人群HBV、HCV、HIV、梅毒的感染现状调查研究》，《中国医学工程》2012年第4期。
③ 周密、周宝森等：《沈阳地区女性吸毒成瘾Logistic回归分析》，《中国心理卫生杂志》2001年第6期。
④ ［德］卡尔·马克思：《1844年经济学哲学手稿》，刘丕坤译，人民出版社1979年版，第76页。
⑤ 阎云翔：《私人生活的变革：一个中国村庄里的爱情、家庭与亲密关系（1949—1999年）》，龚小夏译，上海书店出版社2006年版，第50—51页。

友不仅为其提供毒品和毒资,而女性则自愿沦为其犯罪同盟。丈夫、男友和情人,对于女性来说,这是她们交往最密切、互动最多的人,亲密关系持续得越久,信息交流得越广泛,因而在行为方式上更容易趋同。

4.3.2 亲人

血缘关系是由婚姻或生育而产生的人际关系,以及由此派生的其他亲属关系。血缘关系是人与生俱来的关系,也是最早形成的一种社会关系。在女性涉毒的道路上,受亲人的影响,既有来自于父辈,父亲或爷爷(个案5和个案6),也有来自于同辈兄弟姐妹的手足之情(个案17和个案36)。此外,受子女影响的个案也不乏其人(个案27和个案28)。个案5和个案6生活在毒品家庭中,父亲和哥哥姐姐都有涉毒的越轨行为。个案17最初是替哥哥保管毒资和窝藏毒品,后来禁不起诱惑,和丈夫一道逐渐走上贩毒不归路。个案27是东北下岗女工,从事毒品交易是经吸毒女儿的介绍。个案28是个老年妇女,默许儿子贩毒,甚至有时还亲自出面代替儿子运毒。个案36的弟弟吸毒死亡,后来在吸毒姐姐、姐夫的带动下,自己也参与吸贩毒。

我国禁毒政策实行"零容忍",对毒品犯罪一直持高压严打的态势,因此,毒品犯罪的风险很高。所以在组建贩毒网络的时候,毒贩往往选择较为亲近的人结成可靠的同盟关系。在中国人的关系网络中,是按照费孝通先生描述的以自我为中心由"亲"而"疏"向外扩散(费孝通,1985)。"打架要靠亲兄弟,上阵还得父子兵。"在"天地君亲师"中,最实用最可靠的还是一个"亲"。在与家人互动和交往中,有更多的人际信任,也就是说双方对对方能够履行他所被托付之义务及责任的一种保障感。用日常用语,就是"放心",不必提心吊胆,担心对方会不会照自己所期望、所托付而"为自己"做的事。基于血缘关系基础上形成的亲人,就是值得信任的群体,是"自己人",因此家族式贩毒较为常见。一方面是可以达到相互掩护"父为子隐,子为父隐""亲亲相隐"的目的;另一方面体现了"传统网络的市场化"①,"要富一起富;要坐牢,大不了我一个人顶着"。这是毒贩中常流行的一句话,在家人中分享共同致富的秘密。

4.3.3 朋友

对于女性来说,朋友是个很模糊的概念,主要指的是在一起玩耍的同伴,有时也包括在一起共事的同事。这种朋友关系,因为缺乏长期交往,没有感情基础,所以不能"知根知底",自然也谈不上信任。只不过有时出于利益的需要,临时起意建立起来的伙伴关系。因此,女性涉毒犯罪,跟其交友不慎有关,朋友就成了后来的毒友。大刘是个40多岁的妇女,年轻时,少不更事,被朋友骗说吸海洛因可以治病就开始吃上瘾(个案1)。璐璐是因为离婚心情不好,也是被朋友骗说吃了海洛因好睡觉(个案3)。雪纯骑摩托车出车祸,脚肌腱摔断,朋友给"4号",说是能减轻疼痛(个案12)。这些案例的相同点就是,在特定的情境下,朋友以吸毒可以治病为理由骗说她们吸毒,貌似关心体贴,实质是想多发展几个吸毒人员成为"下家",以便扩大毒品的营销网络。

> 我以前是做服装生意,赚了点钱,有几十万。我最早吸毒,是90年代初期,在朋友家被骗吸毒上瘾的。那个时候不像现在对毒品宣传得多,对毒品知识知道得少。朋友说那个东西可以治病,所以被骗来吃上瘾。现在我恨死他们啦,再也没有跟他们来往。(个案1)

个案19和个案24都是在外出活动时,认识了陌生男子,事后经常电话联系就逐渐变成朋友。在交往的过程中,跟着这些朋友,逐渐习得犯罪的观念和技巧。

---

① 项飙:《流动、传统网络市场化和"非国家空间"的生成——一个中国流动人口聚居区的历史》,《北京大学研究生学刊》1996年第1期。

年初，我和大哥去红河玩，认识一李姓男子，并留下电话号码。事后，李经常打电话联系我，我曾跟随他们看他们卖大烟，一公斤大烟六千块。（个案19）

在一次单位派我去缅甸出差过程中，我结识了一个很有钱的男子。回国以后，我还经常和他联系，并且通过这个人结识了另外一些朋友。接触一段时间，发现了这些人花钱大方的秘密，原来他们都在从事一种地下生意——贩卖毒品。（个案24）

青年女性由于涉世未深，对社会的复杂性、对各种人的认识肤浅，又富于幻想，因好奇容易轻信，因而容易受骗。尤其是女性犯罪分子，具有很强的欺骗性，更容易让人轻信和迷惑，因为同一性别具有一种安全感。因此，如果女性对"男性朋友"有戒备之心的话，那么"大姐"更容易赢得年轻小姑娘的信任。杨红艳在打工中结识当护士的"王姐"，王姐对她嘘寒问暖，还帮她联系工作，正是因为出于感动和报恩，才会毫无戒备地帮助王姐朋友送"货"（个案34）。彝族姑娘阿布是在每年一度的火把节的聚会上，认识一个"大姐"，大姐得知阿布想自己开店但缺钱，因此就趁机提出要她带毒并承诺给丰厚的报酬（个案11）。小楚还只是一个高中生，与奶奶相依为命，有个大姐找到小楚，抓住小楚"孝顺""想替家里减轻负担"的心理，游说她带毒（个案23）。这些所谓的"大姐"，只不过是萍水相逢，但有意识地套近乎，别有用心地接近她们，最终只不过是利用小姑娘的年少无知。

我在昆明一家服装店帮别人卖衣服时，认识一个大我7岁的顾客王姐，她是护士，平时经常光顾服装店，也关心我，我俩以姐妹相称。后来服装店拆迁，我失业了。王姐安慰我，还请假陪我去找工作。几次碰壁之后，王姐建议，她有个朋友要经常送"货"去省外，送一次给几百元钱差旅补助。我很感激王姐，毫不犹豫地答应了她。直到被抓，我才知道原来送的"货"其实是毒品。当时就晕了。我一直不明白貌似美丽善良

的王姐为什么要这样害我？（个案34）

我还在读高中。一年前，父亲去世，母亲改嫁到其他地方，奶奶独自抚养我。暑假的时候，有个我不认识的女人私下找到我，提出给5000元的报酬让我把毒品从镇康带到昆明。我知道贩毒是犯法。但她一直劝我说，说我是孝顺的孩子，要学会帮大人减轻负担。这一趟回来，就可以凑齐下学期的学费。我犹豫了半天，就答应了。（个案23）

人是社会的主体，是一切社会关系的总和。个体与家庭成员、朋友、伙伴等交往通常会影响彼此对日常事务的认识。人际关系成为女性涉毒犯罪的条件。主要是从两个层次说明，一方面是主动学习和模仿的过程；另一方面是被诱骗，是吸毒人员网络扩张的牺牲品。

根据萨瑟兰提出的社会学习理论认为，包括吸毒在内的所有越轨行为和犯罪行为是相互学习的结果。"一个人的行为主要是由他们的社会交往所决定的，犯罪是同有越轨行为的人交往的结果。"[1]一个没有学习过犯罪手段的人是不会自创犯罪行为的，正像一个没有实践过机械制造的人不会发明机械一样。犯罪行为模式的学习过程是在交往频繁的群体中进行的，通过他们的言传身教来获得。学习的内容包括犯罪的技术和手段，还有犯罪的动机、犯罪的态度和合理化方法。在学习的过程中，学习的频率，持续时间的长短，学习的强度，对学习对象的优先选择等定量关系也就显得格外重要。因此，涉毒犯罪的一大危险诱因就是不良的人际关系，与他们的关系越密切，来往越频繁，就越有可能习得相同的行为。同样，一个人越是重视与那些吸毒者的关系，受到亲近毒品的影响就越深，自然就更有可能屈服于这种影响。如果在个体最密切的交往圈中有人涉毒，尤其是涉毒者是个体的重要的他者时，极有可能导致个体去

---

[1] Edwin H. Sutherland, Principles of Criminology, Philadelphia: J. B. Lippincott Company, 1947, pp. 5–9.

认同涉毒人员的价值观念和处世态度,学习并模仿涉毒行为。对于女性来说,最亲近的社会主体主要来自家庭。正是在与涉毒丈夫、男友、家人等亲密群体的密切交往过程中,女性习得涉毒犯罪的动机、手段和技巧。

女性初次接触毒品的途径大多来自亲密关系群体。对吸毒成瘾者,吸毒是生活中最重要的需求,吸毒需要毒品源源不断地供给、需要巨大的经济支撑、吸毒工具等一系列社会资本,社会资本是通过社会网络获得的。因此对吸毒者来说,这个毒品网络是必不可少的。他们需要通过网络买卖毒品、了解毒品信息,以及逃避打击等。如果吸毒网络越大,那么毒品的销售市场也越大,拿毒品和获利的空间也就越大,对吸毒人员也就越有利。社会网络即社会资本,如个人的社会网络大而广,其社会资本就越大。所以说吸毒越严重者,其毒品网络也越大。而女性往往就是吸毒丈夫或男友、亲人吸毒网络扩张的受害者。[①]

4.4 犯罪的实施和评价

当犯罪动机、犯罪条件、犯罪机会一并出现时,天时、地利、人和三者条件都满足时,最终就会促成犯罪的形成和实施。

4.4.1 对风险的预估

前述通过对监狱在押毒犯的问卷调查结果显示,女毒犯对毒品的危害性和毒品犯罪的违法性有较高的认知率。也就是说她们并不是我们想象的因为愚昧、不懂法才去贩毒。其实,女性作为经济的人、理性的人,在犯罪之前也有权衡,也会对风险做出预估。经济学家贝克尔论证说,"当某人从事违法行为的预期效用超过将时间及另外的资源用于从事其他活动所带来的效用时,此人便会从事违

---

① 蒋涛、朱玲怡:《初次吸毒行为的社会学解析》,《青年研究》2005 年第 8 期。

法活动，由此，一些人成为'罪犯'不在于他们的基本动机与别人有什么不同，而在于他们的利益同成本之间的差异"①。

犯罪成本是犯罪人实施犯罪时所要付出的物质和行为成本，还包括事后可能要承受的惩罚成本。由于体力及心理承受能力上的特点，女性对血腥的、暴力性强的犯罪行为比较排斥，然而与故意杀人、伤害等暴力犯罪相比较，毒品犯罪的最大特点便是其非暴力性。非暴力性也使得实施此类犯罪没有身体素质和体力上的特殊要求，使女性更容易参与其中。对于大部分涉毒女性来说，主要靠出卖体力、身体、器官运输毒品，故行为性成本很低。她们往往是被雇用专门从事毒品运输，因此几乎不需要支付任何物质成本。如个案 31 是个吸毒女，为了维持毒瘾，在权衡了外出打工、卖淫和贩毒三条出路后，做出了以贩养吸的选择。

> 几个月下来，我就上瘾了。当时，我已经下岗，经济拮据。为了维持毒瘾，我想外出打工，但舍不得前夫和女儿；想当"小姐"，但是在本地方又怕碰上熟人。我卖过血，但始终不是长久的办法。在阿冰的带领下，我也开始以贩养吸。（个案 31）

从我国的禁毒法律法规来看，毒贩是严厉打击的对象，对毒品犯罪的惩处力度也很大。由此，犯罪的惩罚成本很大，然而这种成本是隐形的，只有被真正查获并被定罪之后，预期成本才会转化为现实成本。面对贩毒带来的暴利和被抓获的风险，她们有所权衡，一方面，心存侥幸；另一方面，深知利用自己性别优势，利用社会对于女性的普遍宽容和同情，以及法律的保护性规定，铤而走险。权衡的结果，就是认为贩毒是以最小的成本获取最大的收益的买卖，比较"划算"。至少与卖淫这类越轨行为相比，她们认为同样都是违法行为，但是贩毒不必蒙上道德的羞辱，顶多只是"职

---

① [美] 加里·S. 贝克尔：《人类行为的经济分析》，王业宇、陈琪译，上海人民出版社 1995 年版，第 63 页。

业的平移"。

4.4.2 犯罪的实施

马查多指出:"因介入方式及活动区域不同,毒品贩运可区分为高端线路和低端线路。走高端线路的是那些寻求到国际市场上在大范围里分销毒品,意在形成复杂的跨国洗钱网络的国际毒品贩运组织,他们经常利用法律和金融知识钻空子。低端线路一般依附于毒品产地,依赖生产者、消费者这一链条的内部运作。但他们介入较为随便,且时行时止。""低端线路上的贩运者并不一定是职业罪犯。他们参与毒品交易主要是为从事(通常是非正规的)主业活动获取所需资金,或补贴微薄的收入。两条线路的区分在毒品过境国家尤其具有重要意义。"[①] 云南毗邻世界毒源地之一的"金三角",贩毒人员多数走的是低端线路,身体带毒,涉毒数量较小,获利较小,但风险暴露指数很大。萨路瓦尔提道:"只消对那些把合法与非法的买卖联系到一起的网络仔细观察,就能将跨国毒品经济的微观因素与宏观因素、地方因素与全球因素联系起来。在这种经济中,穷人当的是零售商,卖命推销毒品,而结果无非是给高层次的批发商保证巨额利润,毒品小贩冒着风险,拼着性命,养肥了那些批发商。"[②] "官方犯罪和被逮捕的犯罪者乃是由和其行为的损害性毫无关联的社会力量所产生。最成功的犯罪人少被抓、少被起诉、亦少受惩罚。这些是有权、有钱和聪明的人。较不成功的犯罪人则较常被惩罚。他们则是缺乏权力、贫穷和较笨拙的人。"[③]

在毒品犯罪集团中也存在分层,根据付出劳动、犯罪收益和承

[①] 利索娅·奥索里奥·马查多:《亚马逊河东部流域与古柯—可卡因联合体》,《国际社会科学杂志》(中文版)2002年第3期。

[②] 阿尔瓦·萨路瓦尔:《里约热内卢的暴力:休闲方式、吸毒和贩毒》,载《国际社会科学杂志——从经济社会的角度看贩毒》(中文版)2002年第3期。

[③] Doleschal, Eugene and Nora Klapmuts, "Toward a New Criminology" Crime and Delinquedcy 5 (1973): 607。转引自皮艺军《犯罪学研究概要》,中国政法大学出版社2001年版。

担风险的不同，犯罪团伙成员，主要分为上、中、下三层，每层又可以细化出两层：（1）上上层：大毒枭。处于塔尖，数量极少，不仅在境外规模化地生产大量的毒品，还拥有强大的武装力量和巨额毒资，并形成产、供、销一条龙链条。（2）上下层：具有黑社会性质的毒枭，在资产和涉毒数量上略逊于境外大毒枭。（3）中上层：毒品中间商。依托在有集散条件的交通要线和周边城市。毒品中间商不出面到境外购毒、运毒（风险太大），而是让过境马仔将毒品送来，又转手出售给内地来的毒犯，所以又称为坐地销售型。此种群体把两边的途中风险转嫁给别人，自己只是坐收渔利。（4）中下层：经纪人（掮客）。非商非工，不会直接接触到毒品，主要工作就是联系运毒人员和车辆赚取中介劳务费，被抓的风险较小。（5）下上层：零星贩卖型。本身是吸毒人员，贩毒的周期和数量体现为"短、平、快"，现买现卖、小打小闹，很难打击。（6）下下层：马仔。像骡子一样主要承担运送毒品的任务。

在"金字塔结构图"中，越往上的人员，物质性成本越大而行为性成本越小。毒枭处于金字塔的顶端，是毒品犯罪的最高领导者和指挥者，走的是"高端线路"。拥有强大的毒资，采取"两头控制，遥控指挥"，与毒品和其他团伙成员不直接接触，行踪诡秘，具有很强的隐蔽性，很难打击，处于中间阶层的是普通毒贩，积累了一定物质性成本，但是也要付出行为性成本，既要出钱又要出力。最底层的就是马仔，纯粹靠出卖体力来获得报酬。

大多涉毒女性处在金字塔的下层，充当的主要角色和职责有三类：

（1）经纪人。不与毒品直接接触，主要就是跑跑腿和动动嘴，帮助毒贩，联系运毒的车辆、人，在毒贩和马仔之间充当桥梁的作用，穿针引线。经纪人通常都是本地人，熟悉当地情况，有一定的人脉，如个案18和个案25都是版纳傣族，个案24是临沧耿马人。她们生活的环境，因为与缅甸接壤，本来就是毒祸重灾区，外来毒贩正是看中了其当地人的身份，不太引起别人注意，同时语言相通、熟悉情况而被利用望风和探路。在这个分层中，涉毒女性的角

```
        上上层 ─────────► 大毒枭
       上下层 ──────────► 黑社会性质的毒贩
      中上层 ───────────► 坐地销售型或中间商
     中下层 ────────────► 经纪人（掮客）
    下上层 ─────────────► 零星贩卖型
   下下层 ──────────────► 马仔，主要承担运送
```

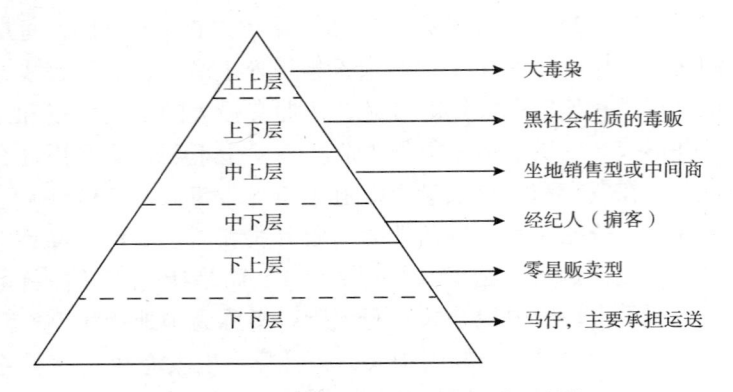

图 4-1 毒品犯罪团伙成员社会分层结构

色并不是一成不变的。如个案 24 当经纪人挣钱，积累了一定的资金后，采取低价买进毒品高价卖出，从经纪人跃升为中间商。

> 有一次，我坐同村村民王三面包车到景洪缅寺进香。吃中饭时候，就来了一个胖胖的男子，叫我到宾馆看看老板有没有带钱来。我看见了那个老板带来的钱之后告诉了胖子。我帮他们做过几次事，一共给了我 2000 元。我都不知道他们在干什么，也不知道为什么自己就被抓了。（个案 18）

> 我在一次偶然的机会结识了一个泰国人，他很有钱，后来我才得知他贩毒。有时候，他来我们临沧，打电话给我，让我出面帮他们在中国运毒，联系一些车子，找一下人，事成之后给我几千元劳务费。我觉得不用自己亲自出面，又不带毒品，感觉这个钱来得挺容易的。慢慢地，我的心就大起来，不再满足帮他们运毒，收取介绍费了，而是把收来的介绍费积累起来投资。把从泰国人手里买来的毒品又转手卖掉。几年下来，生意日渐红火，在中、缅边境毒品圈中名声也越来越响。（个案 24）

> 我以前吸海洛因，从昆明强戒所出来之后，回到老家种地，不吸海洛因，开始吸"小马"。家里穷，我有时也帮着联系买卖毒品。我的毒品是从一个在 KTV 认识的吸毒女那里拿

的。有一次，我把从她那里花十几万块买的冰毒，转手卖给几个外省人，净赚4万块。（个案19）

（2）零星贩卖型。零贩型主要发生在熟人之间。如个案1、个案31、个案33、个案39、个案46。有的女性吸毒人员，为了获取毒资，既贩毒也卖淫，例如个案12、个案15、个案5。个案5生活在农村，卖淫没有固定的场所，是流动的小姐（在当地被称为"野鸡"）。据她说"一般是谁需要，打个电话，我就可以上门提供性服务，顺便也兼卖些毒品给客人"。

我家两口子都吸毒。在老公的带领下，我也开始以贩养吸。第一次我是零贩，将一包海洛因分成4包，留下2包，再将另外2包卖给其他吸毒人员。原来贩毒就是这样简单，慢慢地我上路了，越做越大。最后一次是在出租屋里被抓。（个案31）

我和我男友都吸毒，男友还卖毒品。许多朋友找我向男友买毒品。刚开始，我把他免费给自己吸剩下的冰毒卖给别人，赚点零花钱。这事被他知道以后，也没有生气，而是劝我说："我给你玩的冰，你就留着自己玩，不要拿出去卖。如果要卖，就帮我卖，直接从我这里拿去卖，收来的钱要交给我。你要用钱的话，我再另外给你。"当时，我听到这番话，也没觉得什么不妥。从此，经常帮朋友从男友处拿毒，有时候挣点差价，关系好的就不挣钱。（个案33）

我吸毒，经常是从老乡张二哥那里买来吸。一旦有下家，就会四处打电话邀约朋友到我这里来吃"马"。吃完之后，就AA制，让来吃"马"的朋友，按个人吃"马"数量来凑钱，凑足张二哥拿给我的"马"钱后，我还给他，以此抵消给我的"马"。我拿"马"的价钱一般是25—30元一颗。朋友来我的住处来吃"马"，我跟他们说每颗价格是30—40元等不同的价

第4章　困境与出路：女性涉毒犯罪的情境和过程

135

位，我赚取差价。跟我一起租房子住的还有我的两个朋友，她俩也跟我一起找朋友来吃。她们叫的朋友，赚的钱是她俩的，把"马"的成本给我就行，然后两人把赚的钱拿出一部分来，作为我们三个人的共同开销。（个案39）

（3）马仔。主要是承担运送毒品的职责，主要分为两种类型：

一种就是在当地分销，近距离地替人"送货"或"拿货"。例如，老马是帮生病的贩毒的儿子送货，"儿子将一个小包交到我手里，还详细地讲了接头地点和方式。按儿子的交代，我将小包K粉送去，对方将几张百元大钞往我手里一塞，扭头就走了"（个案28）。个案32经常出面帮男友运送毒品，而男友躲在幕后遥控指挥。个案20和情人一起买卖毒品，有男女性别分工，"平时，我负责联系卖家和买家，保管钱。他负责开车拿货送货，或者检验毒品质量"。

还有一种马仔，主要充当运毒、藏毒的工具，俗称"骡子"，跨区、跨省甚至是跨境长途运毒，即外流贩毒。有的女孩明知犯法但是觉得来钱快就心动，个案11是个四川女孩，受雇于毒贩，将毒品从云南边境带到昆明，然后再到四川成都，许诺事后给5000元报酬。同样地，个案23也是帮别人从临沧边境带毒到昆明，给4000元报酬。个案13帮男友运毒，运一次就给5000元。还有的是被别有用心的人以"送货""去云南玩"等含糊其词的理由欺骗运毒，如个案34和个案41。运毒的过程中，往往是利用女性身体的隐蔽性，将毒品以捆绑的方式藏在腋下、大腿内侧、胸部、腹部、胯部、背部等部位体外藏毒，或是采用口服或塞入肛门、阴道等方式将毒品藏在体内。如个案37带毒坐飞机，事先将三坨毒品塞到了肛门里，穿戴文胸的两边都有海洛因。个案43是将海洛因用一件紧身衣绑在身上，从缅甸老街带到昆明。另外手中的孩子往往是掩护的工具，例如个案38抱着孙子，将冰毒藏在纸尿片下面。

> 我认识的王姐，说她有个朋友要送货去省外，一个月也是800元，我想这个工作既简单又风光，马上就爽快答应。几次

都是在王姐的陪同下，去外地一宾馆，把行李箱交给对方就算完事，我以为这就是送货。谁想到，这次在昆明—北京的航班登机时被抓，我才知道在行李箱的夹层装有毒品。（个案34）

我男友的姐姐叫我去景洪，并说到小勐拉（缅甸）去帮老板带毒品到武汉去，带得多就钱拿得多一点，带得少就钱少一点，你也可以下去，不带毒品也可以去玩一下。我就坐车去了。（个案41）

涉毒犯罪中的女性，在毒品犯罪集团中很少位居塔尖。在访谈的50个案例中，仅有个案21和个案30处于贩毒集团的中层。个案21阿茜是夫妻两人共同贩毒，丈夫因毒品犯罪判死刑后，阿茜妻承夫业，扩大制造冰毒的规模，成为冰毒的制造商。个案30白静是个腰缠万贯的女老板，在娱乐场所和朋友一起玩时偶尔也吸毒。因为吸毒，白静看到了其中的"商机"，充当毒品"中间商"，从广州的朋友那里低价拿货，又加价转手卖给另外一些需要毒品的老板，第一次仅花了不到一周的时间，就赚了几万元。对于白静来说，贩毒只不过是她投资、经营的项目之一，她认为做毒品生意不出力、赚钱快，与贩毒相比，以往开超市、服装店、美容院，简直都是小儿科。

4.4.3 主体的评价和解释

犯罪被抓后，罪犯会对自己的犯罪行为进行主体评价和解释，这就涉及犯罪归因。所谓归因（causal attribution），是指人们根据行为或事件的结果，通过知觉、思维、判断等内部信息加工过程而确认造成该结果之原因的认知活动。[①] 归因是一种社会判断过程，根据所获得的各种信息对自己或他人的行为进行因果解释和推理。苏海莹、章恩友等人通过对在押涉毒女犯自我归因的实证研究，发现

[①] 刘永芳：《归因理论及其应用》，上海教育出版社2010年版，第2页。

有四类归因：（1）防卫性归因，将犯罪原因归结于环境、归因于偶然因素，目的是为了维护自己及家人利益，所以也称为利己主义归因；（2）偏执性归因，将犯罪行为怪罪于他人的错误或诱导，以及环境的影响；（3）宿命性归因，把一切不幸归因于命运，是命中注定；（4）义气性归因，出于保护他人利益而做出偏差性的归因。①

笔者在访谈的过程中，也发现这四种归因类型都存在。但归因不是单一的，一个案例会存在多个归因。毒品犯罪具有非暴力性的特点，从表面看就如同一次非法的商品买卖。正是毒品犯罪的这一特点，使很多女毒犯认为自己并没有杀人、放火，只是向吸毒人员提供了其所需要的毒品，并没有伤害到其他无辜的人，以此减轻在实施毒品犯罪时的罪恶感，属于偏执性归因。还有的是从外部环境条件、情境特征、他人的影响等外部因素解释犯罪原因，其目的都是对犯罪动机合理化，为自己的罪行开脱。

贩毒是个成本小收益大的犯罪行为，许多人贩毒都是出于"利"的需求，看中贩毒带来的高回报率而去铤而走险，是被"钱"遮蔽了双眼。"当时没想那么多，就是觉得600克能赚十来万，诱惑很大。"（个案48）"我在一家按摩院打工有几年啦。打工打久了，我自己也想开一家按摩院，但是又没钱。刚好有人叫我去带毒。"（个案11）个案11贩毒被抓之后很后悔，将自己的贩毒动机归因于贪图利益。贩毒的事一直不想让男友知道，怕被人瞧不起，蒙受很强的羞耻感，罪责感很强。

> 别人告诉我带一次毒的报酬是几千上万元，我就心动了。在我们那里吸贩毒的人很多，也知道是犯法。但我打工久了，也想在成都自家开店子，但缺钱。于是我就铤而走险答应带毒。我偷偷去贩毒没有告诉男友，我知道他一直瞧不起吸贩毒的人。我关在监狱，父母偶尔也来探望我。男友一直不知道我贩毒被抓，从我被抓后就自然断了联系。有时也很想他，但是

---

① 苏海莹、章恩友：《涉毒女犯自我归因分析及改造对策》，《河南司法职业警官学校》2007年第3期。

不想联系，一方面怕他瞧不起，另一方面也怕他知道后很痛苦。如果久了没有我的消息，他也许就会听从父母的安排，结婚生子。但是一旦知道我关在监狱，他也许会等我出狱。我不想连累他，希望他忘了我。（个案 11）

宿命性归因中，最典型的是个案 12，将贩毒归结为自己的人格缺陷，是命中注定。个案 12 雪纯是个很有思想的人，现年 38 岁，23 岁吸毒，24 岁贩毒被抓，判刑 15 年，还有一年就要出狱。她是大专生，喜欢读书，喜欢思考，喜欢记录自己的所思所想，在监狱这十多年来，记录了好几大本笔记，算是自我救赎。在她的口述中贩毒经历了这样一个过程：车祸—脚受伤—朋友劝说吸毒可止痛—吸毒—贩毒，将自己的贩毒归因为吸毒，"吸毒偶然，贩毒是必然"。而吸毒似乎是因为偶然的一次车祸导致脚受伤，朋友在一旁挑唆说吸毒可以减轻疼痛的事情引起。但是雪纯还是从深层次谈到，吸毒的原因不能怪交友不慎，不能怪罪别人或车祸这个事件，而完全是因为主体自身的内部原因，是因为"人格缺陷"，"好强"。在反省自己为什么犯罪，雪纯还将自己和当空姐的妹妹作对比："妹妹是空姐，按说她的朋友圈子更复杂，但她能把握好自己，理性，知道什么该做什么不该做，有个行为底线，不像我，太感性了。"在问及"还有一年要出狱了，还会不会再次吸毒贩毒？"这个问题时，她很诚恳和认真地回答说："很难说。我可以摆脱过去毒友圈子，但是摆脱不了吸毒这个事实，理智上是不会吸，在监狱这么多年也没有吸，但有时很难控制自己的行为。"很明显，她的谈话内容中宿命论色彩很明显，对未来的现实生活既绝望又充满希望，在欲望的世界不断挣扎和徘徊，有时充满信心，但更多的是无力感，想要去掉自己身上的标签，但是特别在意社会的看法。

> 我也深知吸毒不好，为了摆脱昆明毒友这个圈子，1999 年我还跟工作单位特意申请去珠海办事处，当时那边吸毒的人很少。但是当毒瘾来了，就什么都顾不得，就会千方百计，四处去找毒品。这时我才知道我可以摆脱过去毒友圈子，但是摆脱

第 4 章 困境与出路：女性涉毒犯罪的情境和过程

不了吸毒这个事实。钱不够花,我就去贩毒。吸毒是偶然,贩毒就是必然。在我们圈子里以贩养吸很多。

我吸毒看似偶然,如果没有那场车祸,脚如果没有受伤,也许我就不会吸毒。我在这里看过一本书《失乐园》,里面的人得艾滋病很偶然。我吸毒也很偶然,但是和交友不慎有关,朋友吸毒。但是归根到底是人格缺陷,女人和男人一样爱慕虚荣,好面子,那时候觉得吸毒是有钱人的生活,所以自己也吸毒。我妹妹是空姐,按说她的朋友圈子更复杂,但她能把握好自己,理性,知道什么该做什么不该做,有个行为底线,不像我,太感性了。

明年我就要出狱了,我已经做好了心理准备。有人问我以后会不会吸毒贩毒,我很难回答。理智上是不会吸,在监狱这么多年也没有吸,但有时很难控制自己的行为。昨天妹妹还打电话给我,说是为我物色好了男朋友,我也希望出去能组建自己的家庭,但是人家会怎么看我呢(吸贩毒已被贴上道德标签)。如果说是抢劫、职务犯罪,别人可能会同情,但如果是吸贩毒,别人会痛恨,何况我也不是一个有魅力的人。我家人都在昆明,出去后我也不会去其他地方了,对未来我很纠结也很矛盾。平时,我央求我信任的一个叔叔给我写信鼓励我,给我以力量。他说:跌倒了并不可怕,要站起来。我在图书馆买了最贵的笔记本,我想出狱的时候请警官给我留言,给予我力量。(个案12)

有的涉毒女性是从内部,即从个体自身具有的人格、情绪、心境、需求、能力等方面解释犯罪原因,与个案 12 类似的还有个案30,将贩毒原因归结为吸毒,而引起吸毒的原因则是离婚,其过程是:个性强—离婚—吸毒—贩毒。后悔离婚,责怪自己当初离婚的决定太草率,年纪小,少不更事,怪只怪自己个性太要强,听不进别人的劝说,犯罪归因从外部原因最终归结到内部原因,也是因为性格缺陷,"要强和执拗"害了自己。

我一直在反思自己30岁以前的人生。那时，如果有人指点我，如果我交的不是那些"瘾君子"，如果我不离婚，哪怕有人拉我一把，我也不会走上这条"不归路"，陷入无边的悬崖。当初那么好的生活，我为什么不去珍惜？是为了更多的钱吗？好像又不是的。主要就是因为吸毒。当年，丈夫经常出去玩，深夜不归，一气之下我提出离婚，那年我儿子才5岁。现在想起来，我后悔不已，当初离婚的决定太草率，还是年纪小，少不更事，怪只怪自己的个性太要强，听不进别人的劝，眼里也容不得一点沙子。如果不是自己太强势和执拗，可能就没有我的今天。（个案30）

个案14 冰冰是"富二代"，大专毕业后不找工作，经常和男友等一群白领混在一起吸毒。在一次和男友去西双版纳旅游时，两人因带毒在海关被查获，"我认为男友有固定工作，其他条件都好，为了不影响他前途，我就独自一人承担罪名"。冰冰考虑到男友的公务员身份和前途问题，她牺牲自己保全男友，个人独自承担罪名，算是"义气性"归因。

大部分女性涉毒被抓后，都会表现出后悔和很强的罪责感。不仅是后悔自己贩毒带给别人的伤害（个案24），还有的是感叹作为妻子、母亲的失责，后悔自己的不当行为带给家人尤其是儿女的伤害，真是"一失足成千古恨"（个案24、个案25、个案31）。在50个案例中，只有个案27老陈对贩毒被抓"不后悔"。老陈是个头发有点斑白的中年妇女，为了满足女儿吸毒和要钱而去贩毒。"我不觉得有什么不好意思，反而很轻松。就是担心女儿。"

当时，我就只觉得这个钱挣得挺容易的，但等到一个人静静地想一想，就觉得这是伤天害理的，我们做了这么多毒品。有多少人，多少个家庭家破人亡。（个案24）

我对不起两岁的女儿，对不起前夫，也对不起我姐夫（他帮我送过毒资，为此也被羁押），整个家庭都被我一个人

害了。(个案25)

现在，我们两口子贩毒一起被抓，我就只担心读初中的女儿。年纪还那么小，父母都被抓了，书也读不成，以后谁管她啊？想到这个问题，我就后悔！(个案31)

4.5 本章小结

本章重点研究女性涉毒犯罪的情境和过程，解答涉毒犯罪何以成为可能。涉毒犯罪前后各种行为的产生，并不是偶然的，而是有着许多相关性的因素，尤其是个体的人生经历与环境的因素，对后天涉毒行为影响很大。在打工、吸毒和生活困境等前置事件中，孕育了犯罪动机，成为潜在的犯罪人。不良的微观社会环境和不良的人际交往是犯罪的条件，本身不产生犯罪，但是对犯罪的产生起促进、加强的作用。

（1）涉毒女性的主要特征是经济贫困，勉强糊口或入不敷出的水平，因缺少积蓄，且收入不稳定，在经济上具有脆弱性。失业下岗、吸毒成瘾或家庭变故将她们推入人生的困境中，再加上社会支持的缺乏，社会保护不够，逼仄的生活使得打工妹、吸毒女、失婚女成为社会边缘群体和处在社会最底层。贫穷所以容易诱发牟利的动机，女性的贫困和社会保障的缺乏，容易诱发不同程度的认同危机和心理危机，从而极易导致反社会情绪和失范行为取向。因此，底层化的人生体验使得她们极有可能成为潜在的罪犯。

（2）不良的环境。美国芝加哥学派的社会学家们认为，一个人所居住的社区的社会和物理特征，决定了实施越轨和犯罪行为的可能性。充斥着毒品的社区，涉毒家庭和"黄、赌、毒"盛行的娱乐场所，一方面使得毒品犯罪的目标——毒品是可见的、可接近的。对于实施犯罪来说，可见到和可接近的物质财富要比完全物质财富或没有机会把它弄到手的情况更富有刺激性。另一方面在这些涉毒女性生活和工作的圈子里，毒品亚文化盛行，吸毒贩毒被视为肯定的、明智的、愉悦的行为，赞成涉毒大于反对涉毒的亚文化氛围，为女性提供了学习和强化涉毒越轨行为的社会环境。

（3）不良的人际交往。涉毒人群接触到的不良社会环境和不良社会群体是同一过程的两个方面，也就是说，不良社会环境和不良社会群体是在同一场域下的两个概念，两者相伴而生，相互影响，个体生活的社会环境影响着她们接触什么样的不良群体，而接触的朋辈群体又会决定她们接触什么样的社会环境。因此，交往的不良群体是在不良社会环境下进行社会关系时结交的群体。犯罪行为是可以习得的行为，交往的不良群体对个人的行为的选择会产生深远的影响，而这个社会群体掌握着能够影响人们行为准则的资源，具备规范行为准则的能力，群体自身也拥有特定的社会行为规范。①人们就容易顺从群体尤其是不良群体的压力，而女性就是在与涉毒的丈夫、男友、家人和亲密朋友等不良群体的交往互动学会了犯罪的技巧和手段。

因此，困境中的妇女是有动机的犯罪者，毒品的可见性和可得性是涉毒行为发生的基本的物质环境；毒品亚文化的流行，弱化了社会控制；不良的人际互动和交往则在准越轨者中催生出涉毒者，这四个方面构成了一个紧密联系的逻辑过程。从某种程度上说，毒品犯罪就是在社会转型中各种有利于失范的制度因素、规范因素、社会力量结合所造成或推动，即在有利于失范生长的各种因素耦合成的环境中，某些弱势群体（农民、农民工、无业人员、妇女）在错误的价值理念指导下，采取犯罪的手段获取经济利益。

---

① 夏国美：《社会学视野下的禁毒研究》，《社会科学》2003年第10期。

第 5 章　诱惑与屈从：女性涉毒犯罪的基本类型

韦伯认为，社会学"是一门科学，其意图在于对社会行动进行诠释性的理解，并从而对社会行动的过程及后果予以因果性的解释"，对行动者的主观意义只有用理解的方法才能获得。而理解分为直接观察的理解和解释性理解这两类，两者的区别在于后者考虑到行动产生的社会背景、行动者所赋予的主观意义。① 为了达到对行动的解释性理解，韦伯将"理想类型"（Ideal Type）作为分析工具，"通过单方地突出一个或更多的观点，通过综合许多弥漫的、无联系的、或多或少存在的、偶尔又不存在的具体的个别的现象就可获得，'理想类型'一词适用于指关于行动者与行动要素之间的关系的分类和陈述，亦即根据或参照行动者心中的思想和行动取向所依据的一个或几个行为准则所作出的分类和陈述"②。"理想类型"实质就是对社会现象中许多零散、不相干的具体个别现象分析综合而成的，在相关的经验中获得一种规律性的理解。在韦伯看来，行动是受动机的影响，但是动机具有复杂性特征，根据思维和感情习惯所认为的"意向恰当"与根据经验规制的"因果恰当"并不一致。韦伯认为社会学是解释社会行为的科学，但并不是所有的

---

① ［德］马克斯·韦伯：《社会学的基本概念》，广西师范大学出版社 2005 年版，第 9—10 页。

② ［德］马克斯·韦伯：《社会科学的方法论》，中国人民大学出版社 1999 年版，第 90 页。

社会行为都是社会行动，必须具备两个条件：行动者赋予行动以主观的意义；以过去的、现在的、将来的他人行动为目标。一切社会行动都可以区分为四种理想类型：目的取向的行动、价值取向的行动、情感行动和传统行动。在四种理想类型中，前两种是理性行为，后两种是非理性行为。"社会行动类型"只是韦伯提出许许多多"理想类型"中最基本的一种。

郭星华教授借鉴韦伯的社会行动理想类型，将犯罪行为分为功利取向型犯罪、价值取向型犯罪、情感冲动型犯罪和传统习俗型犯罪等四种行为类型。① 这种分类，为从社会学视角研究女性涉毒犯罪提供了一种思考途径。

在参考了上述两位学者的划分方法，结合女性涉毒犯罪的动机，本研究将涉毒女性分下列三种类型：

（1）失范型涉毒犯罪

转型时期，社会处于动荡不安和急剧变化，社会价值观的混乱，社会约束力的减弱，角色需求模糊的矛盾，引起个体社会的紧张。由于性别的职业隔离和城乡差距，妇女在社会流动的过程中，体验到社会不平等，由此产生强烈的被剥夺感，当采用合法手段无法实现自己的文化目标时，就产生了失范型涉毒犯罪。

（2）工具型涉毒犯罪

大部分吸毒人员都经历了初次吸毒、吸毒成瘾和社会隔离的过程，对吸毒人员的歧视和污名化加速了吸毒女性的边缘化而难以在社会立足，陷入绝境的她们最终以卖淫或贩毒的方式在夹缝中求生存。也就是说吸毒人员将贩毒运毒作为满足自己的吸毒和生存的工具，即"以贩养吸"。

（3）情感型涉毒犯罪

女性在社会中担当的情感性角色，在行为方式上具有"感情用事"的特点，在女性涉毒犯罪案例中往往交织着亲情、爱情，因情致罪。

---

① 郭星华：《当代社会转型与犯罪研究》，文物出版社1999年版，第13页。

这三种女性犯罪类型的区别只具有理想型意义，但在现实生活中却往往是交互在一起的。韦伯指出，理想型是纯粹的典型、理想化的典型，现实中的现象只能与之近似，不完全一致。与此同时，"理想类型的结构越是清楚、精确，它的抽象性和不真实性就越大，而它方法论上系统地将术语、分类、假设等公式化的功能就越好。"①

5.1 失范型涉毒犯罪

随着城市化的推进和农村剩余劳动力向城市的转移，我国人口流动空前活跃，成为突出的社会现象。所谓流动人口是指户籍不在"本地"但在"本地"居住相当长时间的人口，又称为"非户籍人口"。1982年我国流动人口约657万人，1995年达到7073万人，2000年超过1亿人，2005年达到1.47亿人。根据国家人口计生委发布的数据显示，2011年我国流动人口接近2.3亿人，占全国总人口的17%，平均年龄28岁，其中农村籍流动人口占到80%左右。②

在日渐庞大的流动人口群体中，女性流动人口成为重要的组成部分，1982年全国女性流动人口有358万人，1990年是949万人，2000年迅速增加至4910万人，2005年达7350万人，2010年女性流动人口约为1.10亿人，占到全国流动人口总数2.21亿人的49.77%，流动人口呈现出性别均衡化的特征。

5.1.1 妇女的流动

根据流动的原因，流动分为经济型流动和社会型流动。从性别来看，男性人口流动主要表现为经济型流动，女性人口流动的主要

---

① 郑也夫、李强：《西方社会学史》，能源出版社1987年版，第72页。
② 国家人口计生委流动人口服务管理司：《中国流动人口发展报告2012》，中国人口出版社2012年版。

特征是非经济型流动的比例相对较高，随迁家属和婚姻嫁娶占有一定比重。但无论是男性和女性，流动的首要原因是务工经商，为了提高生活水平而背井离乡是大多数。①

人口流动并不是盲目流动，而是像水流一样，具有明确的目标性和功利指向性。"南下"和"北上"是传统的流动方向，经济发达的地区如广东、浙江、上海、北京、江苏、福建六省市集中了八成以上的跨省流动人口。用访谈对象阿艺的话来说"广州、深圳市沿海发达地区，娱乐业发达，机会很多"（个案15）。

近年来，人口流动由东南沿海的单向集中向多向集中改变。随着"西部大开发"和"桥头堡"建设，云南经济的发展和社会进步，也吸引不少外来人员流入云南。主要有下列两种情形：

一种是打工经商。由于边疆地区人口数量相对较少，密度较低，群众商品意识和竞争意识相对较弱，这对一些有技能和有商品意识的外来人员产生吸引力。大批以农民为主体的流动人口流入云南，有的务农，帮助种植茶叶、橡胶、甘蔗、西瓜、咖啡等；有的务工，从事房屋建筑、路桥工程、饭店旅舍以及其他行业。这些人主要集中在经济发达的地区和交通要道，如昆明、大理等中心城市和边境地区。据有关调查显示，1995年有40万流民分布在云南边境一线地区，大约相当于当地常住人口总数的8%，其中半数以上集中在德宏州、版纳州以及红河州的河口县等经济发展迅速的地区、交通条件较好和规模较大的城建、路桥工程施工地。② 据2005年统计数据表明，云南省女性流动人口中，务工经商的比例占到32.06%。③ 在访谈对象中，个案40是河南人，在西双版纳州的打洛口岸以做十字绣为生。个案44是湖南人，与朋友一起在普洱孟连

---

① 段成荣、张斐、卢雪和：《中国女性流动人口状况研究》，《妇女研究论丛》2009年第4期。

② 鲁刚、李寿：《云南边境地区跨国人口流动的现状、问题及对策研究》，鲁刚主编《人文论丛》，云南大学出版社2007年版，第62页。

③ 段成荣、张斐、卢雪和：《中国女性流动人口状况研究》，《妇女研究论丛》2009年第4期。

开饭馆。另外,流动到云南从事商贸、劳务的人员中,还有来自周边邻国的外籍流动人口,人数可达上万人。如缅甸侨商,祖籍大多在云南境内,多半经营珠宝玉石,有的从事农副产品或小商品买卖。随着规模不断扩大,在一些地区逐渐形成了一批以外籍人员为主体的特定社区,如景洪市的"旅游工艺品一条街"、瑞丽"珠宝城"、姐告边境贸易区的"中缅街"等。实地调查得知,在高额暴利的驱动下,其中的一些人纷纷染指毒品交易。

另一种是旅游度假。云南是旅游大省,旅游资源丰富,每年前来云南旅游的内地游客人数众多,有的还取道云南边境地区进入缅甸、老挝、越南、泰国进行跨境旅游,其中也有人混杂其间从事走私贩毒活动。如德宏州的瑞丽每年出入境的旅游类人员可达数十万人次。2009年版纳接待海内外游客732万人次,每年有近百万人次的游客取道打洛口岸出境前往缅甸小勐拉游览观光的。于是有的毒贩利用年轻女性贪玩好耍的特点,以"去云南旅游"为诱饵,骗其到云南来成为运毒工具,如个案27、个案41。个案27原在湖北老家的一家公司上班,一远房女亲戚约她一起坐飞机来云南玩,在景洪玩了两天后,就帮带了毒品回湖北。个案15和男友去西双版纳旅游,遇见东北老乡也被诱骗夹带毒品。

> 我是广西人,在广州通过网络认识了云南籍男友小毛。男友亲自去广州接我到昆明、玉溪游玩。最后在版纳景洪玩得差不多了,才提到说:"你顺便到缅甸小勐拉去帮老板带点'东西'回来,带得多就钱拿得多一点,带得少就钱少一点,也可以下去,不带'东西'也可以去玩一下。"所谓的"东西"其实就是毒品麻古。(个案41)

云南是"金三角"毒品流入我国的主要通道,尤其是在边境沿线地区,一方面是除中缅边界上段数百公里为南北走向的高黎贡山天险外,其余大部分地区均无高山大川阻隔,另一方面是边境沿线多为跨境民族所居,境内外边民往来频繁,在给边境管理带来较大难度的同时,也为境外"金三角"毒品向我境内走私渗透提供了可乘之机。如个案43就是位于中缅边界中段的临沧人，因外出到缅甸老街打工而被人引诱涉毒犯罪。

一般而言，社会流动分为水平流动和垂直流动。① 目前我国的人口流动，多是以水平流动形式表现出来的垂直流动，实质是农业人口向非农业人口的流动，是为了追求自身地位的改变。处于转型期的中国社会，许多女性渴望经济上的独立，追求现代化的生活方式，主动走出家乡到外面找寻发展的机会。然而当这些女性完成了从农村、小城镇向大城市的流动后，在大城市中，垂直流动的渠道却非常有限。由于我国特有的城乡二元社会结构，再加上劳动力市场上的性别职业隔离，使得这些流动女性被隔离在了整个社会等级的最底层。

职业上的性别隔离是指男性和女性分别集中在不同的职业类型上。调查显示，"在纺织、饮食、娱乐、家政服务等行业，女性农民工比男性多；在建筑、建造业等领域，男性农民工多于女性"②。在笔者访谈的50个涉毒女性案例中，情况也大体如此，其中有13个人是无业，有的从事着工作时间长、辛苦、低收入、低声望的"女性化"职业中，如按摩师（个案11）、保姆（个案19）、工人（个案27）、服务员（个案34）、酒吧服务员（个案35）。由于受到社会和自身因素的限制，这些女性能够流动的范围是非常有限的。尽管有的女性频频换工作（跳槽），但无论如何都很难跳出"打工妹"的圈子，仍是一种水平流动。如个案34是个大理女孩，16岁到昆明一家小饭店当服务员，月薪200元，包吃住；一年后又去服装店当帮工，收入较之前有所提高，月薪800元，好景不长，服装店拆迁，最后又失业。个案21出身农民家庭，去广州打工，做生意亏本，当过礼仪小姐和导游小姐。对于绝大多数的女性来说，流动是单向和平面的，很少有机会从底层向高层流动，有时甚至是从上向下流动，如个案36曾经是银行工作人员，典型的白领阶层，到

---

① 郑杭生：《社会学概论新修》（第三版），中国人民大学出版社2006年版，第243页。

② 陆学艺：《当代中国社会流动》，社会科学文献出版社2004年版，第310页。

2002 年银行改革时下岗。

我出生在西部地区的一个乡村,全家人以种菜卖菜为生,初中毕业之后大概十五六岁就在家帮父母种菜。没干多久,就受不了苦,一年下来也没赚几个钱。不想一辈子就这样在家种菜下去。这样,怀揣打工致富的梦想,在 17 岁的时候就南下广州打工。为了生计,四处奔波,还做过服装生意,但是又亏本。后来在朋友的引荐之下,凭着苗条的身材和姣好的容貌,在一家宾馆做礼仪小姐。很快又跳槽到一家旅游公司做导游小姐。(个案 21)

由于受教育程度偏低,不少人既无大学文凭,又没有一技之长,加之不愿吃苦耐劳,要想获得较高的收入,便只得依靠身体和性,进入到 KTV、桑拿按摩中心、夜总会等娱乐休闲场所。其中的大多数人并没有意识到,这一职业选择,绝不是一次简单的跳槽,而往往就是一个重大的人生转折点。

我最早是在一家造纸公司当生产统计员,算是白领工作。但是由于工作经常出错,无法胜任,兼之公司位置偏远,所以辞职和几个小姐妹到 KTV 工作。(个案 32)

我想通过自己的努力养活自己,遂在市区网吧找了份网管兼收银员的工作,因为记不住商品的价格,总是卖错东西、找错钱,还收到假币,很快被老板炒了鱿鱼。失业后,生活陷入困窘。但因为长相不错,就有人介绍我去娱乐场所上班。(个案 33)

"农民和工人所接受技术教育水平低下,或根本没有受过技术教育。他们出于需要从事两种或多种活动挣钱以补贴生活的现象十分普遍,致使非正式的劳务市场不断膨胀,劳动流动性增强。此外,他们的期望发生了显著变化。毕竟他们不再是那些自给自足的小农家庭型农民,追求的是富足的生活,享受到城市物质条件和服务。"[1] 贫富差距的悬殊,经济的不平等,会刺激底层群体的牟利欲望,尤其是目睹周围的人取得成就时,就会导致犯罪增长[2]。相对贫困比绝对贫困更容易导致犯罪,尤其是财产犯罪。据一名被抓获的毒枭供称贩毒经验:招募马仔的首选条件,是那些基本上没有稳定的工作和经济来源的农村流动人口,这主要是因为这些人生活窘迫,在高额利润的诱惑下,甘冒失去自由和生命的危险,同时也比较容易控制。

女性由于天生敏感,爱攀比,所以对贫与富的感受会更强烈,贫富差距的扩大使处于贫困生活的女性产生强烈的自卑感。而那些"先富起来"的富裕阶层一掷千金的奢侈挥霍,对于在娱乐场所工作的女性来说往往是难以抗拒的诱惑。心理失衡,再加之女性的虚荣心,往往容易使其从攀比心理转化为补偿心理,从而走上犯罪的道路。所谓"补偿心理",是指人们由于主客观原因引起心理不适或不满,导致心理失衡时企图采取种种途径发展和表现自己,借以减轻或抵消不适不满而达到心理平衡的一种心理取向。不少研究结果证明,预测不同社会犯罪率最有效的方法是经济不平等。对此,有学者认为,牟利型犯罪已成为人们消除贫富差距的一种不法方式。[3] 为了尽快地加入富裕的行列,贫困女性也力争在短期内富裕起来,以致抛弃法律、道德和尊严,采取非法手段牟利,其中也包括涉毒犯罪活动(个案10、个案11、个案36、个案39、个案43、个案44、个案47)。

> 我看见人家有一百万,我就想要两百万,就觉得这个钱,比如花一次,出去用个十万、八万的,就觉得这个钱用起来没

---

[1] 阿尔瓦·萨路瓦尔:《里约热内卢的暴力:休闲方式、吸毒和贩毒》,《国际社会科学杂志——从经济社会的角度看贩毒》(中文版) 2002年第3期。
[2] [美] 迈克尔·戈特弗里德森、特拉维斯·赫希:《犯罪的一般理论》,吴宗宪、苏明月译,中国人民公安大学出版社2009年版,第109页。
[3] 皮艺军:《犯罪学研究论要》,中国政法大学出版社2001年版,第298页。

有什么感觉，就觉得挣这个钱挺容易的。在那段日子里，我就像一个发疯的魔鬼一样，在我的心里只剩下一个目的——就是攒钱。我妈听别人说我贩毒，还劝我说："你不要搞那些，那样的生意你不要做，你有工作，这是你的金饭碗，长远，细水长流。"我不听，还顶嘴说："不干也行，那你拿两万块钱给我。我们家里老是穷，别说是两万，让你拿两百块钱你都拿不出来，我在单位谁帮助我、给我钱，哪个人会分给我钱？"家人的劝阻并没有让我回头。（个案24）

5.1.2 流动的妇女

与男性相比，女性的迁移动机更接近于以发展为主，而不是生存所迫。[①] 对于许多女性特别是年轻女性，外出不是迫于家庭生活本身的压力，而更多的是出于增加收入和寻找更好的发展机会、改变个人命运的愿望等，属于发展型外出，更多地受到"拉力"作用的影响。个案11阿布走出大凉山到成都找到的工作，是在一家保健按摩院按摩，这份工作对于她来说意义非凡。在家里兄弟姐妹4个人中，阿布是年纪最小，是唯一没有受过教育但是却勇敢走出来的人，而姐姐哪怕是读过高中，但最终因为保守胆小不敢离开父母的庇护，错过当地政府机关的招考也只能在家当农民。尽管月收入只有几百元，但阿布还是很满足，这是她迈向社会走向独立的开始，此外，还能通过自己的能力寄钱给父母"顾家"。对于阿布来说，在流动的过程中，寻求作为"现代"个体的自我的实现，体验到了一种独立于父母及其他权威形式的自主感和解放感，并获得了更加开阔的视野。这是促使她流向城市的动力。

我出身四川凉山一个黑彝家庭中。有父母，还有一个哥哥和两个姐姐，他们都读过书，只有我没有读过。我姐姐还是高

[①] 蔡昉：《中国流动人口问题》，社会科学文献出版社2007年版，第130页。

中生，现在40多岁，在家当农民。我姐姐年轻时，碰上政府招考，她本来想去参加考试，但家里不同意，怕她受欺负。我从小就在家里种地，2002年那年我16岁，与村里的两个伙伴（一个15岁，一个17岁，她俩都读过书）偷偷跑到成都打工，因为父母不让我外出打工，怕我在外面吃亏。到了成都不久，我们就找到工作……（个案11）

还有的女性外出打工并不完全是出于谋求自身发展的考虑，而是因为家庭情况所迫。穷人的孩子早当家，个案34杨春燕出生贫困家庭，父亲酗酒，母亲劳苦，懂事的她为了减轻家庭负担，13岁退学，16岁就到昆明打工，并将大部分收入带回家中。个案33丽萍是自幼父母离异，随母亲改嫁到他乡，但是母亲的工作和感情都不稳定，生活在支离破碎家庭中的丽萍14岁就辍学在家，15岁就开始在网吧打工，目的是"想通过自己的努力养活自己"。

> 我出生在大理一个贫困的农户家庭。从我记事起，我就只知道酒鬼父亲每天不是喝酒就是发酒疯睡大觉，无所事事，从不帮助我妈做任何事。我妈独自忙完田里又忙家里，要照顾父亲，还要赚钱供养我和弟弟读书。看着家里条件不好，我又是姐姐，应该承担家庭责任，考虑再三，13岁的时候，我向妈妈提出辍学在家帮分担家务。尽管我也想读书，但是为了家，我再苦再累也愿意。如果父亲多一点责任和关爱，后来我也不会外出去打工。我在家里帮妈妈干了几年时间。后来，在昆明生活的姑妈，回来看到我们家这个样子，就带我去昆明打工，那时我16岁。跟着姑妈到昆明后，我最初是在一家小饭店做服务员，月薪200元，老板娘说我手脚麻利，很喜欢我。到春节时，我怀揣着好不容易存下来的1000元钱回到我老家，本来是满心欢喜，但看着父亲天天在家里闹酒疯，我怎么也开心不起来。（个案34）

流动到城市打工的女性，被称作"打工妹"。"打工妹"是有

别于城市人和男性流动人口的身份标签。"打工"意味着工作具有临时性和不稳定性，也表明打工者是处在城市社会秩序之外的人，不能享有城市人的福利保障；"妹"是居高临下的称呼，通常意指较低的社会地位，同时也表明劳动主体在特定情况下的性别身份。

对于"打工妹"来说，文化是其进入社会的一项重要资本，缺乏这样的资本或文化资本不过硬，就意味着在社会流动中，失去了向上流动的可能性。流动的妇女大多数文化程度偏低。据2005年统计数据显示，全国流动女性的平均教育年限是8.66年，尚不足初中毕业；而云南省的女性流动人口的受教育程度更低，平均为8.24年，其中未上过小学的占11%，小学毕业31.12%，初中毕业30.57%，高中毕业18.66%[①]。全国女性流动人口比男性相对年轻，平均年龄30岁，比男性年轻1岁多，这是因为女性在完成义务教育后，继续升学的可能性降低，不能上学就外出打工。

章元等人通过实证研究证明，"在歧视性的社会保障和社会保险政策背景下，失业的民工更加脆弱从而更容易走向犯罪"[②]。为了增加收入，许多农民背井离乡来到城市打工，如果找不到工作、失业，不但得不到预期的高收入，反而连原本在农村可以获得的低收入也会失去，还要承担在城市较高的生活成本。再加上，在城市没有形成足够的社会网络来对抗失业的影响，因而失业民工的增加，更容易直接推动犯罪率的上升。"一个显著而严重的特点，那就是贩毒以及其他犯罪活动对于连正式工作都难找到的弱势群体具有吸引力。在里约热内卢、孟买、广州以及内地小城镇，直接涉足犯罪的是那些读不起书、学不到手艺的贫困街区的子弟，是那些不名一文的盲流，这些人在国民经济中是没有合法地位的。全球快速蔓延的消费模式和生活方式更为贩毒增添魅力，因为毒

[①] 段成荣、张斐、卢雪和：《中国女性流动人口状况研究》，《妇女研究论丛》2009年第4期。

[②] 章元、刘时菁、刘亮：《城乡收入差距、民工失业与中国犯罪率的上升》，《经济研究》2011年第2期。

品为它们鸣锣开道。"① 无须任何资金、成本和技术,贩毒周期短、见效快、收入高,对许多贫困、无业的农民工来说,具有很大的诱惑力。

按道理说,社会流动可以为女性提高自己社会地位提供公平与合理的机会。然而,经济滞后发展与教育相对不足的先天因素,与现实中传统男权社会文化,为女性通过社会流动改变自己的社会地位,带来了起点的不平等。"'打工妹'代表的是一种深嵌于资本主义劳动关系与性别关系之中的次等劳动身份认同。"② 流动妇女进入城市,面临的是城市两性就业机会的不均等和收入差距拉大的环境,只得从事职业地位低、收入低和缺乏社会保障的工作,例如服务员、小商贩、保姆、保洁员等。联合国妇女署中国国家项目经理 Julie Broussard 在 2012 年中国第三届女性领导力论坛发言中提道:"在过去 20 年里,中国男女平均收入差距正在扩大。1990 年,城市女性的收入是男性的 77%,农村女性的收入是男性的 79%,但是今天我们发现这个比例变得更低,分别下降至 67.3% 和 56%。"③

在劳动力市场的性别隔离比较明显,女性在国家计划经济时期曾经享有的保护性政策逐渐消退,20 世纪 90 年代大量女工下岗和 21 世纪初期女大学生就业难的问题,都说明了对女性的就业歧视。女性的生理特点,因婚姻和孕育而产生的抚育幼儿、照顾家庭等问题,是用人单位不愿接收女性的主要原因。从生理角度来说,妇女要面临着孕期、产期、哺乳期的考验。"三期"不但影响着单位的效益,还要出资进行保护,致使许多单位不愿招收女工。

近几年,"双怀"妇女(怀孕和怀抱处于哺乳期婴儿的妇女)贩毒较为突出,就与此不无关系。对于贩毒团伙来说,雇

---

① 米歇尔·希莱:《引论:贩毒、有组织犯罪与毒品控制的公共政策》,《国际社会科学杂志》(中文版)2002 年第 3 期。
② 孟宪范:《转型社会中的中国妇女》,中国社会科学出版社 2004 年版,第 158 页。
③ 《过去 20 年中国男女收入差扩大 10% 女性高管稀少》,http://finance.qq.com/a/20120329/005614.htm.,2012-03-29。

用"双怀"妇女贩毒的成本低于正常人群,一是承担的惩罚风险相对较低,二是这些人的生存条件低于正常人。"双怀"妇女大多来自边远山区的贫困家庭,基本上都属于法盲和文盲,没有一技之长,本身找工作就难。再加上对于已婚怀孕或带着孩子的打工女性来说,要在城市找到一份工作更是难上加难。怀孕使她们无法承担过重的体力劳动,哺乳则使她们无法离开幼小的孩子。这是一种女性承担的作为母亲的光荣使命,女性因为生育从而丧失了工作机会,伴随着即将出世的婴孩需要嗷嗷待哺,现实生活强化了她们对金钱的渴求,而利用特殊身份带毒不仅可以免于被逮捕的危险,而且毒品犯罪的非暴力性也使得她们能够胜任,因而只要有人出上几千块钱的报酬,这些人便会心甘情愿地去帮人运输毒品。

在社会流动中,打工妹的生活处境、生存方式和思想观念经历了巨大变化,部分女性社会地位与个人发展呈下降趋势,几乎成为不争的事实。进入城市的流动妇女,与男性一样受到市场规则的挤压和城市文化的排斥,更重要的是还会受到不平等性别关系的挤压。因此,打工妹成为双重的弱势群体。经济地位的边缘化使其发展受阻,也不能为其社会地位的提升创造有利的条件,而职业进入、工作性质、工资收入和工作评价等方面的性别差别和性别等级化,给她们带来了社会资源利用的不平等。这种不平等状况会对流动妇女的整体发展起着负面作用,促使她们在经济上更加依赖男性,进而从思想上更加接受女性的从属地位,最终导致接受采用其他手段来获取社会资源的倾向,带来不良的社会影响。

由于文化资本不足,尽管打工妹不甘心在社会底层一辈子忍受生存的艰辛与贫困,但现实提供向上的可能性就会变得渺茫,生存成为一个必须面对的基本问题。对于她们来说,打工、贩毒、卖淫几乎没有什么大的区别,都是一种谋求生存的方式。而从职业流动的角度来看,所迈出的这一步并没有多大的落差,并不是突然堕落，反而更像是一种职业之间的"平移"，而不是上升或者下降。①与以前的职业相比，贩毒的最大优势在于收益高，往往几天时间的报酬，就是平时几个月的工钱，至于合不合法是另外一回事。以往辛辛苦苦工作一个月才挣一两千元左右，相比之下，运毒一次就能挣四五千元，如果仅仅从工资收入上看，贩毒无疑是一种上升。据沙特《中东报》报道：沙特1995年逮捕的贩毒妇女比1994年多了一倍，这些妇女涉毒犯罪的主要原因是生活困苦和失业；另外约有20%的犯罪妇女承认，她们犯罪是因为无家可归。②

5.1.3 流动与犯罪机会

人口流动性的增大，既是一个国家经济社会发展的内在要求，现代化的标识性特征，同时也是人实现自身自由的全面发展的必然要求。但与此同时，随着自由流动空间和频度的加大，犯罪机会也会随之增加。"农民是在土地上生根的，一切纲常教义，一切'安分守己'、'安土重迁'的大道理，是要他们继续在土地上生存下去才能发生作用。他们一旦因着四面八方的压迫榨取而从土地上'游离'出来，而变成为所谓浮浪者、浮食游民，以前所有的社会思想的羁绊便不再对他们发生效用了。"③ "一旦他可以频繁地外出远行……他的视线就会从身边的各种事物中间转移开来。"④

当数以亿计的原本生活在农村和相对静止封闭环境中的农民大量流入城市，他们脱离了原有的生活圈子无人约束，由"熟人社会"进入"陌生人的社会"，人际关系从原来组织性和一体化很强的家庭成员关系，变为相对较弱的陌生人关系，这就使邻里间的守

---

① "职业平移"这一概念是潘绥铭教授的独创，见潘绥铭《呈现与标定——中国"小姐"研究》，台湾万有出版社2005年版。
② 《为保障人的身体健康和社会安全，同吸毒和贩毒做斗争》，载《参考消息》1995年6月27日。原文来自沙特《中东报》。
③ 王亚南：《中国官僚政治研究》，中国社会科学出版社2005年版，第115页。
④ [法] 埃米尔·涂尔干：《社会分工论》，渠东译，生活·读书·新知三联书店1998年版，第257页。

望功能降低,自然监督机制减弱。同时,如果他们又不能被整合进入城市一体化结构内,那么一切规范对于他们来说便处于失控半失控的状态。杜尔凯姆"社会结构理论"认为:社会是一个有机的整体,人们之间的相互交流和彼此影响也有利于社会一体化或整合化,如果人们之间的相互交流和彼此影响削弱,社会就要出现解构现象,那么越轨行为就越多。人口流动使得外来人口处于一种匿名状态,高流动性造成人们不能形成牢固的社会结构和集体意识,其中的一些人不可避免地会与城市生活难以适应。"在城市环境的影响下,人们对地方的依恋感情被破坏了,首属团体中原有的抑制作用和道德训诫减弱了,因而大城市中的不良习惯和现象有所增加。""凡是流动现象达到最大程度的地方,凡在首属控制实际已经全部崩溃的地方,往往就是犯罪丛聚的地区。"①

谢利指出:"妇女犯罪是妇女参加社会活动的范围和卷入社会活动的程度的晴雨表。妇女犯罪的多样化以及参加犯罪活动的增加同她们的社会作用扩大直接相关。"② 从农村到城市的流动对女性带来的影响是多方面的,一方面,打工本身是为了获得经济独立,然而在城市中,她们多数从事的是劳动密集型工作和服务工作,经济收入低下,享受不到城市人享有的社会福利,成为城市的边缘群体;另一方面,远离故土,可以使得她们能够摆脱传统社会性别规范的控制,在传统社会,女性往往要受到来自家庭和配偶的严格监管:未婚的年轻女性总是被视为未成年人,由父母予以严格的看管;已婚女性则受到来自婚姻(含家庭)的制约。在社会流动过程中,女性脱离了自己原来的首属群体、社区或者家庭,进入"陌生人"的社会,这就使得女性流动人口摆脱这种监管,家庭和婚姻对女性的约束机制也随之弱化,女性获得更大的独立和行动自由。

因此,社会流动带来了女性社会参与的增加,经济的发展,物

---

① [美]帕克等:《城市社会学》,华夏出版社1987年版,第25、59页。
② [美]路易斯·谢利:《犯罪与现代化》,何秉松译,中信出版社2002年版,第126页。

质的丰富，财产欲望的增强，给处于较低的社会分层中的人们带来更多的诱惑。与此同时，价值规范混乱和控制手段缺位，使得女性参与犯罪的机会也随之增多。例如，个案19周梅从小生活在一个结构不完整的家庭中，父母脱管，与家庭的联系中断。17岁就开始进城当保姆，在这个过程中结识社会不良分子毒贩李哥，进而参与贩毒活动。后来又染上毒瘾，最终与一个离异有孩子的男子结婚。老公虽然反对周梅参与贩毒，但是因为家里太穷，只好听之任之。个案24唐莉是在境外出差时，认识一个有钱的泰国男子，并逐渐得知他们的生财之道就是做毒品生意，禁不住金钱的诱惑，参与到了涉毒犯罪活动中。因此，与社会接触的机会，不仅使女性了解社会，同时也窥见了非法致富的手段，并带来了价值观和期望值的改变。

5.1.4　失范：目标和手段的失衡

1892年，法国社会学家迪尔凯姆在《社会分工论》中提出社会失范（anomie）的概念，"anomie"也就是"normlessness"，系指人们的行为缺乏明确的规范。当集体秩序断裂、个人欲望不断滋长，当道德行为与个人欲望不一致，就会导致对正常的道德秩序的背离，这就是失范。在迪尔凯姆看来，失范的本质特征是一种反社会的形态，它完全是社会整合的病态征兆。时隔5年后，在著名的《自杀论》一书中，迪尔凯姆使用"失范"一词来解释自杀和社会经济突变的关系。"失范"产生于社会经济的突发繁荣时期，导致人们对个人利益无节制的追求，当人们的愿望无法实现时，自杀便成为"失范"的必然结果（Durkheim，1897）。在迪尔凯姆看来，社会失范就是社会反常状态，是基于社会结构的急速变动而形成的，一种在一个社会或群体中的，相对无规则的不正常状态（病态状态）。在这种状态下，社会的道德准则崩溃，现有的规范体系对于社会成员的欲望缺乏有效的约束力与束缚，社会的连带性、结合性削弱，社会整合被破坏，社会解组出现，越轨行为、犯罪行为不断增长。

美国学者默顿在1938年发表的论文《社会结构与失范》中沿用迪尔凯姆"失范"一词,在此后的一二十年时间里又发展了失范理论。默顿将"失范"分解为两个因素:一是社会以文化或规范方式所描绘的成功目标,二是适合结构本身为实现这些目标所提供的手段。每个社会都为其成员确立了成功的目标并提供实现这些目标的手段和途径,当两者之间相互和谐时,就意味着社会成员可以通过合法手段和途径来实现成功的目标,而目标和手段之间的失衡就叫失范。① 在迪尔凯姆看来,失序导致无节制的欲望;而默顿认为是无节制的欲望导致失序。② 默顿的失范理论主要用来解释美国社会底层群体的犯罪问题。由于美国社会过分强调经济的成功,美国人常常感到难以实现"美国梦",就是因为"在合法性手段获取文化目标的机会上的差异"。有的人会通过提高教育文化获得收入可观的职业地位,有的通过勤奋工作来实现成功的目标,有的则是通过非法手段,如盗窃、诈骗、贩毒、卖淫等方式来实现成功的目标。默顿指出:"当文化目标与制度性手段相失衡时,欺骗、腐败、犯罪等社会所禁止的行为,就会成为日益普遍的行为。"③ 人类学家布儒瓦(Bourgois)在研究美国街头毒品交易时,将毒贩置于美国社会冲突的位置来考察,也提出"他们(毒贩)不是一群来自无理性的下层社会里的'外来的他者',相反他们是出于对正宗的'美国梦'的信奉,目标明确、野心勃勃的市中心年轻人才会在八九十年代深受飞速传播的、上亿美元的毒品经济的蛊惑"④。

我国目前正处于社会转型加速期,女性由家庭走向社会,由农村走向城市。"随着女性逐渐走向社会的同时,女性犯罪也随之增

---

① R. Merton. Manifest and Latent Functions //Social Theory and Social Structure. New York: Free press, 1948: 126.
② 朱力:《失范范畴的理论演化》,《南京大学学报》2007年第4期。
③ R. Merton. SocialStructure and Anomie. American SociologicalReview, 1938(3).
④ [美]菲利普·布儒瓦:《生命的尊严——透析哈姆东区的快克买卖》(第二版),焦小婷译,北京大学出版社2009年版,第248页。

加。"① 一方面是因为社会面临解组，大规模的流动人口，快速的工业化和城市化所引发的急剧社会变迁，导致了社会规范的崩溃和社会控制的削弱。经济发展改变了原有的社会结构，利益的重新分配加剧了各种矛盾冲突，人们对财富、金钱的欲望更加强烈，物欲的刺激，金钱对人的异化带来了行为的功利化，女性的文化目标也由传统的关系型目标转变成经济目标。② 社会在以不同形式鼓励人们去追求物质成功。"如果经济发展成为社会最高目标，而将调整人的行为和控制人的奢望摆在次要的地位时，社会就会出现长期的反常状态。"③ 然而人们获得收入的方式与资源配置的关系更加密切，主要是通过权力授予、市场交换、社会关系网络。与男性相比，女性实现成功目标的手段是有限的：女性权力较小，占有资源较少，在社会结构和分层中的位置比以往要低，相对贫困甚至绝对贫困；在观念方面，女性的家庭角色和社会角色同时被强化；同时对女性的社会保障和社会救助减少，对妇女发展的社会支持减弱，女性想通过自己的能力和机会获得成功和被社会承认并非易事。可以通过提高文化教育，提升自身文化素质，找个好工作；或者借助婚姻的合法途径，通过嫁个有钱人改变自己的生活境遇。然而成功的合法途径毕竟有限。"在社会流动的过程中，流动人口明显感觉到城乡差别和男女收入差别，而这体现了社会不平等，社会的不平等度越高，其成员的相对剥夺感越强。相对剥夺感越强，产生犯罪的可能性就越大。"④ 面对繁华的城市生活，再联系自己的生活境遇，打工者作为城市边缘人，体验到强烈的相对剥夺感和边缘化的地位，在心理上会产生焦虑感和挫折感，承受着很大的心理压力，从而陷入无法达到目标的价值崩溃的紧张状态。当合法手段无法实现成功的

---

① 周密：《犯罪学教程》，中央广播大学出版社2000年版，第199页。
② 佟新：《女性违法犯罪解析》，重庆出版社1996年版，第25页。
③ ［美］谢利：《犯罪与现代化——工业化与城市化对犯罪的影响》，何秉松译，中信出版社2002年版，第20页。
④ 麻国安：《社会流动性理论——中国流动人口犯罪原理论》，城市安全与和谐法律建设研讨会，2000年。

目标时,有的女性就会选择逃避的方式,以吸毒来麻醉自己、回避现实。还有的女性不计后果,采取反叛的方式如卖淫、贩毒等非法手段实现成功的目标。因此,失范型涉毒犯罪的本质是目标和手段的失衡。

5.2 工具型涉毒犯罪

大部分吸毒人员,都经历了初次吸毒—吸毒成瘾—社会隔离—违法犯罪的过程。而对吸毒人员的污名化和社会歧视,又进一步强化了吸毒人员边缘化的地位。对于陷入绝境的女性吸毒人员来说,通常会选择卖淫或贩毒的方式来维持生存,从而导致工具型涉毒犯罪。

5.2.1 初次吸毒

每个吸毒人员都有接受过毒品诱惑的经历。男性吸毒的原因,多与工作、失业、经济、交友等问题相关。相形之下,女性吸毒的原因更加复杂,广泛涉及夫妻矛盾、家庭问题、意外事故、经济问题等诸多方面。在笔者访谈的50个案例中,有29个女性有吸毒史。仅从其口述来看,吸毒原因有的是为了治病,有的是为了取乐和寻求刺激,有的是与家人赌气,还有的是为了取悦于异性。

1. 医疗性吸毒

云南边疆民族地区尤其是南部边境沿线湿热地带,自古以来就有"瘴疠之区"之称,新中国成立前,鼠疫、霍乱、天花、疟疾、麻疹等传染病常年流行。在缺医少药、医疗条件差的条件下,鸦片作为止痛、镇静和治疗高烧特别是腹泻的特效药被广泛用于治疗各种疾病,成了包治百病的常用药物。个案9是因为患有脱肛才染上毒瘾,这就印证了李时珍《本草纲目》记载的(阿芙蓉)有"泻痢脱肛不止,能涩丈夫之精气"的功效。个案10是因为肚子痛,在丈夫的劝说之下抽上大烟的。此类情况在云南边境沿线地区的农村比较常见，多发生在已婚的中老年妇女的身上，大多使用鸦片以治疗和减轻生病痛苦。

> 我老倌①十多年前得过脱肛、胆结石、哮喘各种病，于是开始服用大烟治病，现在关在昆明戒毒所。我五年前也脱肛，他就让我也来吸吸大烟，吸过之后感觉好多了。（个案9）

> 我家老倌年轻时就吸毒，因为吸毒，他进戒毒所有5次了。有一次，我肚子痛，我老倌就跟我说抽抽大烟就好啦，我听他的话，就开始抽上大烟。（个案10）

个案12雪纯是因为年轻时骑摩托车出车祸，脚肌腱断裂，听别人说吸海洛因可以减轻疼痛，于是就吸上了海洛因。个案31张霞有痛经的毛病，在每次来月经的时候都会痛得死去活来，吸毒的丈夫就会趁机劝她也吸几口"白粉"，明知吸毒有害健康的情况下，为了缓解痛苦，饮鸩止渴，染上毒瘾。

罂粟曾被称作"忘忧草"，使用鸦片之后，使得人们除了自我，对什么事都漠不关心，并产生一种镇静的欣快感，怒气和哀伤都被抑制。美国学者韦尔认为，每个人与生俱来都有一种想要转换自己正常意识的冲动，而实现这种转换的化学捷径即为毒品。毒品作为忘却自我、实现自我的具体路径和服用者的心态、服用者的实际环境与社会环境的交互作用。这种冲动源于人的本能，但冲动的强弱与社会环境有一定关系。② 美国科学家的研究报告表明，年轻女性更容易对毒品和酒精上瘾。③ 这可能是因为青年女性的感情较脆弱，遇到突发性的压力和冲突，精神极易被摧垮，精

---

① "老倌"，云南方言，多是农村地区中老年妇女用来指称自己丈夫。
② [美] 戴维·考特莱特：《上瘾五百年——瘾品与现代世界的形成》，薛绚译，上海人民出版社2005年版，第90页。
③ 《年轻女性更容易对毒品上瘾》，http://tech.sina.com.cn/d/2006-05-19/0728945299.shtml，2007-07-08。

神痛苦无处排解,在其他不良因素的促进下,便有可能走上吸毒之路。

据一项对福建省女子监狱涉毒女性的调查显示:有大约85.1%的女性遇到不顺心的事,如家庭的不和、工作中的矛盾、事业的不顺时,会借"毒"消愁,把吸毒当作排遣心中苦闷、紧张与焦虑的首选方法。① 个案3是因为离婚,儿子也被带走,变得一无所有,在心情不好的情况之下吸毒。个案22原本生活幸福,与男友感情不错,生意又红火,但男友后来不幸染上毒瘾,在灰心失望之余,两人分手,感情的挫折使得她最终也陷入毒品的深渊。对于女性而言,失恋或离婚等感情挫折对其影响是很大的,面对这些负性生活事件时,加重了女性的心理负担和精神痛苦,无力改变现实的苦闷和悲观,加之女性敏感、自我控制能力差和感情用事的特点,使得她们很可能通过吸毒来缓解内心的紧张和逃避现实。

> 我16岁就开始耍朋友,② 17岁就和男友同居,生下儿子。我们两个感情不和,离婚了。但是他死活要儿子,他去广州打工,儿子交由奶奶带,我出每个月的生活费。那时我还不到20岁,不仅离婚,还失去儿子,心情不好,朋友就拿海洛因给我吃,说是吃了好睡觉。我那时候小,也不懂事,于是就吃海洛因并上瘾。(个案3)

> 我和我男友是自由恋爱,一见钟情。但是我父母嫌他没有稳定工作,不顾父母的反对,我只身跟随男友离开家乡到外地开了家服装店,最初生意还可以。如果不是男友吸毒,我们的生活会很幸福。不幸的是,在朋友的带动下,男友不幸染上毒瘾,多次劝说不听之后,我忍痛提出和他分手。分手后,我以

---

① 蔡晓良、陈沙麦:《女性吸毒问题的社会文化分析——以福州市的实证调查为例》,《福建省社会主义学院学报》2008年第3期。
② "耍朋友",四川方言,谈恋爱、找男朋友的意思。

为自己会得以解脱，哪知道更加痛苦，在痛苦中我同样不幸也吸上了毒品。（个案22）

医疗性吸毒是一种主动吸毒行为，大多吸食的是以鸦片、吗啡、海洛因为主的阿片类毒品。作为药物，阿片类毒品不仅可以医疗生理的病痛，同时还可以解除心里烦闷。因此，许多毒品成瘾者借助毒品来逃避那些日常生活上无法克服的挫折，或减轻忧虑、紧张，或情感上的不愉快，或暂时满足他们在生活环境上未能达到的需要。

2. 娱乐性吸毒

所谓娱乐性吸毒，一方面，指的是吸食地点主要是在娱乐场所；另一方面，吸食的目的是为了追求刺激和享乐。医疗性吸毒人群在云南主要集中在边境沿线农村地区已婚中老年妇女，而娱乐性吸毒则集中在城镇未婚少女。统计数据显示，目前新型毒品吸食者中女性的比例正在显著增加，十年时间里从7.7%迅速上升到30.4%；而女性海洛因吸食者的比例在1991—1995年期间从35%这一最高点下降到了20%，比1990年以前的28.1%还要低。这在一定程度上说明，俱乐部毒品使用比例在性别方面没有较明显的差异。[①]

新型毒品在国外一般被称为"俱乐部毒品"或者"舞会毒品"，目前在我国成为"时尚"和"快乐"的流行元素。使用新型毒品的人群常以"嗨"来形容"尽情、无拘无束、疯狂、爽快"的吸毒状态，他们并不认为自身是在吸毒，而是视为娱乐和消遣，现代社会已经进入了娱乐时代，夸张、疯狂、媚俗的娱乐文化操纵并引导着流行文化。毒品的诱惑、欲望的放纵和追求刺激，是人的基本需要得到满足之后人性的弱点。享乐主义极大地助长了吸毒之风。如果说老一辈人吸食鸦片是因为无知，是为了治病，属于"医源性"吸毒；那么现在年轻一代在深知"毒品有害身体健康"

[①] Boydetal. C. J. Boyd, S. E. McCabe and H. d'Arcy, 2003, Ecstasy Use among College Undergraduates: Gender, Race and Ssexual Identity, Journal of Substance Abuse Treatment. 2003（24）：209－215.

的前提下，依然大量吸食毒品，目的就是追求新型毒品给个人带来的感官享受。

个案4会在无聊的时候，与朋友吸海洛因加"小马"来消遣。个案14冰冰对毒品的认知方面存在偏差，认为海洛因才是毒品，摇头丸不是毒品，每天都会用一两颗，"时髦""太好玩""太刺激"是她的内心体验。类似的还有个案16，一直坚持认为只有鸦片、海洛因才是毒品，直到在监狱通过教育才得知摇头丸、冰毒也是毒品。

> 我家有钱，我大专毕业后没有找工作，天天玩。朋友圈子都是经济实力较强的人，有公务员、事业单位的教师，大家在一起好玩。什么都想尝试，就吃摇头丸，觉得很好玩、很刺激。在哈尔滨觉得用摇头丸是赶时髦，一天用两三颗。如果是海洛因的话，我就不会去吸……（个案14）

个案47黄薇在夜总会上班，没事干时就和同事一起从毒品中寻找快乐。根据黄薇的口述，她和朋友们根本没有意识到毒品的危害性，将吸毒的行为称作是"玩"。

> 我们聚会时，有的人会跟朋友搞恶作剧，在他的酒里下一点毒品，不存在是故意害人，没有这个意思，就像过生日在朋友脸上抹蛋糕一样，就是觉得很开心，就想让他也尝试一下，跟我们一样开心，分享快乐。其实，戒毒也不是不可能的，我也想结婚生子。吸毒伤害身体，浪费金钱，不会有什么好结果，但是玩习惯了，人总有一种惯性，不自觉，心瘾大。（个案47）

个案30白静是个离婚的女人，作为生意人，白静将吸毒视为生意场上的社交手段，好比抽烟和喝酒一样，要让别人接受你，就要一道吸毒。因此在她的交际圈子里，大家会经常相互请客吃摇头丸，促进情感交流。

我在当地是有名的富婆，开了家KTV和美容院，还做木材生意。有钱、有闲、有朋友……每天想着花样地吃喝玩乐。有一次，在歌厅玩，有人拿出一粒摇头丸让我试试。我知道这是毒品，身边很多朋友都吃。试试呗，现在大家都吃，如果不吃，好像跟他们还不太搭界。吃了之后，我立马就精神起来，唱歌、跳舞，那一瞬间，我仿佛进入另外一个世界，没有烦恼和孤单，没有忧愁和痛苦，只有快乐的感觉相随相伴。我喜欢毒品带我进入了另外一个世界那种感觉，从此以后，我就开始染上毒瘾，不断地吃摇头丸、冰毒、K粉……那个时候，这些新型的毒品刚刚在社会上流行，我们这些生意人把这个看成是"时尚"，是一种交际的手段。（个案30）

3. 反叛性吸毒

笔者在陇川调查中发现，中老年妇女染上毒瘾，大都是婚后，丈夫吸毒，自己也曾强烈反对，但是无效。并且在生病的情形下，被丈夫劝说抽几口大烟可以治病，最终染上毒瘾。被评选为2005年"中国十大民间禁毒人士"之一的景颇族妇女金木玲，在与笔者谈及禁毒行动缘起时，也提到身边女性吸毒的种种情形：

1999年，我的第三个孩子刚生下来，我就发现家里的东西开始变少，卖猪卖菜的钱也少了，才知道老公吸毒。我生活的村子，300多村民就有80多人吸毒。赶集时，碰见男子都吸毒。有的男子吸毒，日子过不下去，媳妇就跑了。有的是老公吸毒，女人跟他吵架，两口子总是吵闹，生活就过不下去；女的天天干活，男子天天吸毒，有的女子就赌气："你吸，我也吸毒。"还有的是妻子耐不住丈夫的反复劝说，也一起吸毒，从此两人的生活就过好了，一起吸毒、一起买毒品。当时我得知自己老倌吸毒，也寒心，还准备约着村里其他几个女子外出打工，但是家里孩子又放心不下。后来下了决心，留在村子里，帮助老公戒毒，2001年的时候，我把丈夫捆起来帮助戒毒。当时村里有很多人不理解，走在路上，经常有人暗中拿小

石块砸我们。但是慢慢地,有越来越多人加入进来,于是就有了后来由 17 个女子组成的女子护村队。

金女士的一席谈话,基本上概括了面对丈夫吸毒的真相,妻子通常有五种反应和态度:一是不离不弃型,勇敢面对丈夫吸毒的事实,不逃避不退缩,将禁毒斗争坚持到底的"金木玲"型;二是逃避型,不能接受吸毒丈夫的事实,采取一走了之的做法,远走高飞,另嫁他人,以此摆脱吸毒的丈夫;三是抗争无效型,得知丈夫吸毒,就通过天天和丈夫吵架、打架的方式表示反对的态度,但是劝阻无效;四是"反叛性吸毒"型,跟屡劝不改的吸毒丈夫赌气;五是忍气吞声型,在劝说无效的情况下,为了维持家庭婚姻不破裂,最终与丈夫一道吸毒。在得知丈夫染毒之后,被访谈的多个女性最初都是表示坚决反对,但除了招来丈夫的打骂,没有任何作用。摆在她们面前的只有两条路:要么同流合污,与丈夫一起吸毒;要么家庭破裂,离家出走。

如个案 49 大李的丈夫染上毒瘾,与他吵过、闹过、打过,并逼着他进了戒毒所,丈夫不断地吸毒—戒毒—吸毒,绝望的她最后抢下丈夫手中的毒品,声称"你吸,我也吸毒",属于典型的反叛性吸毒。

在婚姻家庭中,女性的声音得不到重视,当发生冲突时,她们大多数都会选择沉默或退却。但是在一些特殊情境,当日常理性表达失效时,为了引起他人的注意,往往会采取极端的非理性方式,如暴力、辱骂,来表达自己的情感、达到自己的目的[1]。反叛性吸毒其实就是这种极端非理性的表达。案例 49 大李在希望老公戒毒的事件上,通过规劝的日常理性表达没有效果,进而选择吸毒作为一种极端的表达方式。与丈夫赌气而吸毒,表达自己的愤懑、赌气、怨恨、报复,借此希望引起丈夫的关注,实现自己的意愿。然而这样极端的行为却没起到相应的效果,反让自己也陷入吸毒的泥沼。

我原本有个幸福、殷实的家庭,有英俊的老公和可爱的儿

---

[1] 蒋涛、朱玲怡:《初次吸毒行为的社会学解析》,《青年研究》2005 年第 8 期。

子,但是毒品把这一切都毁了!我高中毕业以后,就自己开了一个不大不小的饭馆,生意还可以。偶然的机会结识了我的老公,他也是做生意的。我俩一见钟情,郎才女貌,很快就结婚并生下儿子,生活很平静,生意也越做越大,在90年代初期我家就有上百万资产。有一天晚上,我半夜醒来,突然发现老公吸一种白粉。很快我就明白过来怎么回事。后来我天天和他吵架、打架,强行把他送进戒毒所,但是几年下来,他是不断地吸毒和戒毒。我绝望了,看到家不像家的样子。终于有一天,他在我面前又吸毒,我一把抢下他手中的白粉,自己也抽了起来。(个案49)

4. 克己性吸毒

克己性吸毒的典型就是日本明星酒井法子。酒井法子是演艺圈有名的清纯女,过去从不吸烟和吸毒。在她的生活世界中,感情大过天,秉承的恋爱法则就是"世界上没有比恋爱更重要的,恋爱就是一切"。酒井最初与金牌编剧野岛伸司恋爱后,学会了吸烟。后来嫁给了花花公子高相佑一,并生下一子,但婚姻生活并不幸福,丈夫吸毒、花心,在外面找情人,两人经常争吵。酒井法子感觉屈辱和无奈,但为了给孩子一个完整的家庭,她选择了隐忍。面对婚姻的痛苦和演艺事业的下滑,在吸毒丈夫的教唆下,她开始用毒品麻醉自己,逃避现实。酒井法子在《赎罪》一书中也提道:"吸毒是为挽救婚姻,是为和丈夫之间的牵绊更加牢固,挽回丈夫的心。"[①] 由此可见,酒井法子吸毒是为加强或保持和吸毒伴侣的亲密关系。

有的女性得知丈夫吸毒之后,选择了逃避,然而离开丈夫之后,当遭遇到其他一些事件时,也随之吸毒上瘾,最终俩人又重新走到一起。个案22阿珍的男友染上毒瘾之后,两人决定分手,分手后的阿珍在痛苦中同样染上毒品,两人因共同的"爱好"而重归于

---

① 《酒井法子也坦白吸毒原因挽回丈夫的心》,http://yule.sohu.com/20101202/n278048415.shtml. 2010-12-02。

好。个案31张玲玲，得知丈夫吸毒之后，带着女儿离开丈夫。尽管离婚，但是在又爱又恨的纠结心情下，张玲玲继续和前夫保持往来。张玲玲提出想复婚，但是前夫不答应，只想维持同居关系在一起。为了维持这种关系，张玲玲最后也染上毒瘾，并和前夫一起吸毒贩毒。这些案例表明，有的女性吸毒既不是为了治病，也不是为享乐，而是顺从丈夫的意志。这种为了取悦他人的非自愿性行为，属于被动吸毒，或称"利他性吸毒"。

女性隐忍性吸毒，其实是男性吸毒的受害者。妻子的克己忍让和牺牲顺从，本来是想换回家庭的和睦，但是却迈向更深的深渊，成为毒品问题的受害者和合谋者。酒井法子染上毒瘾后，丈夫也用毒品来控制她，让她为自己和情人提供毒资，并四处去找毒品，当初的"玉女"变成"毒女"①。个案49和丈夫一起吸毒，最终就变成犯罪，沦为丈夫的工具，成为其吸毒的摇钱树，被丈夫役使去卖淫或贩毒，克己忍让最终还是换不回自己想要的爱情和家庭。

在这四种吸毒类型中，医疗性吸毒和娱乐性吸毒是将吸毒本身作为目的，是利己性吸毒；而反叛性吸毒和克己性吸毒，主体并不认同吸毒，而仅仅是将此种行为视为一种手段，通过此行为达到其他的目的。然而，不管是出于何种原因，感性地"吸一口毒"都是非常危险的。相较于男性吸毒人员，女性吸毒人员具有上瘾快、感觉好、依赖性强和戒断难等特点。再加上由于女性的心理脆弱、承受能力差，更易受环境影响而复吸，复吸比例高达90%以上。

5.2.2 吸毒成瘾

一旦吸毒成瘾，吸毒人员就会在心理上对毒品形成依赖，吸毒也就随之成为强迫性行为。吉登斯认为，成瘾表现为强迫行为，而强迫行为是一种个人感到单单通过意志力很难或不可能克服的行

---

① 《明星吸毒，华美面具下的千疮百孔》，《婚育与健康》2009年第29期。

为，重复这种行为可以使紧张状态得到缓解。① 吸毒成瘾后，必须不断反复、持续地使用毒品，才能满足人的需要。随着药物滥用时间的推移，药物耐受性不断增强，毒品使用量也不断增大，直接导致毒资开销的持续增加。因为吸毒的种类、数量、频度的不同，毒品消耗也不同。个案 6 抽大烟，每天花销几元钱，个案 4 吸毒的种类是海洛因加"小马"，吸毒一次花 50 元；个案 3 吸海洛因一天消费二三百元。"摇头丸在哈尔滨一颗是 180 元，一天用两 三颗。"（个案 14）这样算下来，基本上月花费在毒品的钱就要好几千元。吸毒女大多是无业，要承担大笔的吸毒费用，这是个不小的经济负担。个案 12 是酒店财会，坦言吸毒是个无底洞，月薪 2000 元，这在当时（1999 年），应该说是高工资，但是一天吸毒要花销几十元、上百元，甚至上千元，严重的入不敷出。个案 33 在娱乐场所工作，尽管收入不低，但是因为"溜冰"（吸毒），再加上买衣服、化妆品的开销，每月几乎所剩无几，成为典型的"月光族"。"打 K，一个晚上，五六个人，一般要二三千。一个月吸 K 粉要一两万。"（个案 47）如此巨额的吸毒费用，哪怕是家财万贯也会坐吃山空。个案 1 是靠服装生意发家，但吸毒花光了几十万元，现在沦为四处打零工。个案 22 与丈夫一起辛苦做生意打拼多年，生活殷实，但是因为吸毒，花光了所有积蓄，变卖所有家当，"辛辛苦苦十几年，一夜回到解放前"。个案 35 自己开了一家小酒吧，但因吸毒花光了十几万元。个案 49 夫妻二人吸毒一年就糟蹋完几百万元，饭馆也卖了，生意也不做了，家里一贫如洗。

成瘾行为是"成瘾性"的一种行为方式，是一种异乎寻常的行为方式，由于反复从事这些活动，导致个体痛苦，或明显影响个体的身体健康、心理健康、职业功能或社会交往。② 吸毒成瘾加剧了女性的贫困，不仅是因为需要支付吸食毒品的开销，同时还有因毒品对人的伤害，女性本身就体力弱，吸毒之后，身体羸弱，只能从

---

① ［英］安东尼·吉登斯：《亲密关系的变革——现代社会中的性、爱和爱欲》，社会科学文献出版社 2002 年版，第 96 页。

② 汤宜朗、郭松：《人类的枷锁——成瘾行为》，北京出版社 2000 年版，第 32 页。

事简单的体力活。例如个案1大刘以前是做服装批发生意的，吸毒花掉了十几万元的家产，生活艰难，卖过菜，靠非法营运电动车拉人赚点钱，一天十几元，一个月算下来也就四五百元，成为当地社区最困难的居民。个案8靠捡垃圾为生，一天收入约10元。个案10是个50多岁的农妇，干不了重活，平时替人放牛，一天收入5—10元不等。还有的吸毒人员，染上毒瘾之后，天天想毒，无心干活。个案7是农民，但吸毒之后就不干活，把家里的地租给别人种，自己天天在外面跑。个案19曾经当过保姆，从戒毒所出来之后回老家当农民，但无心干活。个案49夫妻吸毒之后，生意不做了，饭馆关张，还将孩子送到外婆家养。

在陇川调查时，对于吸毒人员的生活困境，笔者有了一个直观的感性认识。个案10一家五口吸毒，夫妻二人再加上三个儿子，其中已有两个儿子吸毒死亡。在入户访谈时，发现家徒四壁，全是土墙，有一面甚至没有墙，只是用木柴简单堆砌成半人高，整个房子大约10平方米，中间简单区隔一下，分割成两间，里间是老两口住，外间是儿子居住还兼客厅和厨房，家里连个像样的家具和生活用品都没有。

5.2.3　融入与隔离

尽管我国法律规定吸毒不是犯罪而是违法行为，吸毒人员也是毒品受害者。然而，由于百年来中国人对鸦片的厌恶，谈毒色变，媒体宣传将毒品成瘾者妖魔化，鄙视地称之为"烟鬼"，因此人们很难理性地接纳吸毒人员。

戈夫曼（Goffman）认为，被污名者由于其所拥有的"受损的身份"，而在社会上逐渐丧失其社会信誉和社会价值，并因此遭遇排斥性的社会回应，这个过程就叫"污名化"[①]。吸毒者就拥有这样一种"受损的身份"，因为吸毒行为，给人们带来了潜在的威胁，

[①] Goffman, Erving, Stigma: Notes on the Management of the Spoiled Identity. Englewood Cliffs, NJ: Prentice-Hal, 1963. p. 48.

比如造成社会治安恶化、社会风气败坏，使社会成员失去了社会安全感；吸毒是违法行为，对"正常人"来说，本身就是可耻的。在历史和现实社会中，当毒品与性联系在一起时，往往是由女性充当中介，所以涉毒女性尤其不能被社会容忍。对其不能容忍导致的直接行为便是社会标定和承担其恶名声，将其看作是自我堕落或是道德败坏的女人，人们对其行为指责已经上升到道德评判的高度。吸毒者一旦被社会标定，继续被污名化，最终给社会大众形成了一种刻板印象，吸毒女等同"不正经""作风不正派"。随之而产生的就是社会整体性的歧视。在职业、婚姻和生活等方面，对吸毒女性的隔离和剥夺状况，要比吸毒男性严重得多。

由于成瘾行为是一种在社会公众心目中打上异常标记的不良行为，一旦个体染上毒瘾，必然会受到人们的排斥、蔑视，原有的人际网络、社会资本等大多消失殆尽，且语言、生活习惯等与主流社会存在明显差异，出现边缘化的倾向，产生无所归依的心理，感到困扰、不安、矛盾、退缩、愤怒、忧伤、后悔。吸毒者会觉得孤独，体验到无价值感和不安全感，加之社会的压力，降低了自我评价，这最终将产生社会的隔离甚至出现剥夺状况。

在个案1大刘的口述中，可以看得出深受其害，因为吸毒，众叛亲离，丈夫吵架，兄弟姐妹感情疏远、很少往来，甚至亲生儿子也搬出去单独生活。隔离使其失去正常的社会环境，朋友、家人拒绝，关系疏离，敬而远之。逢年过节，别人高兴的时候，是她孤独的时候。个案35阿曲是个敏感、自尊的70后，在其口述中，透露着一种不安全感，想要自立，但总是担心社会无处不在的歧视，随时都觉得孤独无助。女性因吸毒导致正常人际关系受损，加速了被边缘化的过程。而边缘化现象也就是隔离现象，影响参与的机会，阻碍融合的发生。

> 我在90年代初期就开始吸毒，老公也天天和我吵架（老公后来1997年亡故），父母和兄弟姐妹也说过我，劝过我，但是都没用。后来就懒得管我，随便我怎么样。我最穷的时候，

身上一分钱都没有。还是我哥哥看我可怜给了我 10 块钱买早点（顿了顿，眼圈都红了）。我真是后悔，如果可以重新选择……我（停顿）。平时我最怕过年过节，别人都知道你染上那个，还是有点那个……儿子 25 岁，还没有结婚，自己在外面租房住，平时打个电话，偶尔周末回来看看我。我兄弟姐妹经济状况都很好，但是他们中没有一个愿意接济我，就是给我钱，我也不会要。（个案 1）

我再也不能过正常人的生活，受社会歧视、脆弱、敏感，以前还自杀过，后来想通了，还是要好好活下去。我出去后只想有份工作和固定的收入，能健康生活，也相信自己能够自立。但总担心受到社会的歧视，即使找到工作，与同事在一起，也担心以前的毒友找到自己，而让新同事知道自己的过去，很害怕。自己一个人也很孤独无助，没有人能诉说，就又会想到吸毒。（个案 35）

"责难"和"污名化"对一个人的社会关系以及自我认识的影响是非常巨大的。女性吸毒者的自我形象比男性吸毒者更差，自尊更低。研究指出："吸毒本身，而不是相伴随的行为，最为严重地促使降低女性吸毒者的自尊。""她们既是妇女又是吸毒者，她们的自我形象受到双重偏见的重压。"[①] 女性天生敏感、自尊又自卑，有的涉毒女性也会自我隔离，自评自己不是好女人，往往会抗拒和回避正常男性的恋情，不恋爱不结婚，即使有男友也会主动分手，断绝关系，例如个案 11 和个案 12 就是这种情况。

男朋友不知道我贩毒被抓，从我被抓后就自然断了联系。有时也很想他，但又不想联系，一方面怕他瞧不起，另一方面也怕他知道后很痛苦。如果没有我的消息，时间长了他也许就

[①] 任旭林、赵建明：《吸毒人群与正常人群自尊的对比研究》，《中国健康心理学杂志》2002 年第 5 期。

会听从父母的安排，结婚生子。但是一旦知道我关在监狱，他也许会等我出狱，我不想连累他，希望他忘了我！（个案11）

当时我在谈恋爱，男朋友有正当工作，前途光明。我吸毒他不知道，我吸毒了我就知道我和他没有未来，吸毒的人不可能成家，为了保持一个美好的记忆，我什么也没说就主动和他分手了。（个案12）

因为男女接受道德规范的差异性约束，比起男性吸毒者来说，女性吸毒者的心理不安全感要更严重①。她们大多不能过上正常的婚姻家庭生活。"很想当个正常的女人，想结婚生子"是个案35阿曲的心声，但是连这个很低的要求都很难实现。这种无力感、无助感来自个体的亲身经历和人生经验。阿曲有过三次感情生活：初恋的男友是个毒贩，有钱，并教会她吸毒，同居8年后两人分手；第二任男友是自己青梅竹马的伙伴，但因为吸毒行为很难被丈夫及家人接纳，离婚成了必然；因为第二次感情的失败，对正常婚姻失去信心，不敢再奢望与正常人谈感情，受婚姻的挤压，第三任男友也是吸毒人员，本以为两人"同病相怜"，生活应该和谐，不料摩擦和冲突更多，第三次婚姻仍以失败告终。

我吸毒是受我第一任男友的影响。从戒毒所出来之后，我回到老家想重新开始生活，与青梅竹马的一起长大的男同学结婚，这是我第二任男友。他是正常人，不能接受我吸毒，我俩很快就离婚了。我父母一直都比较关心我，但是弟弟和妹妹不太信任（我）。后来我又谈了一个男友，也是个吸毒的。最初，我天真地以为，如果找一个正常人，人家知道你的过去，很难接受；但如果找个有过一样经历的，两人有共同语言，能互相支持。可是后来发现，事情不是这样的，两个都吸毒的人在一

---

① 郭秀丽、姜峰：《87例女性劳教吸毒人员心理健康水平分析》，《中国健康心理学杂志》2010年第3期。

起，更容易钻牛角尖，都脆弱，一点不满意就吵就闹，而且都是吸毒的，也会互相影响。（个案35）

吸毒人员好吃懒做，大部分没有资金、没有技术、没有专长，再兼之社会的歧视和排斥，使得她们在就业和融入社会的难度加大。而就业机会的不存在，使得吸毒女性被禁锢在自卑、孤独的空虚情绪中，同时也丧失了最起码的生存平台。

吸毒越轨行为一旦被社会成员所知，吸毒女一旦被贴上不道德的标签，被人认为是"坏女人"，就会影响其正常生活，尤其是在婚姻、就业等方面的社会隔离，使得吸毒女性失去正常的社会环境。不过，也有吸毒人员忍辱负重，坚持不懈地做出种种努力和改变，争取融入社会，然而这毕竟是极少数。如个案1吸毒女大刘因吸毒与兄弟姐妹疏远，儿子也嫌弃，但她始终还是在不懈地努力，牢记着父亲的教导，"在哪里跌倒，就在哪里爬起来"。吸毒20年，现在已戒毒8年，并在社区戒毒，尽管哥哥姐姐经济状况良好，但不愿接受救济，主要是靠打零工独立生活，批发蔬菜卖，骑自行车载人收费，现在改为骑电动车短距离载人（即所谓的黑车，非法营运）。有点钱也会买点东西送给哥哥姐姐，努力是有目共睹的，现在亲人开始慢慢改变对她的看法。更多的吸毒人员是"破罐子破摔"，认同这种社会隔离，认同自己的新角色——坏女人。

社会成员的冷淡和排斥，直接影响吸毒女性的成长，这一切只能将她们推向对毒品亚文化群体的认同和融入。生活不顺，就会使得她们把视线转向具有相似经历的毒友，融入毒品亚文化圈中，从涉毒亚文化群体中找寻归属感和社会支持。而这种归属感弥补了她们在社会中遭受的种种排斥和隔离后，同时带来心理上的失落和孤独感。

笔者在陇川做田野调查中，在当地向导的推荐和带领下，笔者去个案6家里准备访谈，但是她不在家，其来自缅甸的儿媳妇帮我们在村里找了一圈，也没找到，在苦苦等待没有结果的情况下，只好转向去个案7家。真是"踏破铁鞋无觅处，得来全不费工夫"，在个案7家院子里，正好碰见个案6，两个毒友正在一起聊天。相同的境遇、共同的需求和相同的不良嗜好，使得吸毒人员走到了一起，并显示出很强的群体性。一方面是因为吸毒的共同体验、共同的追求使得她们彼此成为"知音"，都体验了对吸毒欲罢不能的无奈，都经历因吸毒而造成的家庭纠纷，都陷入为了维持吸毒而筹集毒资的窘境，心理的趋同性使得在吸毒人员之间形成了一种特殊情感，生活在毒友的圈子里。同时，吸毒人员经常聚在一起吸毒，交流信息，拓宽获得毒品的渠道。同时，为了获得毒品而想办法搞毒资，共同的目标容易使其联手进行贩毒，以贩养吸。

女性在情感方面有很强的依赖性，对归属感的需求十分迫切，吸毒之后，最需要的就是家庭成员的理解和支持。然而，缘于社会对两性的生存权利存在的双重标准，社会对男性的越轨行为的态度相对更为宽容，而对女性却是严厉的责难和隔离。在家庭当中，对女性出现吸毒行为较之男性更难以被社会或家庭接纳，这会导致因不愿正视所面临的问题而向社会寻求帮助。女性吸毒者在建立家庭和社会支持系统时会遇到重重障碍，因而降低了从家庭之外的社会或相关组织获得相关社会资源的机会。因此，污名化和社会歧视的结果，使涉毒女性更加边缘化而难以生存，陷入绝境后最终不得不以卖淫或贩毒等方式在夹缝中寻求生存。

5.2.4 违法与犯罪

由于我国的人均收入要远远低于世界平均水平，而毒品价格却趋于国际化水准的差异，造成了我国毒品的零售价格远远超出吸毒者的经济承受能力。一个吸毒人员月毒资需求量从几百上千元不等，随时可能出现的戒断综合征会使得吸毒人员必须在最短的时间用吸毒以满足自己的需求。当合法收入不能保障吸毒所需时，如何才能快速获取毒资便成了吸毒者们最关心的问题，于是，违法犯罪很快成为首选的获资手段。由于女性特殊的身心特点，在非法获取

毒资的方式上明显有别于男性吸毒者，呈现出违法犯罪手段的多样性。在甘肃的一项调查表明，28%的吸毒女性因为没钱而贩毒，95%以上有卖淫行为。① 而对昆明市强制隔离戒毒所被调查的548名女性吸毒人员问卷调查发现，靠父母供给、朋友资助、打工、个体经商等方面获得合法收入者仅占22.63%，通过卖淫和坐台获得的占53.46%；靠麻抢、色抢手段获得的占4.5%，靠诈骗、拐卖、偷窃获得的占16.61%，靠零星贩毒手段获得的占2.55%。②

在笔者访谈的29个有吸毒史的女性中，文化程度普遍偏低，高中以上的仅有7人，占了24%。由表5-1来看，吸毒女性的职业状况主要有：

（1）无业人员。大部分吸毒女性是没有稳定的工作和收入，那就只能是"混社会"。这一类型占据较大比例。也有部分无业者是因为家境富裕，根本无须考虑就业问题，如个案14是"富二代"，家里有钱，大学毕业后也不找工作；个案48，丈夫是个包工头，自己在家当全职太太。另外，还有的是农民，大多是边境地区的老年妇女，因为吸毒，已经丧失了劳动能力，所以也属于无业人员的范畴。如个案7、个案8、个案10等。

（2）自营业者。自营业者如个体工商户、私营企业主、娱乐服务场所老板，有较强的经济实力，在吸毒人群中占据较高比例。如个案22、个案30、个案35、个案44、个案49。

（3）娱乐场所服务人员。娱乐场所是"黄、赌、毒"盛行的场所，所以有娱乐场所工作经历的人，涉毒比例很高，例如个案12、个案15、个案32、个案33、个案47。

（4）打工人员。打工人员工作性质临时、不稳定且收入低。如个案1、个案19、个案36等。

---

① 杨玲：《女性吸毒行为与其社会处境的相关研究》，《西北师范大学报》2002年第11期。
② 王娟、沈杰：《从毒资来源看女性吸毒对社会的危害》，《中国药物滥用防治杂志》2009年第15期。

表 5-1　　　　　访谈案例中吸毒女性的经济情况

个案编号	年龄（岁）	教育程度	吸毒史	职业	经济状况
1	47	高中	20多年	打零工	月收入四五百元，收入低
2	36	中专肄业	17年	修理厂打工	月收入千余元，收入中等偏下
3	36	初中	14年	无业	收入不稳定
4	18	初中	2年	无业	无收入，找父母要，朋友借钱
5	30	小学	10年	站街女	收入中等偏下
6	52	文盲	30年	无业	无收入
7	55	小学	35年	农民	低收入
8	72	文盲	50年	农民，捡垃圾	每天收入约10元
9	45	文盲	38年	无业	无收入，靠子女养
10	50	文盲	32年	农民，放牛	每天收入5—10元不等
12	38	大专	2年	酒店财会	月收入中等，月薪2000元
14	26	大专	6年	无业	家境富裕，父母开饭店、旅店
15	24	中专	4年	娱乐场所艺员	收入不稳定，中等
19	23	初中	7年	保姆	收入低下
22	32	高中	3年	经营服装生意	经济良好
26	54	初中	3年	无业	贫困
30	37	高中	4年	做生意	年收入上百万元
31	36	初中	5年	下岗工人	收入低下
32	20	初中	2年	在KTV工作	收入不稳定
33	18	初中肄业	3年	在娱乐场所打工	收入不低，无积余，"月光族"
35	38	高中	17年	自营小酒吧	收入中等偏上，不稳定

第5章　诱惑与屈从：女性涉毒犯罪的基本类型

续表

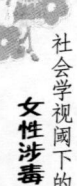

个案编号	年龄（岁）	教育程度	吸毒史	职业	经济状况
36	42	高中	4年	银行下岗	收入中等偏下
39	26	初中	2年	无业	无固定收入
42	20	初中	2年	打工	收入低下
44	35	小学	半年	经营小饭馆	饭馆亏本
46	25	初中	2年	无业	无稳定收入
47	29	初中	5年	在夜总会打工	月收入上万元
48	38	初中	6年	无业，全职太太	收入中等，老公是包工头
49	47	高中	6年	开饭馆	富裕，吸毒花光几百万元家产

吸毒女性很少有正式工作，偶尔有机会就会利用一些不正规渠道赚钱。个案4小路是个不到20岁的女孩，无业，口述中反复提到一个词——"混"。说明了吸毒人员无所事事，在社会上做些不正当的营生方式，偷、拿、抢、骗，或从事色情行业。因此，由吸毒而衍生一些违法犯罪行为。

> 父母都在昆明打工，我还有一个弟弟。初中毕业之后，我就跟着父母来昆明混，一直没有工作。我吸海洛因加"小马"，每次花50元左右。没钱，就跟父母要，或找朋友借，实在不行就去偷。（个案4）

"父母让我孤独，男人让我堕落，毒品让我淫荡。"卖淫或坐台是女性吸毒者获取毒资最常用的手段。在访谈中，有吸毒女也提到，为了满足吸毒需要，她们只剩下"性"这个东西可以出卖了。个案5小宋年纪不到30岁，很小的时候就染上毒瘾，十几岁就开始当"应召女郎"。小宋卖淫，不是依附某个娱乐场所，不像站街女那样抛头露面,四处拉客,而是采用个体户的形式,一般是客人有需要,打个电话就主动上门提供性服务,顺便也卖毒品给这些客人。个案45老张原来开着一家饭馆,但是夫妻两口子吸毒,将原本殷实的家业很快败光,染上毒瘾之后,无心做生意,将饭馆变卖,甚至老张的丈夫后来还逼迫老婆卖淫挣钱供两人吸毒。此外,还有的毒贩故意设套引诱女性吸毒,尤其是年轻美貌的女性,一旦吸毒成瘾,当缺乏经济来源时,就可以通过卖淫去换取金钱,从而成为毒品市场的稳定人群,或者是贩毒的工具。以淫养吸的吸毒女性,是感染艾滋病的高危人群,因而也成为毒品问题的最大受害者。个案5就被查出来染上艾滋病,个案45也染上了一身性病。

以贩养吸是相当一部分人解决毒资、维持吸毒的重要手段,"以贩养吸、吸贩结合"的现象在毒品违法犯罪人员中占有很大比例。据北京市第一中级人民法院审理的零星贩毒案件中,以贩养吸占了70%以上。2010—2011年审理的百余件毒品犯罪案件中,以贩养吸的案件约占39.8%。① 上海监狱在押的涉毒罪犯中,有吸毒史的占53.97%。②

进一步说,以贩养吸人员,既是毒品受害者,也是犯罪者,是毒品犯罪扩散的主要帮凶。因而在贩毒过程中,必然要发展新的吸毒人员,唯有如此,才能使自己获得吸毒资本。不少吸毒人员就像传销人员一样"杀熟",往往从自己身边亲密的人开始,借助群体的影响和压力,故意地迫使他人就范。当对方上瘾后,不得不向其求购毒品,于是就可以随意摆布了。而且群体的成员多了,毒品的消耗量就大,获利也就越多。根据研究表明,一名吸毒者只有建成稳定的由其供货的5—7人的销售网络,其所获得的利润才能够支撑自身吸毒的开支,这种模式的普遍化,使毒品犯罪获得持久、内

---

① 韩芳:《毒品案件新趋势:以贩养吸占四成》,《人民法院报》2011年6月26日,第3版。

② 孙安清、陆大柒:《上海监狱系统在押涉毒罪犯的构成特点与治理对策》,《法治论丛》2006年第5期。

在、全面的扩散动力。例如，个案 33 和个案 39 都是吸毒女，没有固定收入，就靠买卖"二手毒品"赚取差价，来满足自己吸毒之需。

  我吸的毒品都是由男友免费提供。刚开始，我把男友给自己吸剩下的冰毒卖给别人，赚点零花钱。这事被他知道以后，劝我说："我给你玩的冰你就留着自己玩，不要拿出去卖。如果要卖，就帮我卖，直接从我这里拿冰去卖，收来的钱要交给我。你要用钱的话，我再另外给你。"听到这番话，我也没觉得有什么不妥。从此，我经常帮朋友从男友那里拿毒，有时候挣点差价，关系好的就不挣钱。（个案 33）

  我吸"小马"，经常从姓李的老乡那里买来吸。一旦有人下马，我就会四处打电话邀约朋友到我这里来吃"马"。一般是 AA 制，吃完之后，按各人吃"马"数量来凑钱，然后我将凑足的钱交给老乡，以此抵消给我的"马"。我拿马的价钱一般是 25—30 元一颗，朋友来我的住处来吃"马"，我就提价，说是每颗价格是 30—40 元不等，以此赚取差价。跟我一起合租房子还有我的两个女性朋友。她俩平时也跟我一起找朋友来吃"马"，她们叫的朋友，赚的钱是她俩的，只要把成本给我就行。（个案 39）

  还有的是生意人，在吸毒过程中，以商人的精明，发现了吸毒的商机，由吸毒转向做毒品买卖，以此牟利。案例 30 白静曾经是个女强人，经营着多种行业，经常和做生意的朋友在一起相互请客吸毒。发现贩毒本小利大，就转向投资毒品买卖。用她的话来说就是："（贩毒）不但能赚钱，我自己玩儿都不用花钱了。"

  我一个在广州做生意的朋友对我说，他有路子能弄到"药"。第一次我从他那里整来 200 粒摇头丸，朋友要价并不高，我加了点儿价转手卖给了另外一些老板，不到一周的时间，几万元就进了腰包。天哪，这是什么生意？不出力、赚钱快。跟这个生意比起来，我以前做的超市、服装店、美容院，简直都是小儿科。最重要的是，不但能赚钱，我自己玩儿都不用花钱了，劝我不干都不行。（个案30）

除了以贩养吸，还有"以吸毒养吸毒"，其实就是卖淫和吸毒的综合，这是吸毒女在获取毒资方面完全不同于男性的地方。女性吸毒者中有在歌舞娱乐场所从业经历的比例，比男性吸毒者要高得多，而娱乐场所恰恰也是新型毒品盛行的地方。有男顾客消费完冰毒、摇头丸之后，产生性的需求。因此为了迎合客人的消费需求，就催生了"嗨妹""散冰女"这一新兴职业。"嗨妹"的构成以无业、年轻、女性吸毒者为主，专门陪客人一起"嗨"，服用客人免费提供的摇头丸、K粉等新型毒品，然后一起蹦迪摇头，事后还要提供性服务。因此，"嗨妹"属于职业性吸毒，"助兴"和"助性"的娱乐色彩十分明显，报酬以千元计。

与男性相比，女性犯罪的隐蔽性较强，并且"常常有一个从受害人到罪犯的演化过程"[1]。女性一旦吸毒，就不能过上正常人的生活，就业、婚姻、家庭的隔离，社会的排斥和歧视将其推向社会的边缘。面对毒品的诱惑、经济上的拮据，于是就往往由毒品的受害者恶变为犯罪的实施者，由违法人员蜕变为罪犯。由此可见，吸毒是贩毒的前提，贩毒是吸毒的终极必然结果，两者之间存在密切的因果关系。

涉毒女其实是社会弱势群体，其中大多数人技术能力弱，社会地位低，生存环境差。这些不仅是她们不得不以非法行为牟取经济利益的起因，也使得她们在涉毒行为中延续着弱者的身份。与此同时，由于社会的不公与偏见，她们实际上是处于边缘化生存状态的人。

---

[1] 佟新：《女性违法犯罪解析》，重庆出版社1996年版，第10页。

5.3 情感型涉毒犯罪

在女性涉毒案件中，往往是交织着各种情感，如爱情、亲情等，笔者将此类型称作情感型涉毒犯罪。受传统角色分工的影响，男性人格特征多与成就、事业相联系，以追求经济效益为目标，在社会中充当功利性角色；女性人格特征多半与情感、人际关系有关，在社会中更多担当的是表现性或情感性角色。家庭及亲密关系是女性的主要领域，在家庭和亲密关系中，感情是主旋律和核心，是维持家庭和亲密关系的纽带，女性常常因为情感而排斥了所有的一切。因此，注重情感是女性主体较之注重理性的男性主体的鲜明区别。

正如佟新指出的那样，传统理性选择理论在"偏好"的概念下，女性劳动被简化为含有取悦他人目的的情感劳动，情感劳动是其爱好或利他性偏好。[①] 因此，有不少女性涉毒是因"情"致罪，是为了取悦他人的利他性行为。相对于上述失范型涉毒犯罪和工具型涉毒犯罪，是一种主动性行为；而情感型涉毒犯罪则是被动的，是属于胁迫犯罪。胁迫，指为达到非法的目的，采用某种方法造成他人精神上的巨大压力或直接对他人肉体施加暴力强制的行为。在心理强制的作用之下，被胁迫者才实施了他人意志下的行为。这里所说的"他人"，往往就是女性身边的具有亲密关系的首属群体。而笔者在访谈中也发现，近半数的女性贩毒案件中均有同案犯，而同案犯多数为她们的丈夫、男友、父母、兄弟、姐妹、子女等。

在前述分析涉毒犯罪的人际关系时，笔者谈到亲密关系是女性涉毒的主要中介和桥梁。在毒品犯罪中，妻子儿女同上阵的形式比较常见，家族式贩毒比较突出，这与我国传统的人际关系密切相

---

① 佟新：《社会性别研究导论——两性不平等的社会机制分析》，北京大学出版社2005年版，第155页。

关。人际关系往往与熟悉程度、亲密程度、互惠程度有直接关联，也就是说罪犯之间的特殊信任是中国人人际关系的特点的具体体现。亲密关系有许多类型，如血缘关系、婚姻关系和同居关系，情感是亲密关系的内在特质，包括身份的认同、情感互通、相互依赖和信任以及人际交往中的安全感。亲密关系体现为感情的亲密、身体的亲密、物质性互惠的亲密以及一致对外的态度或行动。很明显，认同、依赖、信任、互惠这四个因素构成了人们特殊信任关系的基础。基于这一理解，以情感为基础的亲密关系在女性涉毒的过程中发挥着重要的作用，这就涉及人际关系圈中的人情、伦理、情感和权力。

5.3.1 婚姻关系中的屈从

传统社会赋予女性的目标是婚姻和家庭，大部分女性被教导通过婚姻和家庭获得充实的生活。在上文中分析女性吸毒原因时曾经提到，除了治疗和娱乐之外，已婚妇女之所以染上毒瘾，大多是受丈夫的引诱，是为了配合丈夫，是夫唱妇随。酒井法子的"吸毒是为挽救婚姻，是为和丈夫之间的牵绊更加牢固，挽回丈夫的心"①。这番话道出了部分已婚妇女吸毒的心声。在这背后，体现的是女性为了巩固感情，为了维持家庭的完整所表现出的隐忍和牺牲。同样，在贩毒的道路上，也有些女性是屈从于家庭内丈夫的权力，夫妻一道贩毒。据在新疆调查的791名毒贩，其中111名是夫妻，占总数的14.03%。② 夫妻共同贩毒往往是基于夫妻共同吸毒的事实，常常是吸毒的丈夫百般引诱妻子吸毒之后，将妻子变成自己犯罪的同盟，成为自己控制的工具，役使妻子通过贩毒或卖淫的方式来满足吸毒的需要。

---

① 《酒井法子也坦白吸毒原因挽回丈夫的心》，http://yule.sohu.com/20101202/n278048415.shtml. 2010—12—02。

② 王晓丽、金箴等：《寄生在同一个链条上的两害——乌鲁木齐市贩毒、吸毒人群与艾滋病人群的相关研究》，《西北民族研究》2008年第4期。

个案 22 阿珍和个案 31 张玲玲的犯罪经历都很相似：自由恋爱，为了追随自己的爱情，不顾父母反对，毅然结婚。婚后老公染上毒瘾，感情的不顺使得女方也沾上毒品，因为共同的爱好，"以贩养吸"成为夫妻两人共同的事业。

我和我男友是自由恋爱，但是我家人反对。几年前我就随男友郑军来到老家昆明，一起出资在螺蛳湾做生意，也赚了一些钱。但是男友染上毒瘾，我俩的生活偏离了正轨。在几次劝说无效之后，我决定跟他分手。离开男友之后，我以为自己会很轻松，相反却很痛苦，我没想到会是这样的结局，也不敢跟父母讲。在痛苦中我同样也吸上了毒品。因为有了这个共同的"爱好"，我又和男友重归于好，住在一起。但吸毒真是个无底洞，在花光我们做生意的所有存款后，还转让了店铺，以贩养吸成了我们"共同的事业"。现在我俩都关在监狱里。（个案 22）

我以前在一家工厂当工人。偶然机会，单位同事阿兵救过我，出于对他的感激之情，我就开始和他交往。阿兵比我小两岁，算是姐弟恋，再加上他是临时工，在单位的口碑也不太好，父母不同意，但是我顶着各方的压力和他结婚，也希望他替自己和家庭争气。老公贪"玩"，喜欢喝酒、赌博。甚至在我难产生女儿的时候，他都还正在赌桌上玩通宵，不过问我们母女俩。有时我忍不住抱怨或劝导几句，他就会拳打脚踢。我都忍了，我一直以为自己只要做得好，总有一天会感动他。孩子 7 岁的那一年，我隐约感觉到他身边另外有女人，直到有一天亲眼目睹他和一个女人亲密地逛街。但是我还是不死心，想用一颗女人的心等他回来。有一天半夜他突然起来有点神秘，我悄悄尾随去卫生间，看见他蹲在那儿如痴如醉地享用着一种白色粉末！我推门而入，在反复逼问下，他承认自己染上毒瘾，平时以贩养吸。这次，我彻底绝望了，带着女儿离开他。

尽管离婚了，但是在又爱又恨这种矛盾心情下，我还是继续与他往来了半年。中间，我提出想复婚，但是阿兵只想维持同居关系。我心情抑郁，感到绝望和无奈。我有痛经的毛病，每次来月经，阿兵看到我的痛苦，就在旁边劝我，你尝点儿"药"吧，说是既能解除精神负担又能减轻肉体痛苦的好东西。我知道吸毒是件不好的事，但是生理和精神的痛苦，还是让我在每次月经的时候吃粉。几个月下来，我就上了瘾。当时，我已经下岗，经济拮据。为了维持毒瘾，我想外出打工，但舍不得阿兵和女儿；想当"小姐"，但是在本地方又怕碰上熟人。我卖过血，但始终不是长久的办法。在阿兵的带领下，我也开始以贩养吸。（个案31）

通过对案例中两性关系的分析发现：爱情对女性比男性更重要。Cancian指出，妇女专长于爱情和照料他人，男子则专长于工作以及自我发展，这一过程称作"爱情的女性化"①。当男性被推向事业时，女性被推向情感。对女性而言，爱情具有特殊的文化含义，爱情是女人的宗教。女性越注重爱情，越希望通过爱情获得圆满和快乐，越容易在现实生活中遭受情感的伤痛。个案31张玲玲为了获得自己紧抓不放的婚姻，她曾试图阻止丈夫吸贩毒的行为，并选择离婚来逃离，但却无力斩断自己那份情爱，最终回到丈夫身边共同贩毒。"夫妻本是同林鸟"，在夫妇之间，相伴一起过日子，女性很自然地将丈夫视为"自我"的一部分，愿意为他们做"无私"的奉献与牺牲。女性领悟到的爱情，总是与她们对男性的顺从联系在一起。因此，爱情具有极强的工具性。② 为了爱情，明知老公是做犯法的事，还心甘情愿为他卖命。从更深层面来讲，是服从丈夫的控制，跟随他的足迹：吸毒、贩毒。

女性在丈夫的教唆、怂恿和威胁下被动走上贩毒的道路，这与社会对女性的角色期待有关。我国传统社会男尊女卑、男主女次的

---

① Cancian, Francesca M., Love in America: Gender and Self-Deveiopment, Cambridge University Press, 1987. pp. 15-65.

② 佟新：《社会性别研究导论——两性不平等的社会机制分析》，北京大学出版社2005年版，第128页。

性别关系，暗含着劳动分工的社会性别观念及相应的权力分配模式，这就强化了男性和女性在身份权力上的支配和服从关系，女性社会角色的期望和定位具有从属性、被动性。角色期待不仅包含对个体特定行为的许可和禁止。女性在婚姻生活中更多遵循传统的角色期待而行事将有利于减少或避免冲突的产生。这是由于女性比男性更多地以情感和家庭为重，希望通过爱情和家庭实现安全感需要的满足。① 因此，在面临家庭矛盾和冲突时，女性的外在行为表现便是回避，或者是迎合对方，这主要归结为男女力量对比悬殊、社会经济地位不平等、对冲突可能带来的负面结果的恐惧、缺乏社会支持和认可等因素的影响。② 在家庭中男性享有决定权，男性说了算。正如波伏娃谈到，"女人虽然已不再是男人的奴隶，但却仍然是男人的依赖者，这两种不同性别的人类从来没有平等共享这个世界"③。但在追随、顺从男性的传统意识影响下，有的从而成为男性控制和奴役的工具。女性无意识地将自己的生活或感情委身于男性的过程中，放弃个性，成为按丈夫意愿行事的女人，屈从了男人的意志，最后沦为"爱的殉道者"。这体现了女性为了家庭、为了丈夫，自我牺牲的奉献精神和委曲求全的隐忍，也折射了夫权的权威性。

5.3.2 同居关系中的互利

在考察涉毒女性的两性关系中，发现早婚、未婚同居和婚外情等与法律、道德、习俗相悖的非主流的婚姻形式在女性身上较为常见。黄光国根据情感性成分和工具性成分的高低将人际关系划分成

---

① 苏彦捷、高鹏：《亲密关系伴侣在冲突中的行为及其归因》，《北京大学学报》2005年第4期。

② Neff, K. D. &Harter, S. The authenticity of conflict resolutions among adult couples: Does women's other-orientedbehavior reflect their true selves [J] Sex Roles, 2002. 47 (9 – 10): 403 –417.

③ [法] 西蒙娜·德·波伏娃：《第二性》，桑竹、南珊译，湖南文艺出版社1986年版，第9页。

三种：情感型关系、混合型关系和工具型关系。① 明显地，涉毒女性交往同居男友，具有一定的情感，但是不能否认的是工具性色彩也很明显。为了生活，为了寻求经济和情感支持，有的年轻女性通过与男性结成临时的性关系来试图建立一个自我保护的社会网络，这体现了女性依赖性强的特点。女性对男性的依赖，不仅是心理和情感的依赖，还有经济上的依赖。依赖性使得女性在交往过程中容易轻信、盲从、感情用事。有的女性涉毒犯罪都是由于这一弱点的深化或畸变引起的，呈现出较明显的被动性特点。

个案32、个案33就是典型的例子。个案32小倩初中没有毕业就到异乡打工，在孤独寂寞中认识男友，男友的出钱大方，赢得自己的青睐，两人遂恋爱同居。事后发现男友涉毒的真相，想要离开男友，却发现自己离不开的是男友提供的金钱和毒品这种生活方式，挣扎，纠结，欲罢不能。如果要继续维持有钱、有依靠的生活状态，就只能牺牲自己，因此最终选择了妥协，沦为男友贩毒的工具。同样的，个案33春丽是在宾馆认识男友，觉得他有男人味，产生好感，两人很快就确定恋爱关系并住在一起，还帮男友交易毒品。在这场恋爱中，女性投入的情感要远远多于男性，很看重两人之间的感情并对男友的依恋之情。在得知男友吸毒贩毒后，"我虽然心里感到恐惧，却无法割舍这段感情。在他的不断哄骗下，我最终原谅了他，又住在一起"（个案32）。"男友对我很好，不仅供我吸毒，还经常给我钱花，有时几百，有时上千。直到现在我关在这里（监狱），我也说不上自己对他是爱还是恨，就是很想他。"（个案33）。但是男友却刻意隐瞒自己真实身份，以谈恋爱为名，利用一些小恩小惠，骗取女方的信任，肆意玩弄感情，并将女友视为贩毒工具，自己躲在后面遥控指挥，一旦被抓，就逃之夭夭。

> 我读完初中就去广州打工。别人介绍了一个男朋友，河南人。我以前从来没有谈过恋爱，没有接触过其他年轻的异性，

---

① 黄光国：《人情与面子：中国人的权力游戏》，台北巨流图书公司1992年版，第7—55页。

就是觉得他对我挺好的，感情深（感情真挚）。以前我从没有接触过禁毒教育，对毒品没有意识和概念。有一次无意中发现男友在呕吐，我才知道他吸毒。不过男友辩解说他在戒毒，他也不知道毒品的危害。认识男友两三个月时，有一次男友叫我帮他运毒，说是来钱快，运一次就给四五千元。（个案13）

我20岁的时候就跟随老乡到江浙打工。人地生疏的环境，不合口味的饮食，枯燥的工作，使我一时难以适应，感觉很孤独。每次进城逛街，或在电视里看到一对对情侣，手牵着手并肩而行，我就很羡慕，也希望有个可以依靠的肩膀。有一次在老乡家吃饭，我认识了一个小伙子阿峰，当时就互有好感，留下电话号码。此后，我俩经常联系，并很快确定了男女恋爱关系。阿峰跟我说他开了一家小公司，平时经常在外跑业务。他有钱，对我也好，随时买东西给我。不久，我就辞职搬到他那里同居起来。阿峰朋友多，应酬多，经常带我参加外面的活动。有一次，他们喝酒玩牌到深夜，就开始拿着吸管在吸一种白粉。当时，我很害怕，我隐约知道那是吸毒。回去之后，我连续几天对阿峰都不理睬，开始疏远他。但阿峰一点都不生气，想方设法哄我开心，还买裙子给我。我虽然心里感到恐惧，却无法割舍这段感情。在他的不断哄骗下，我最终原谅了他，又住在一起。有时还帮他去小区外面从别人那里拿"货"或送"货"给别人。（个案32）

几年前父母离异，我随改嫁的母亲来到云南。继父爱赌博，家里都被赌光了。我初中未毕业就出来打工，干过好几样工作，在娱乐场所上班时不小心染上毒瘾。有一次和小姐妹去宾馆玩的时候，认识了大我10多岁的王刚，我觉得他有男人味，心里产生好感。后来，他经常来找我玩，我就搬来住在一起。我发现，随时都有人打电话找他，后来才得知是找他买冰毒。忙的时候，我也很会帮他"发货""送货"。王刚对我很好，不仅供我吸毒，还经常给我钱花，有时几百，有时上千。

直到现在我关在这里（监狱），我也说不上自己对他是爱还是恨，就是很想他。（个案33）

中国传统的男女、公私和外内的社会性别分工模式，一旦在家庭面临经济上的生存困境时，会严重削弱丈夫与男性在家庭中的地位和权威，婚外情成为家庭经济补助的一种重要途径、一项权宜之计。由于离婚、监禁、夫妻两地分居等原因，导致有的女性成了失婚女。对于她们来说，失去的不仅仅是婚姻，而且失落了依恋。"女性的安稳感与成就感原以这种依恋为基础，因而，失落依恋成了一种心理创伤。""她们首先被绝望所压倒，其次又被孤独所折磨。"① 当丈夫因去世、离婚或坐牢不在自己身边时，失去原来的依附对象，有的女性必然寻求新的依附对象来替代。据部分涉毒女性的口述，提到丈夫因吸毒或刑事犯罪等因素，被关押在戒毒所或监狱，失去人身自由，家里顶梁柱不在身边，孤身的女性基于情感和经济的因素，而寻找或依托于婚外性关系的男性，形成临时的伴侣关系姘居在一起。个案20阿玉是版纳傣族人，丈夫因刑事犯罪被关在监狱，留下她独自养家。"上有老，下有小"，无奈之下阿玉去景洪打工，认识并和一毒贩姘居在一起，像夫妻一样生活：男在外面贩毒挣钱，女在家洗衣做饭。阿玉借助毒品去维持或构建的一种模仿甚至是虚构婚恋的情感关系。然而，"拿人手短，吃人嘴软"，接受男性的接济之后，女性为了回报人情，就只有屈从，协助情夫带毒运毒。个案26小石在老家本来有个务农的丈夫，但是染上毒瘾之后，就一直依附一个毒贩，两人在德宏同居，甚至生下一个女儿，毒贩也经常带着这母女俩来掩护自己贩毒的行为。

我上有父母，下有9岁的儿子在读书，丈夫现在还在监狱服刑。丈夫坐牢后，我就去景洪打工，我认识了林三，他得知我家里困难，还时不时给我点钱补贴我，我也经常帮他洗衣

---

① ［英］安东尼·吉登斯：《亲密关系的变革——现代社会中的性、爱和爱欲》，陈永国、汪民安等译，社会科学文献出版社2001年版，第73—74页。

服,后来就住在一起。林三经常让我帮他联系毒品。后来问我想不想也做毒品生意赚点钱,同时也供他吸毒。我说如果有人要的话,我就去找毒品。我和林三平时经常住在一起,一起买卖毒品,赚钱一起用。有时候,他媳妇进城来看他,我就回自己租的房子住。(个案20)

个案25 清丽是个典型的傣家女子,温柔、漂亮、苗条,在KTV认识的中年男子老赵,因为出手阔绰,清丽就委身于他。即使事后得知情人贩毒也不离开,相反还以"桥梁"角色加入了贩毒团伙。在笔者看来,情人老赵一开始就是利用清丽是景洪傣族人的身份,帮他联系毒品,然而现在被关在监狱的她却对情人还是念念不忘、痴心不改。用她本人的话来说:"我不后悔跟他,他真的对我很好,给我买房子,平时还为我做饭、洗衣服,以前我从未享受过这种待遇。"仅仅因为情人对她好,所以清丽才会决绝地抛家弃子,死心塌地地追随他,哪怕明知贩毒犯法,也心甘情愿为他卖命。男人是女人的浮木,两人同居在一起,相互利用、慰藉:男性为女性提供经济的支持和安全的庇护,同时利用女性掩护自己的非法行为。从个案20和个案25来看,很难断定她们与情人之间是否有真感情。但不难看出的是,男方明显是在利用清丽熟悉边境环境,通晓当地民族语言的特点,有意接近,并给予好处,最后将其发展成为犯罪团伙的工具。

我是在景洪一家KTV唱歌时认识了一个中年男人老赵。他出手很大方,当晚就送我一万元。后来,我俩迅速好上并发展成情人关系。春节,我跟他一起回老家过年,看到老赵吸食"麻古"[①],一问,才得知原来他是做麻古生意。我本来就是版纳人,在我村里就有人卖毒品。因此,老赵提出要我去村寨帮他联系买毒品要求,我想都没想就答应了。就这样,我多次帮他联系毒品货源,完成毒品交易。现在我被关在这里(监狱)。

[①] "麻古"系泰语的音译,是一种加工后的冰毒片剂。

我后悔参与贩毒，对不起两岁的女儿，对不起丈夫。但是我不后悔跟了老赵。在我们傣族，女人都很能干，男人则比较懒散。自从跟了老赵之后，他真的对我很好，在景洪给我买房子，平时对我体贴照顾，以前我从未享受过这种待遇。（个案25）

潘绥铭教授在分析性产业时，提到卖淫小姐都有恋人，她爱他，且不论他是否爱他，这是一种典型的仿婚。潘教授进一步指出，恋人的角色实际上是鸡头，小姐卖淫其实是落入男性设的圈套或魔爪。① 其实，在涉毒女性的关系网络中，与她建立的非婚同居关系的异性，也类似性产业中鸡头的角色，男性多是利用女性帮助联系毒品、送货、带货，而女性则是出于寻求经济安全和情感的需要，依附于男性，并以服从的关系被吸收，同时以性关系确立在团伙中的位置。在这种贩毒模式中，男方是扮演好人的角色，事先进行"感情投资"，给女方金钱和感情，使女性产生感激之情，作为人情的回报委身于他人，并死心塌地地跟随其从事犯罪活动。

根据社会交换理论，在男女恋爱中，双方交换的是感情资源，交换中对这种感情需求较少方对是否建立恋爱关系拥有更大的控制权。② 从涉毒女性的口述看来，不管是未婚女性还是已婚妇女，与涉毒男性同居或姘居，并不完全是在情感基础上构建起来的亲密关系，这种关系往往被其他因素支配着，比如毒品、金钱。用社会交换理论来解释，就是看男女双方在进行着"钱与肉体""毒品和性"的交换，在这个毒—情的交易过程中，既有情感因素也有工具的因素，内隐于工具交换的互惠互报，特点是依靠毒品来维系和巩固两性关系。所以，女性涉毒犯罪是为了获得支持和安全感，依附于男性，出让身体和性是为了满足自己的物质需要和情感需要，男人不仅带给她们金钱，同时还有内心的安稳；而对于男性来说，是想利用情感来争取犯罪同盟，利用女性来掩护自己贩毒的行为。因此，

---

① 潘绥铭：《生存与体验——对一个地下"红灯区"的追踪考察》，中国社会科学出版社2000年版，第102页。

② 杨善华：《当代西方社会学理论》，北京大学出版社1999年版，第111页。

第5章 诱惑与屈从：女性涉毒犯罪的基本类型

在这种同居关系中,男女双方是一种互利互惠的关系。

5.3.3 血缘关系中的养家

爱的需要可能会产生包庇子女犯罪的动机,这在母亲来说是常事。所以,包庇、窝藏毒品罪在女性中较为常见。在爱情、亲情等多种情感中,尤其是母亲爱子女的情感是最纯洁的,爱子女胜过爱自己。正是在这种对子女无私的爱中,有的母亲迷失在情与法中。在调查过程中,笔者接触到个案27和个案28作为高龄妇女也参与贩毒,涉毒的背后都是为子女。个案27老陈是个51岁的妇女,单身,无业,身体不好,经济窘迫。尽管经济条件不好,但作为母亲无论如何都帮助女儿,认为为女儿花钱理所当然。女儿提出要开店,老陈千方百计地去筹钱给她开店;女儿吸毒需要钱,干脆就亲自贩毒满足女儿。哪怕是身在牢狱,她对自己被判刑的事也不放在心上,反而牵挂在大墙之外的女儿。可见老陈护犊情深,然而体现的却是错位的母爱。个案28老马现年57岁,生活随着丈夫的病故而变得艰难,既要抚养两个儿子,又要照顾生病的婆婆。由于家里急需用钱,面对小儿子贩毒,老马作为一个母亲没有劝阻而是默许,只不过有些担忧。当儿子生病时,老马挺身而出代替儿子亲自出去送毒品,老马由一个旁观者最终转变为儿子的同案犯,迷失在情与法中。

我很久以前就离婚了,一直单身。有个20多岁的女儿。我和女儿沟通较少,母女关系不好,说不到一起。女儿在外地打过几年工,变得很瘦,也不怎么吃饭,有一次晕倒了,我才知道她吸毒。回到老家之后,女儿一直不想找工作,每次见我就是要钱。认为这些都是理所当然的事。还有一次,女儿跟我提起说想开个小店。我很早就下岗了,身体不好,拿不出钱来帮她开店子。后来通过女儿,我认识了一个中年男子(曾因非法持有毒品被判刑2年),于是就开始走上贩毒的路,经常从他那里拿"货",又转手倒卖出去,赚里面的差价,有时顺便也带点毒品给女儿吸。现在进来之后,我对贩毒"不后悔",没有感到不好意思,现在被抓了,反而很轻松,就是担心女儿,不知道她在外面过得好不好。(个案27)

我家位于交通要道,原本家庭经济还可以,但是自从丈夫病逝后,留下我一个女人独自拉扯这个家也不容易。两个儿子好不容易成年了,我又操心他们娶媳妇的事情。小儿子很懂事,在镇上打工,时不时过一两周就给我几百上千元钱。我也不知道他在外面打什么工。有一天晚上经过儿子房间,我无意中发现儿子在写字台上摆弄一些药丸。我虽然文化程度不高,但是联想起他经常给我钱,平时行为有点神秘,所以基本上已经猜出了事情的真相。本来想劝劝儿子,不要干这个违法的事情,但是一想到家里需要钱,我就忍住没说。平时看见他在家里忙进忙出,我也只当什么都不知道,睁只眼闭只眼,默许这件事。但我还是担心,时不时地提醒儿子在外头做事要当心。有一次儿子扭到脚躺在家里,别人又要货,他出不去。我看在眼里,也着急,横下心来说:"干脆,我去送"。儿子不同意,这事出不得半点差错,弄不好就会坐牢。我说:"我是老太婆,目标小,别人也不会注意我。"儿子只好答应,还详细交代了接头地点、方式和注意的事情。按照儿子交代,我把冰毒送到了别人手里,并从对方那里拿回几百元钱。我没想到赚钱这么容易,后来我多次替儿子"送货",直到被警察抓住。(个案28)

个案17则是妹妹协助哥哥贩毒。陈红和丈夫两人在昆明一直找不到工作,平时就全靠哥哥的接济和庇护。陈红有时也替哥哥保管巨额资金,虽然怀疑是贩毒非法所得,但是兄妹情深,碍于手足之情,尽管有疑虑和担忧,还是替兄长保管毒资,结果被抓。因此,在这则案例中包含了更多的伦理和道德因素。对于哥哥来说,让妹妹保管毒资是因为信任;对于妹妹来说是因为人情,是因为顾家,是要保护哥哥。

我和丈夫来昆明一年多,都找不到合适的工作,就一直租住在城中村,平时靠哥哥的接济。我哥哥在昆明多年,一直在社会上混。有一天,哥哥拿10万元让我保管。我怀疑并问他是不是在贩毒,他没有回答。我怕自己会被牵连进去,但是他没有说什么就离开。后来又放过几次钱在我这里,说是放在我这里安全。我知道贩毒是犯法的,但是哥哥不听我的,我也没有办法。(个案17)

个案13是个高中生,因为父亲去世,母亲改嫁,与奶奶相依为命。在别有用心的人利用下参与运毒,她的初衷是善的,愿望是好的,希望通过体内运毒挣数千元钱解决学费,同时又能孝顺奶奶,帮助减轻家庭经济负担。个案29是个失婚女性,离婚后要抚养孩子和照顾老人,为了达到迅速发财的目标,选择了犯罪。此外,个案32也是在失业和母亲生病急需用钱的情境之下参与贩毒。作为母亲、作为姐妹、作为女儿,女性都兼有养家和顾家的责任。尤其是一旦家庭陷入危机,或者是家庭成员有难,女性都会义无反顾地牺牲自己的利益去支持家人。

家对于中国人来说具有特殊的意义,也是理解中国传统文化的一个核心概念。[1] 从家庭的意义来看,不仅具有生产、生育、抚养、赡养等物质方面功能,还能为家庭成员提供生活的意义,也就是说,家庭是一个情感和价值的共同体。家庭成员之间在情感上的相互抚慰,在精神上相互寄托,而不是仅仅以经济利益为导向的"家庭合作社"。性别的劳动分工而造成女性更多关注家庭的成员,在某种程度上,家庭是女性生活的全部依赖和希望。女性对家庭的重视,将家作为归宿,女性在为家人的付出中实现着自己的幸福观。

"在女性对于'自我'幸福的阐释中,把'自己'和相关'他人'(主要是家人)作为她们的核心出发点,'自己'和家中的

---

[1] 费孝通:《中国社会变迁中的文化症结》,见《乡土中国》,上海人民出版社2006年版,第119页。

'他人'是并列在女性'自我'含义之中的，无先无后，无主无次。"① 对于不少女性来说，人生的意义就是"上为父母，下为儿女，中为丈夫"，个人与家庭的关系是"一荣俱荣，一损俱损"，与家庭荣辱与共。因此，有的女性是对家人的维护，出于家庭利益的考虑，在明知贩毒犯法的前提下，仍然义无反顾地与丈夫、亲人结成贩毒同盟；有的是因为家庭发生变故，为生病的家人，为抚养小孩，出于"养家"和"顾家"的责任铤而走险，参与贩毒。在涉毒犯罪的过程中有焦虑也有担忧，对家人的担心超过自己，甚至在同时被抓的时候，为了保全他人，自己愿意承担一切后果。这些在她们看来不是苦事，而是为家人"奉献"自我的一种方式。因此，在情感型涉毒犯罪中，父母、丈夫和子女是贩毒的目标和意义所在，与其说是为了丈夫、子女和长辈，不如说是为了家庭的存续。

5.3.4 畸变的情感和角色的错位

"中国社会是伦理本位的社会，人一生下来就在各种伦理关系中生活。"② 情感型涉毒犯罪与女性交往的人际关系中的亲密关系有关，亲密关系包括了两性关系和家庭关系，情感是亲密关系构成的核心内容。

亲密关系中的情感依赖性和角色上的不可替代性，是基于亲密关系内部有着共同的目标，并能相互妥协。③ 共同的目标会使得亲密关系内部成员之间荣辱与共。所以，共同体遭受外界的破坏和威胁时，他们就会集体抵制这些外在的威胁。在亲密关系中间，通行"利他原则"，而不是调整陌生关系的"利己原则"④。在亲密关系内部，他们相互妥协和包容的是一种"利他"意义上的妥协和包

---

① 崔应令：《柔性的风格》，中国社会科学出版社 2011 年版，第 213 页。
② 梁漱溟：《中国文化要义》，上海人民出版社 2005 年版，第 94—95 页。
③ 苏彦捷、高鹏：《亲密关系伴侣在冲突中的行为及其归因》，《北京大学学报》2005 年第 4 期。
④ 韩长安：《亲密关系对国家法消解的原因、机理和结果分析》，《比较法研究》2008 年第 4 期。

容。但亲密关系中的"情感原则"延伸至公共领域时，就会消解和削弱法律的效力。因此，在某种程度上来说，情大于法，人情中的恩惠"可以取代法律，事实上也往往如此"①。

女性毒品犯罪活动呈现出群体化特征，有的女犯人是伙同自己的丈夫或同居男友共同实施毒品犯罪活动。有俄国社会学家指出，这些男性犯罪团伙首领常躲在暗处，一旦有危险他们就让女性承担罪责，或收买她们，承诺替她们照顾孩子和家庭。当女性表现出愿意帮助自己的亲人、恋人、丈夫、儿子或同居男友逃避法律惩罚时，犯罪组织就把这种"自我牺牲的光环"②罩在她们身上。

儒家文化要求女性遵循"三从四德"，以"相夫教子"和"贤妻良母"为标榜，通过婚姻和孩子获得充实的生活，女性被描述为被动的、以家庭为取向。女性是情感的奴隶，对于爱情和亲情，往往甘于奉献，甚至是勇于牺牲。然而，一些女性迷失在爱之中，在情感的支配下，丧失理智和明辨是非的能力，成为感情的俘虏。甚至在感情支配之下，跌入犯罪的深渊。我国传统女性具有一种忍辱负重的自我牺牲精神，更多地考虑亲人。但这种天性血缘式的品德具有极大的狭隘性，如果离开了社会的道德和责任、法律的约束，在这种"自我牺牲精神"和褊狭的情绪，很容易受不良环境引诱和刺激，适得其反，葬送自己乃至家庭。③"女性的屈从根源不仅在于社会歧视，也在于她们在道德方面的担忧，她不太关注他人的情感变化和需要，对他人特别是孩子和家长的责任感太强，这种缺憾使女性在道德评判方面出现混淆。女性从不抽象、片面地想问题，她们思考的出发点总是责任、关系。"④

因此，角色的错位和畸变的感情导致了女性情感型涉毒犯罪。

---

① 林语堂：《中国人》，郝志东、沈益洪译，学林出版社1994年版，第201页。
② ［俄］T. M. 亚夫丘诺夫斯卡娅、И. Б. 斯捷潘诺娃：《女性毒品犯罪的社会特征》，《国外社会科学》（中文版）2004年第5期。
③ 傅新球、彭劲：《女性与职务犯罪》，安徽人民出版社2005年版，第88页。
④ ［美］卡罗·吉尼根：《男性生命周期中的女性地位》，载李银河主编《妇女：最漫长的革命——当代西方女权主义理论精选》，生活·读书·新知三联书店1997年版，第119页。

为了满足亲人、恋人对于金钱、毒品的欲望，身陷犯罪的泥潭而不能自拔，犯罪的目的不是利己主要是利他。

5.4 本章小结

本章重点是对不同犯罪动机的涉毒女性的个案研究，涉及涉毒女性的就业、婚恋、家庭、休闲娱乐等各个方面。研究发现，局部情境会产生技术策略，而一种技术策略建构一种角色之间的关系。在女性涉毒犯罪的情境因素中，产生各种压力，包括经济压力和情感压力，这些压力是情境中的诸要素共同作用的结果，是各要素之间形成的关系即"社会小世界"的综合力量。压力对女性形成一种挤压，在心理上造成侵犯，让人感觉焦虑、不安和痛苦。因此，特定情境中的因素生产了挤压，由此构成了情境中各因素与女性之间的一种具有消极性质的关系，这就是"屈从关系"。

当前，我国正处于社会转型加速时期，随着城市化和现代化步伐的加快，社会结构的调整，多元的社会文化，解构着原有的价值体系，享乐主义和金钱主义流行。作为社会大情境中的这些因素，也影响着女性内心信念的生成，形成特有的思想观念、价值观，物欲的刺激，金钱对人的异化，带来了行为的功利化，女性的文化目标也由传统的关系型目标转变成经济型目标。① 这些外在性的内在化，在很大程度上决定着女性的行动选择。

与此同时，贫困、失业、下岗、离婚、家庭变故、吸毒等情境，对女性的行为所带来消极影响是不容忽视的。从社会结构因素来看，女性是就业较难的群体之一。当女性走向社会时，无收入或收入极少的经济压力所造成的威胁使她们感受到生活的紧张和压力，进而危及其本体安全。压力会让人感到收入低下带给自己焦虑，易导致心理受挫、自我怀疑和社会不平等感以及被剥夺感等。

---

① 佟新：《女性违法犯罪解析》，重庆出版社1996年版，第25页。

这种无形的压力长期不断地叠加在女性身上,当没有一种合适的"安全阀"作为宣泄的时候,便会采取极端的方式,通过卖淫、贩毒等违法犯罪来宣泄和转移,并将之解释为"职业平移"。需要指出的是,"职业平移"这一话语技术不仅呈现了个人的心理焦虑,说明了当代女性就业难的社会事实。重要的是,群体能形成一种"反抗"的力量,并实现一种屈从关系的解构。还有的女性是在吸毒的丈夫或男友的教唆、怂恿和威胁下,走上吸毒贩毒的违法犯罪道路,成为男性控制和奴役的工具。从中可见,违法犯罪作为涉毒女性采用的一种策略,建构了一种在女性和就业、女性和家庭因素之间的屈从关系。正是这种屈从性,使得女性迷失在金钱、毒品和情感的诱惑上,最终陷入犯罪的深渊,成为"毒害的殉道者"。

第 6 章 结论和讨论

6.1 研究结论

随着社会转型的逐渐深化,女性在各个方面都扮演着越来越重要的角色,并日益成为社会发展的重要力量。然而不能否认的是,在这场史无前例的大变革中,女性违法犯罪数量之大、类型之多,也达到了前所未有的新高度。除了传统的侵财犯罪、性犯罪和故意伤害犯罪以外,女性涉毒犯罪明显增多。尤其是在边疆民族地区,由于特殊的文化背景和区位特征,致使这一社会现象在具有"转型期"时代共性的同时,也呈现出较明显的"边疆民族地区"地域性特征,并在女性涉毒犯罪产生、发展过程中,有着十分重要的影响力。社会在惩罚每一个堕落者的时候,更应关注其堕落的原因,致力于消除造成悲剧的社会根源。为此,本研究以云南边疆民族地区作为重点,从社会学的特定视角,对女性涉毒犯罪的历史和现实、犯罪的特征和危害、犯罪的情境和过程、犯罪的动机和类型展开研究和分析,目的在于从女性涉毒犯罪的特征等表象,分析其深刻的社会背景和深层原因,并从中得出以下几点初步结论。

1. 吸毒与贩毒违法犯罪活动互为因果

近几年,包括我国在内的世界各国女性毒品犯罪的持续增加,主要是基于使用毒品的女性范围不断扩大。在社会生活中,"吸毒者"不是一个抽象静止的符号,而是一个行为特征不断变化的个体。从开始吸毒到吸毒成瘾,再到诱惑他人吸毒,吸毒者在不同的生活空间和时间中扮演着不同的行为角色:违法者、犯罪者、病人或受害者。①

女性涉毒犯罪,往往都会经历一个由毒品受害者逆变为毒品犯罪实施者的过程,吸毒与贩毒违法犯罪活动互为因果。

吸毒人员反复吸毒,是为适应毒品在体内存在而发生的一系列生理性、心理性病态改变,一般称之为"躯体依赖"。在这种状态下,毒品已经成为机体正常运转的必要条件,一旦停用毒品,就会出现头昏、精神萎靡、全身不适等一系列戒断综合征症状。毒品对于吸毒人员具有很大的诱惑力,主要是因为毒品进入体内后麻醉大脑的痛觉中枢,使痛觉反应迟钝或消失,产生强烈的欣快感和松弛宁静感(消除不愉快感、焦虑感、罪恶感、自卑感、疲劳感和饥饿感,肌肉运动减弱,出现肉体上和感觉上安静,使人有一种飘飘欲仙的美妙舒适感、陶醉感与解脱感),伴有愉快的幻想驰骋,"想什么,就有什么"。这种感觉能满足依赖者的生理和心理的双重需要,为了重复这一感觉,吸毒者会产生反复用药的强烈欲望,以致成为身不由己的强迫行为。吉登斯认为,成瘾表现为强迫行为,而强迫行为是一种个人感到单单通过意志力很难或不可能克服的行为,重复这种行为可以使紧张状态得到缓解。② 吸毒成瘾者会在躯体和心理方面对毒品形成依赖,停药后会出现一系列的戒断症状群,并会在相当长的时间内,存在稽延戒断症状和药物渴求。因此,为了维持身体平衡和反复体验毒品带来的快感,减轻停药后的痛苦,绝大多数吸毒人员会不顾一切后果地强烈渴求再次吸毒。

历史上,穷人、妓女和劳工等底层群体也成为吸食鸦片的一部分人群,生活的困苦,将其推向只能从鸦片世界中逃避生活的苦难;从现实社会来看,女性吸毒人数急剧增加,特别是吸食新型毒

---

① 夏国美:《禁毒社会范式论》,《湖南社会科学》2008 年第 2 期。
② [英]安东尼·吉登斯:《亲密关系的变革——现代社会中的性、爱和爱欲》,社会科学文献出版社 2002 年版,第 96 页。

品的女性人数几乎接近甚至超过男性。女性与毒品的关联中，往往又夹带着性与色情的成分，有的女性是被丈夫或男友胁迫吸毒，有的女性是因为在娱乐场所工作的职业因素而染上毒瘾，既要陪客人吸毒，还要提供性服务。女性之所以沉湎于毒品，除了治病和娱乐、追求享乐等因素之外，大部分是因为生活不幸、感情受挫、心情抑郁，导致借助毒品来逃避日常生活中无法克服的挫败感、紧张或情感上的不愉快。因而吸毒成瘾与其说是一种反复发作的脑疾病，还不如说是一种社会病态现象。所以，吸毒作为一种社会现象植根于社会，源于对物质与精神享受的追求不满足、不幸福、竞争、紧张、精神与现实生活上的冲突与矛盾、性心理上的畸变、个人情绪上的不稳定性以及社会环境的不适应等。不幸的人往往会自觉或不自觉地以心理或化学的方法，麻痹自己，寻求精神危机的解脱，通过毒品可以获得一时的解脱。然而这种解脱的代价是被另一种形式的牺牲——长期吸毒成瘾所取代，这就是吸毒成瘾的本质所在。

女性吸毒，自毁式的毒瘾，只不过是绝望的人们内化自己挫折、抵抗和无能的方式。女性一旦吸毒成瘾后，必然就会走上卖淫、贩毒等违法犯罪的不归路。从这个意义上讲，女性是毒品的最大受害者，吸毒和贩毒是互为因果关系。

2. 女性涉毒犯罪，是主客体因素相互作用的结果

女性犯罪的原因与其所处的宏观环境、微观环境均有着十分密切的关系，是历史性与现实性、主体性因素与客体性因素相互作用的结果，而"结果自始至终与其原因共变"[1]。导致犯罪的因素是一个多层次的庞大系统，系统中的各种致罪因素在促成犯罪发生时，是不断地与相应的背景发生联系的。[2] 包括主体性因素（潜在的犯罪人）和客体性因素（也叫背景性因素，包括时间、空间、犯罪目标、社会控制疏漏等因素）。有动机的潜在犯罪者是犯罪系统的核

---

[1] 萨哈金：《社会心理学的历史与体系》，贵州人民出版社1991年版，第523页。
[2] 储怀植：《犯罪场论》，重庆出版社1996年版，第19页。

心，客体性因素则围绕着各自的状态和因素，单独或共同地发生相互联系，推动犯罪行为人实施犯罪（如图6-1所示）。① 其中的相互关系，主要又体现在下列几个方面。

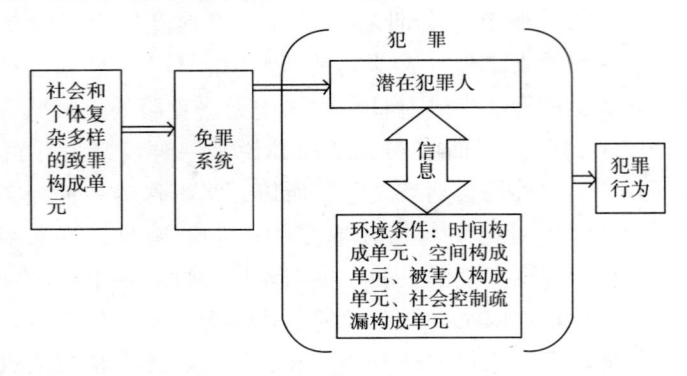

图6-1 女性涉毒犯罪的生成模式与作用机制

其一，主体性因素——潜在的犯罪者。在社会转型中，社会流动、成瘾习性和家庭变故等，将女性推向经济上的困境。打工妹、吸毒女、失婚女、怀孕和哺乳期的妇女，是社会中的一大弱势群体，就业难，收入低，使其容易成为潜在的犯罪者。毒品经济对于这些人来说具有莫大的诱惑力，能够帮助她们获得经济上的独立，对于其中的部分人来说，甚至成为维持生存的唯一选择。而女性在人格、经济和情感方面的屈从性，使其社会免疫力降低，抵制诱惑能力减弱，一旦有合适的条件和机会，就会铤而走险，走上涉毒犯罪的道路。

其二，客体性因素——毒品犯罪的实施，必然是在一定的社会空间中进行，并依赖于一定的人际关系。受特定地理区位和地缘环境的影响，云南地处世界三大毒源地之一的"金三角"北缘地带，历来是境外毒源向我国境内走私渗透直至辗转海外的主要通道。受此影响并在诸多历史与现实因素的相互作用下，致使云南成为现阶

---

① 肖剑鸣等：《犯罪演化论——"入世"后犯罪形态演化的机制及其调控》，北京大学出版社2005年版，第32页。

段我国首当其冲的毒祸重灾区和禁毒斗争的前沿主阵地。因而从较大程度上讲,境外毒源持续不断地侵袭渗透,是包括女性涉毒犯罪在内的各种毒品违法犯罪活动屡禁不绝的重要原因之一。涉毒家庭和"黄、赌、毒"盛行的各种娱乐场所,是大部分涉毒女性生活和工作的环境。在这种特定的社会环境之下,一方面毒品是可见和可接近的,毒品亚文化的流行,肯定并认同吸贩毒行为;另一方面在不良场所容易接触到社会上不良群体,并自愿结成恋人或朋友关系。也就是说,不良社会环境、不良社会群体和不良社会文化,是在同一场域下相依相随的伴生现象,彼此相互作用。在此种特定环境之下,带来了社会控制的松懈,为女性提供了了解和强化涉毒越轨行为的外部条件,最终促成了毒品犯罪行为的发生。

3. 被动性和依附性是女性涉毒犯罪的显著特征

俄国学者阿·伊·道尔戈娃指出:"对女性犯罪进行犯罪学评价的特点,在很大程度上是由女性生活方式的特征、她们的活动、社会立场和角色的特殊性决定的。同时这犯罪自然也反映犯罪及其变化的一般规律性。"① 女性涉毒犯罪在方式、手段、动机等方面,都存在着明显的性别差异。一方面,由于对女性保护性的法律规定和人们对女性普遍抱有的同情心理,再加上女性的生理特征,致使女性涉毒犯罪的手段具有更大的隐蔽性和欺骗性,体内藏毒、随身带毒成为常见的运毒方式;因为胆小、怕事的心理,女性往往喜欢结伙贩毒,并在犯罪团伙中多充当"马仔"的角色。另一方面,女性容易感情用事的行为特征和被动、软弱的人格特征,在犯罪动机上多表现为被他人诱骗、胁迫参与涉毒犯罪。因此,女性兼具"被动的生理因素"(生殖器官特征、生殖机能特征、体质弱)和"被动的社会因素"(社会规范及社会化)的双重特征。从社会学视阈来看,与男性涉毒犯罪相比,女性涉毒犯罪的最大特征就是依附性和被动性,这明显与女性在家庭、社会中的从属地位有关。正如广濑胜世指出的,女性犯罪的核心问题是"受动性",环境条件在其

---

① [俄]阿·伊·道尔戈娃:《犯罪学》,群众出版社2000年版,第633页。

中有着"特别重要的意义"①。

长期以来,在社会上受到的歧视与偏见、不公平对待和弱势地位,是女性被卷入涉毒犯罪的"社会刺激因素"。"男尊女卑""男主女从"的传统性别观念,造成人力资本与社会资本获得和占有的"男多女寡",致使女性在流动机会、经济收入、社会地位等诸多方面均不如男性,因此可以说,女性在经济上的脆弱性,是涉毒犯罪的根本性因素之一。毒品诱惑、金钱诱惑,只是外在的诱惑,而女性人格、经济和情感方面的屈从性,使得女性社会免疫力低下,抵制诱惑能力弱。遇有合适的条件和机会,就会铤而走险,走上涉毒犯罪的道路。因而在女性涉毒犯罪的问题上,不乏被遮掩的性别不平等和经济不平等因素。

6.2 治理女性涉毒犯罪的建议和思路

相对于男性而言,女性由于心理脆弱、承受能力差,一旦吸食毒品就更容易产生依赖,戒断也就更难,并助长了性病、艾滋病疫情等的传播蔓延。与此同时,由于女性在社会、家庭中所扮演的多重角色,女性毒品犯罪对家庭尤其是后代危害更大,应当引起高度重视。

如果从社会性别视角来审视,我国现行的禁毒政策,缺少对性别问题的关注,迄今仍是一大薄弱环节。因而在今后治理女性涉毒犯罪问题的思路上,应将社会性别视角融入禁品防治政策,提高决策层的社会性别主流化意识。在禁吸戒毒政策措施的制定时,应有女性参与并给予女性特别关注。而在禁毒宣传教育时,也要充分考虑社会性别因素,以保障妇女获得经济资源的平等权利和机会。具体来说,建议从观念、制度和技术三方面着手,在坚持"大禁毒"理念的同时,不断创新禁毒工作。

---

① [日]广濑胜世:《女性与犯罪》,姜伟、姜波译,国际文化出版公司1988年版,第110页。

6.2.1 观念层面

"社会性别主流化"问题是在1995年北京第四次世界妇女大会上提出。所谓社会性别主流化，是指"在各个领域和各个层面上评估所有有计划的行动（包括立法、政策、方案）对男女双方的不同含义。作为一种策略方法，使男女双方的关注和经验成为设计、实施、监督和评判政治、经济和社会领域所有政策方案的有机组成部分，从而使男女双方受益均等，不再有不平等发生。纳入主流的最终目标是实现男女平等"[1]。

社会性别主流化是实现男女平等的重要手段之一。我国政府强调指出："各级政府要把保障妇女儿童权益作为转变职能、依法行政的重要任务，要把妇女儿童事业纳入我国国民经济和社会发展规划，要把妇女儿童发展状况作为衡量经济社会发展和政府工作的重要指标。"[2] 女性在一般社会角色上的解放，在今天的社会生活中已经不是十分困难的事情，但女性在婚姻家庭中也获得彻底的解放，却还是任重而道远。

调查的结果显示，毒品问题中存在着明显的性别不平等。这种不平等，给在性别关系中处于弱势、被动地位的女性涉毒人员造成了更大的伤害。涉毒女性既是毒品违法犯罪活动的行为人，同时也是最为惨重的受害者，由于特殊的生理条件、经济上的弱势和社会文化中的被动、从属的社会地位，使其往往屈从于金钱、毒品、情感的诱惑，被人利用走上了犯罪道路。

为了有效遏制女性涉毒犯罪，就要高度重视社会性别制度对人们观念与行为的影响和作用，通过改革社会性别文化，消除性别歧视，最终促进性别平等；在禁毒工作中，要增加社会性别的视角，

---

[1] Bureau for Gender Equality, ILO. Gender: A Partnership of Equal [Z], Geneva, 2000. p. 3.

[2] 《要把妇女儿童发展状况作为衡量经济社会发展和政府工作重要指标》，http://news.sina.com.cn/c/2005-08-17/10596713164s.shtml，2005-08-17。

增进性别敏感；在禁毒决策的过程中，将"社会性别主流化"。而在实施过程中，坚持为保障两性权利、机会和规则的平等而采取公正对待的原则，以及为改变已经存在的不平等而采取有差异地对待、向弱势群体倾斜的原则。具体说来，制定和执行决策时，充分考虑男女两性的需求，使男女有平等的权利和机会参与并从中受益。① 与此同时，还应致力于创造更有利于两性发展的环境，更好地保护被歧视的女性。为女性赋权，不仅是政治上的赋权，还有文化和经济上的赋权，目的是让女性更有自尊和谋求生存与发展的机会和能力。

6.2.2 制度层面

涉毒犯罪的女性社会群体，主要是由打工妹、吸毒女、失婚女和"双怀妇女"构成，都属于边缘和弱势群体。女性的边缘化与社会制度、文化密切相关，因而只有从制度层面上实现"社会性别主流化"，在实务层面上构建性别敏感的概念意识，才是解决女性涉毒犯罪问题的根本之道。德国著名法学家李斯特（Franz V. Liszt）主张："最好的社会政策就是最好的刑事政策。""不要专用刑罚遏制犯罪，而由社会政策来预防犯罪。"② 政府是社会的管理者和社会资源的主要占有者，应给予女性发展的政策支持和制度保证。在决策时，既要注意平等对待，又要向弱势群体倾斜。为了解决女性涉毒犯罪的问题，在制度方面应做到赋权性干预。在社会、经济发展的时代背景下，赋予女性权力，给女性提供更多的经济和社会支持，增加广大女性受教育的机会，培养她们谋生的技能，提高女性支配自己生活的能力，加强女性的权益保障，尽量减少犯罪的可能性，增强社会稳定。具体来说，就是要做到以下几个方面：

---

① 黄启璪：《将性别观点纳入决策主流》，《妇女研究论丛》1996 年第 3 期。
② [德] 李斯特：《德国刑法教科书》，徐久生译，群众出版社 2000 年版，第 12—13 页。

其一是重视女性教育，提高女性的文化水平和综合素质。由于受到历史与现实诸多因素的影响和制约，特别是受到"男尊女卑""女子无才便是德"等封建落后思想的影响，目前对女性的教育重视程度还远远不够，尤其是经济社会发展水平严重滞后的边疆民族地区，女童的辍学率居高不下。而一个人的学识水平与其判断分析问题的能力有很大的关系，知识的多少、素质的高低，与女性犯罪率的高低有很大关联，因而应大力保障女性的受教育权。

针对女性罪犯文化程度普遍偏低的特点，国家要继续坚持普及义务教育，特别是要加大对边疆民族地区的基础教育投入，保障女性受教育的权利。与此同时，还有大力发展职业技能培训教育，促进女性知识和技能水平的有效提高，确实增强她们的就业能力和职业发展能力。如果不能有效地提高女性知识、技能水平，仅仅依靠满足于基本生活需要和改善所处的外在环境，就难以切实推动妇女就业。

其二是建立性别平等的就业市场，保障女性充分就业。从我国现阶段的就业情况看，男女两性收入差距不断扩大、女性就业受到歧视等现状不同程度的存在，致使女性就业前景依然不容乐观。从调查结果看，涉毒犯罪女性中无业人员及农村居民占有相当的比例。因而可以说，只要女性就业问题得不到解决，其自立就会存在问题，一些女性也就会采用违法犯罪的途径来谋求自身的生存。因此，政府要承担起责任，保障女性的就业权利，并在就业机会、培训晋升、生育保险制度、劳动保护、劳动安全等方面，制定相应的法律和政策，使之具体化并具有可操作性。同时还要将促进性别平等意识纳入政府决策，推行公平合理的竞争方式和激励机制，营造性别平等的就业市场环境。

其三是为妇女发展构建完善的社会支持系统。研究发现，相对男性，涉毒女性更易受所处环境的影响。从社会工作的角度来说，这是由于女性的社会支持网不全，来自家庭（私领域）、社会（公领域）对女性的关注还不够。来自官方的正式支持和民间的非正式支持不足，是女性涉毒犯罪的因素之一。社会支持网作

为社会保障体系的有益补充，有助于减缓人们对社会的不满，缓冲个人与社会的冲突，从而有利于社会的稳定。所以，要为女性构建完善的社会支持系统。在与女性涉毒犯罪相关联的社会支持系统中，从主体层面来讲，主要包括来自国家的、群体的和个体三个层次的子系统，而在所有这些子系统中，尤其是要加强来自政府机构的国家支持。

国家社会支持侧重于经济保障和权益保障，其支持形式为社会救济、社会保险、社会福利和妇女维权等。社会保障是现代市场经济社会中的"安全网""减震器"，是国家对社会成员基本生活权利的一种保障，有利于降低市场经济下公民的社会风险。社区政府应对女性所在的贫困家庭实行救助，通过城乡低保、社会救助等实现社会保障，主要包括妇女社会福利和针对妇女提供社区服务等。在五大社会保险中，只有生育保险是女性所独有。男女两性在劳动力市场的竞争中，对女性最为不利的是生育，造成了女性在就业和人力投资上的阶段性特征，使其人力资源存量不及男性，这也是"双怀"妇女涉毒犯罪的因素之一。因此，要采取有效措施维护妇女人身权利、劳动权利，保障女工权益，增加社会福利，给予女性普遍的社会关怀，平衡社会成员之间的利益需求，实现社会公平，化解社会矛盾和冲突，解决社会问题，才可以有效减少那些为了满足最基本生存需要而诱发的涉毒违法犯罪行为。

6.2.3 技术层面

针对女性涉毒犯罪日益突出的现状，我国主要采取了宽严相济的刑事政策，加大禁毒宣传，加强禁吸戒毒，综合治理，打防结合，治理女性涉毒犯罪。

首先是要实行宽严相济的刑事政策。所谓"宽严相济"，指的是"针对犯罪的不同情况，区别对待，该宽则宽，该严则严，有宽有严，宽严适度；'宽'不是法外施恩，'严'也不是无限加重，而是要严格依照刑法、刑事诉讼法以及相关的刑事法律，根据具体的案件情况来惩罚犯罪,做到'宽严相济,罚当其罪'"①②。大致说来,"宽严相济"就是要做到以下几点:一是坚持从"严"。我国对毒品犯罪一直采取高压严打的态势,对毒品犯罪实行"零容忍"政策,采取各种措施切实做到"吸毒必戒、贩毒必罚、种毒必究、有毒必肃"。对走私、贩卖毒品的犯罪活动不断加大打击力度,加重被查处后的处罚,以达到震慑犯罪分子的作用。包括"双怀"妇女贩毒在内的女性涉毒犯罪,对社会危害深重,因此成为被严厉打击的犯罪行为之一,打击的重点应放在幕后的组织者和策划者,境外卖家和境内的收货人身上。二是适当放"宽"。我国法律条款从人道主义考虑,对孕妇和哺乳期妇女等特殊人群有一系列的保护性规定。③ 其中,作为犯罪主体,对特殊人群贩毒必须严格执行法律的有关规定,保护妇女儿童的合法权益。同时又必须认识到,"双怀妇女"由于生活困难,被人引诱。对此,要区别情况具体对待,针对犯罪情节轻微的人从"宽"处理。三是重视"相济"。即在"打击中重保护,保护中重打击",力求法律效果和社会效果的统一。

其次是要从源头上减少女性吸毒人员的产生。一方面,吸毒是滋生毒品犯罪的重要动因之一,如果能够从源头上减少毒品消费,

---

① 高铭暄:《宽严相济的刑事政策与酌定量刑情节的适用》,《法学杂志》2007年第1期。

② 董琦:《宽严相济刑事政策在处理特殊妇女涉毒案件中的运用》,《临沧师范专科学校》2008年第2期。

③ 参见《刑事诉讼法》第六十条:对应当逮捕的犯罪嫌疑人、被告人,如果患有严重疾病,或者是正在怀孕、哺乳自己婴儿的妇女,可以采取取保候审或者监视居住。第二百一十四条规定:对于被判处有期徒刑或者拘役的罪犯,有下列情形之一的,可以暂予监外执行:(一)有严重疾病需要保外就医的;(二)怀孕或者正在哺乳自己婴儿的妇女。2008年最高人民法院下发的《全国部分法院审理毒品犯罪案件工作座谈会纪要》,其中新增加对这部分特殊人员参与毒品犯罪的处理规定:"对于孕妇、哺乳期妇女、急性传染病人、残疾人或者未成年人等特定人员被利用、被诱骗参与毒品犯罪的,可以从宽处罚。同时应与检察机关、公安机关沟通协商,妥善解决这类特定人员的案件管辖、强制措施、刑罚执行等问题。对因特殊情况依法不予羁押的,可以依法采取取保候审、监视居住等强制措施,并根据被告人具体情况和案情变化及时变更强制措施;对于判处有期徒刑或者拘役的罪犯,符合刑事诉讼法第二百一十四条规定情形的,可暂予监外执行。"

就必然会缩小毒品犯罪的生存空间。另一方面，涉毒犯罪中的部分女性，本身就是吸毒人员，犯罪的目的就是以贩养吸。因而加大禁吸戒毒工作力度，是从根源上解决女性涉毒犯罪的主要手段。

在禁吸戒毒工作中，要坚持"以人为本、依法管理、科学戒毒、综合矫治、关怀救助"的原则，以"帮助吸毒成瘾人员戒除毒瘾，回归社会"为宗旨，通过强制隔离戒毒、社区戒毒和社区康复三种戒毒形式帮助女性戒毒。我国各个省区还专门成立了女子戒毒所，针对女性吸毒人员特有的生理、心理特征，进行分门别类的、有针对的管理。对于吸毒女性，在帮助她们戒除毒瘾的同时，要加强思想教育和心理辅导，解决她们在生活上的困难，帮助她们树立对新生活的决心和信心，使其能够顺利地回归到社会、家庭正常的生活之中。此外，针对女性以家庭为取向的社会角色，可适当采用家庭戒毒模式，通过家庭成员的关爱和支持摆脱毒瘾。

最后是加大对女性的禁毒宣传教育。积极开展禁毒宣传"进校园、进社区、进家庭、进农村、进单位、进场所"的"六进"活动，使禁毒宣传从城市到乡村，从机关、学校到娱乐场所、建筑工地等，不留任何一个死角。吸毒人员、从青少年开始扩展到少数民族、农民工和广大女性，突出分层教育，即按照不同对象、不同群体、不同层次，对症下药，进行预防教育。宣传内容要注意多样化和直观化的原则，加大主流文化宣传力度，提倡健康的生活方式，在女性中确立积极向上的道德价值观，教育女性树立正确的是非观、荣辱观、金钱观、得失观和自立、自强、自尊、自爱的概念意识。

与此同时，要充分利用电台、电视、报刊等新闻传媒全面地、最大范围地加强法制教育，提高女性法律意识。在毒品预防宣传内容方面，要说明吸食毒品的危害性又要阐明制造加工、贩卖、运输、持有毒品的违法性；既要宣传传统类鸦片和海洛因的危害，又要宣传"摇头丸"等新型毒品的危害，加深女性对毒品尤其是新型毒品的认识，使其自觉远离毒品。除此之外，还要大力宣传"人体藏毒"对孕期和哺育期妇女身心健康的巨大危害，使其充分认清

"幕后老板"的本来面目。

总而言之，治理女性涉毒犯罪，需要各部门共同配合，需要动员社会各界力量，综合治理，打防结合。公安机关充分发挥打击毒品违法犯罪主力军作用；检察院、法院积极配合，依法惩治组织利用特殊人群进行的贩毒活动；妇联组织积极开展有针对性的禁毒宣传教育活动；计生部门对有贩毒嫌疑的孕妇和哺乳期妇女，及时通报相关地区和部门开展控制工作；民政部门对父母因毒品犯罪而被打击处理的未成年人，动员其亲属代养或送福利院抚养。与此同时，当地各级政府包括民政、劳动保障等部门在生活上给予关心，经济上扶持，保障其基本生活，不会因为生活所迫而走上贩毒的道路。

另外，在治理女性涉毒犯罪问题，还要注重民间力量，发动和利用民间非政府组织、非营利组织和禁毒公益组织的作用，壮大禁毒队伍。女性既可能参与涉毒犯罪，同时也是禁毒反毒的重要力量。例如，在云南德宏州陇川县，景颇族妇女金木玲、金木布率领的"女子禁毒队"，就是一支活跃在中缅边境民族地区的民间禁毒力量。而在湖南长沙成立的首个以"妈妈"为参与主体的民间禁毒公益组织"妈妈禁毒联盟"，就是以"自强不息、包容友爱、禁毒拒毒"为宗旨，不仅深入戒毒场所，与学员亲切交谈，使其感受到妈妈们的温暖爱心，同时还通过举行各种禁毒帮扶活动，自觉开展禁毒、拒毒工作。

6.3 研究的不足及展望

我国学者研究犯罪问题，因缺乏相关职能部门提供的数据和资料，只能通过沿引欧美国家和港台地区的犯罪数据来进行研究工作。在禁毒领域，我国对外界长期坚持"只做不说，多做少说"的原则，直到2000年国家禁毒委《中国禁毒报告》颁布之后，才开始对外做有限的报道和宣传。对毒品问题不谈论、不报道、不公开的态度，使得学术界难以及时、直接地感受到研究客体的变化，并作出快速、敏感的反应。只有当犯罪势头或新的犯罪形态已受到司法控制之后，学术界才得以了解客观情势，受诸如此类因素的限制，笔者研究中承受的压力不言而喻。一般来说，对于违法犯罪类社会问题的分析研究，最为理想的途径和方法，就是将典型案例与相关的统计数据有机结合起来。然而相对于本研究的主题，资料的获取却面临着重重障碍和难以尽述的阻力，致使研究工作受到极大的限制并留下诸多不足与缺憾。

毒品问题是一个严重的社会问题，同时也是一个十分敏感的话题，因而研究这一问题需要很大的勇气。一方面是研究选题边缘化，可借鉴的前人研究成果较少，另一方面是调查艰难，其中最为突出的是支撑整个研究工作的实证资料，在来源上至少面临三个方面的障碍和阻力：首先是受到国家法律和政策层面上众所周知的保密制度限制。其次是由我国政府严厉打击毒品犯罪的高压态势和毒品犯罪活动的诡秘性所决定，对于包括女性在内的涉毒犯罪相关涉案人员，通常是在其案发之前，除极少数公安禁毒部门派出的"卧底"和精心安插的"特勤"（又称"线人"）之外，一般人不用说了解其内情，就是与之接触的可能性也是微乎其微。而一旦东窗事发、身陷囹圄，按照我国的现行法律制度，此类人员的最终去向往往不是押赴刑场就是投入监狱长期囚禁改造，与之接触的可能性也同样是微乎其微。最后是相对于女性涉毒犯罪人员而言，即便是调查人员有机会进入监狱。在监区这一特殊的场所，女犯出于"往事不堪回首"等心理障碍而多三缄其口，与笔者的交谈所传递的信息，既可能是真实的，也可能是经过修饰甚至不乏虚构掺水的可能，致使如何去伪存真、去粗取精成为一大问题。

另外，监区的纪律要求不得带相机、录音笔等进入，所以无法在现场记录访谈内容，只有离开后通过回忆及时记录下来，故不能完全还原所有谈话内容。加之其中的大多数人文化程度普遍偏低，有的甚至还面临语言不通等问题。由此对调研工作和资料的获取均带来较大困难，并进而从资料支撑的层面上对分析研究造成诸多的局限和不足。

具体说来,本研究的不足之处主要有:一是因调查难度大,使得访谈的广度和深度均有不足之处。在访谈内容上,浅尝辄止,访谈的内容深度不够,这就有可能影响到研究结果;二是因为女性涉毒犯罪问题研究的边缘性,一方面使得现有可借鉴的研究成果较少,另一方面由于笔者才疏学浅,在研究的学理性等方面也同样存在诸多不足。

第 6 章 结论和讨论

参考文献

一、中文著作类

1. ［美］路易斯·谢利：《犯罪与现代化》，何秉松译，群众出版社1986年版。
2. 严景耀：《中国的犯罪问题与社会变迁的关系》，北京大学出版社1986年版。
3. ［意］杰克·D. 道格拉斯，弗朗西斯·C. 瓦克斯勒：《越轨社会学》，张宁、朱欣民译，河北人民出版社1987年版。
4. ［美］R. E. 帕克，E. N. 伯吉斯，R. D. 麦肯齐：《城市社会学》，宋俊岭等译，华夏出版社1987年版。
5. 郑也夫，李强：《西方社会学史》，能源出版社1987年版。
6. ［日］广濑胜世：《女性与犯罪》，姜波译，国际文化出版社1988年版。
7. ［美］W. I. 托马斯等：《不适应的少女》，钱军等译，山东人民出版1988年版。
8. ［英］罗杰·科特雷尔：《法律社会学导论》，潘大松等译，华夏出版社1989年版。
9. 陈显荣：《犯罪与社会对策》，群众出版社1992年版。
10. 邱国梁：《女性违法犯罪》，群众出版社1992年版。
11. ［美］加里·S. 贝克尔：《人类行为的经济分析》，王业宇、陈琪译，上海三联书店1995年版。

12. ［法］E. 迪尔凯姆：《社会学方法的准则》，狄玉明译，商务印书馆1995年版。

13. 郑杭生：《转型中的中国社会和中国社会的转型》，首都师范大学出版社1996年版。

14. 佟新：《女性违法犯罪解析》，重庆出版社1997年版。

15. 赵秉志：《现代世界毒品犯罪及其惩治》，中国人民公安大学出版社1997年版。

16. 费孝通：《乡土中国 生育制度》，北京大学出版社1998年版。

17. ［英］安妮·坎贝尔：《少女犯》，刘利圭、冯韵文译，社会科学文献出版社1998年版。

18. 赵秉志：《毒品犯罪研究》，中国人民公安大学出版社1998年版。

19. 李小江，朱虹，董秀玉：《主流与边缘》，上海三联书店1998年版。

20. 李小江：《让女人自己说话——独立的历程》，上海三联书店1999年版。

21. 徐久生：《德语国家的犯罪学研究》，中国法制出版社1999年版。

22. 郭星华：《当代中国社会转型与犯罪研究》，文物出版社1999年版。

23. ［美］马丁·布思：《鸦片史》，任华梨译，海南出版社1999年版。

24. ［德］西梅尔：《金钱、性别、现代生活风格》，顾仁明译，学林出版社2000年版。

25. 郭建安，李荣文：《吸毒违法行为的预防与矫治》，法律出版社2000年版。

26. 赵秉志，于志刚：《毒品犯罪疑难问题》，吉林人民出版社2000年版。

27. ［俄］阿·伊·道尔戈娃：《犯罪学》，赵可等译，北京：

群众出版社，2000年。

28. 潘绥铭：《生存与体验——对一个地下"红灯区"的追踪考察》，中国社会科学出版社2000年版。

29. ［法］蒲吉兰：《犯罪致富——毒品走私，洗钱与冷战后的金融危机》，李玉平等译，社会科学文献出版社2001年版。

30. ［美］O. 瑞，C. 科塞：《毒品、社会与人的行为》（第八版），夏建中、孙屹、秦海霞等译，中国人民大学出版社2001年版。

31. ［英］安东尼·吉登斯：《亲密关系的变革——现代社会中的性、爱和爱欲》，社会科学文献出版社2001年版。

32. ［美］唐·布莱克：《社会学视野中的司法》，法律出版社2002年版。

33. 阮曾媛琪：《中国就业妇女社会支持网络研究》，熊跃根译，北京大学出版社2002年版。

34. 张小虎：《转型期中国社会犯罪原因探析》，北京师范大学出版社2002年版。

35. 杨士隆：《犯罪心理学》，教育科学出版社2002年版。

36. ［美］文森特·帕里罗：《当代社会问题》（第4版），周兵译，华夏出版社2002年版。

37. 郑杭生：《弱势群体与社会支持》，中国人民大学出版社2003年版。

37. 蔡德辉，杨士隆：《少年犯罪：理论与实务》，五南图书出版社2003年版。

39. 王金玲：《社会转型中的妇女犯罪》，浙江人民出版社2003年版。

40. 周东平：《犯罪学新论》，厦门大学出版社2004年版。

41. 周宁：《鸦片帝国》，学苑出版社2004年版。

42. 郑真真，解振明：《人口流动与农村妇女发展》，中国社会科学出版社2004年版。

43. 邵雍：《中国近代贩毒史》，福建人民出版社2004年版。

44. ［意］恩里科·菲利：《实证派犯罪学》，郭建安译，中国人民公安大学出版社 2004 年版。

45. 孟宪范：《转型社会中的中国妇女》，中国社会科学出版社 2004 年版。

46. 梁漱溟：《中国文化要义》，上海人民出版社 2005 年版。

47. 上海禁毒委：《痛击毒魔——理论与实践》，上海社会科学院出版社 2005 年版。

48. 沈奕斐：《被建构的女性——当代社会性别理论》，上海人民出版社 2005 年版。

49. 佟新：《社会性别研究导论——两性不平等的社会机制分析》，北京大学出版社 2005 年版。

50. ［加］宝森：《中国妇女与农村发展：云南禄村六十年的变迁》，胡玉坤译，江苏人民出版社 2005 年版。

51. 李文海：《民国时期社会调查丛编》（底边社会卷）（上），福建教育出版社 2005 年版。

52. 潘绥铭：《情境与感悟——西南中国三个红灯区探索》，万有出版社 2005 年版。

53. ［德］马克斯·韦伯：《社会学的基本概念》，广西师范大学出版社 2005 年版。

54. 阎云翔：《私人生活的变革：一个中国村庄里的爱情、家庭与亲密关系（1949—1999 年）》，龚小夏译，上海书店出版社 2006 年版。

55. 全国妇联妇女研究所课题组：《社会转型中的中国妇女社会地位》，中国妇女出版社 2006 年版。

56. 陈向明：《质的研究方法与社会科学研究》，教育科学出版社 2006 年版。

57. ［澳］杰华：《都市里的农家女——性别、流动与社会变迁》，吴小英译，江苏人民出版社 2006 年版。

58. ［美］罗伯特·J. 桑普森，约翰·H. 劳布：《犯罪之形成——人生之道路及转折点》，汪明亮、顾婷等译，北京大学出版

219

社 2006 年版。

59. ［美］马克·格兰诺维特：《镶嵌——社会网与经济行动》，罗家德译，社会科学文献出版社 2007 年版。

60. 鲁刚：《人文论丛》，云南大学出版社 2007 年版。

61. 韩丹：《吸毒人群调查》，江苏人民出版社 2007 年版。

62. 韩丹：《城市毒瘾——吸毒人群成瘾研究》，东南大学出版社 2008 年版。

63. 曹立群，任昕：《犯罪学》，中国人民大学出版社 2008 年版。

64. 章友德：《犯罪社会学理论与转型期的犯罪问题研究》，广西师范大学出版社 2008 年版。

65. ［美］萨瑟兰，克雷西，卢肯比尔：《犯罪学原理》，吴宗宪等译，中国人民公安大学出版社 2009 年版。

［美］菲利普·布儒瓦：《生命的尊严——透析哈姆东区的快克买卖》（第二版），焦小婷译，北京大学出版社 2009 年版。

66. 侯远高，丁娥：《发展的代价：西部少数民族地区毒品的伤害与艾滋病问题研究》，中央民族大学出版社 2009 年版。

67. 杨晓辉：《清朝中期妇女犯罪问题研究》，中国政法大学出版社 2009 年版。

68. 夏国美：《社会学视野下的新型毒品》，上海社会科学院出版社 2009 年版。

69. 鲁刚：《云南跨境民族中的毒品问题与禁毒工作调查研究》，方志出版社 2009 年版。

70. ［意］费雷罗：《犯罪人：切萨雷龙勃罗梭犯罪学精义》，吴宗宪译，中国人民公安大学出版社 2009 年版。

71. 费梅苹：《次生社会化：偏差青少年边缘化的社会互动过程研究》，上海人民出版社 2010 年版。

72. 姚霏：《空间、角色与权力——女性与上海城市空间研究（1843—1911 年）》，上海人民出版社 2010 年版。

73. 高巍：《中国禁毒三十年——以刑事规制为主线》，法律出版社 2011 年版。

74. 鲁刚：《社会和谐与边疆稳定：基于地缘、民族、社会和宗教的实证研究》，中国社会科学出版社 2011 年版。

75. 邰江，骆寒青：《民族地区吸毒与艾滋病预防现状研究》，中国人民公安大学出版社 2011 年版。

二、中文期刊论文类

1. 吴宗宪：《试论造成犯罪性别差异的原因》，《中国人民警官大学学报》1991 年第 2 期。

2. 孙立平：《重建性别角色关系》，《社会学研究》1994 年第 6 期。

3. 佟新：《女性违法犯罪问题初探》，《社会学研究》1995 年第 5 期。

4. 权朝鲁，徐桂臻：《女性犯罪与家庭结构及教养方式的调查与研究》，《中华女子学院山东分院学报》1996 年第 1 期。

5. 李猛：《迈向一种关系/事件的社会学》，《国外社会学》1997 年第 1 期。

6. 李猛：《常人方法学四十年：1954—1994》，《国外社会学》1997 年第 2 期。

7. 董国静，徐晶：《女性犯罪探析》，《学术交流》1998 年第 3 期。

8. 郭海燕：《高度重视毒品犯罪现象——北京市青少年涉毒问题研究》，《当代青年研究》1998 年第 3 期。

9. 丁文俊：《城市化进程中的女性犯罪因素分析》，《山东公安丛刊》1998 年第 4 期。

10. 夏国美，王莉娟：《吸毒女性的社会心理》，《社会》1999 年第 9 期。

11. 潘毅：《开创一种抗争的次文体：工厂里一位女工的尖叫、梦魇和叛离》，《社会学研究》1999 年第 5 期。

12. 佟新：《不平等性别关系的生产与再生产——对中国家庭暴力的分析》，《社会学研究》2000 年第 1 期。

13. 徐向群：《青少年吸毒行为及其防控的社会学分析》，《青年研究》2000 年第 3 期。

14. 何湘娜：《现代西方女性犯罪研究发展综述》，《公安大学学报》2000 年 6 期。

15. 王慧，张晓燕：《家庭环境与青少年吸毒行为的关系研究》，《学术探索》2001 年第 3 期。

16. 胡玉坤：《社会性别化的风险、经历与反应——对美国妇女与艾滋病的探讨》，《人口与经济》2001 年第 4 期。

17. 丛梅：《男女犯罪行为方式及犯罪原因比较研究》，《江苏公安专科学校学报》2001 年第 5 期。

18. 郭砾：《女性犯罪的社会性别视角》，《大连大学学报》2001 年第 5 期。

19．熊秉纯：《质性研究方法刍议：来自社会性别视角的探索》，《社会学研究》2001 年第 5 期。

20. 周华山：《女性主义田野研究的方法学反思》，《社会学研究》2001 年第 5 期。

21. 姚建龙：《对女性吸毒问题的探讨》，《青少年问题研究》2001 年第 6 期。

22. 阿尔瓦·萨路瓦尔：《里约热内卢的暴力：休闲方式、吸毒和贩毒》，《国际社会科学》（中文版）2002 年第 3 期。

23. 米歇尔·希莱：《引论：贩毒、有组织犯罪与毒品控制的公共政策》，载《国际社会科学杂志》（中文版）2002 年第 3 期。

24. 佟新：《女性的生活经验与女权主义认识论》，《云南民族学院学报》2002 年第 3 期。

25. 韦柳忠，许斗斗：《社会转型时期涉毒女性的价值观问题研究》，《探求》2002 年第 5 期。

26. 王金玲：《妇女与本土：近二十年来中国大陆的妇女犯罪研究》，《浙江学刊》2002 年第 6 期。

27. 杨玲：《女性吸毒行为与其社会处境的相关研究》，《西北师范大学学报》2002 年第 11 期。

28. 刘基，杨玲，何培宇：《影响女性吸毒者戒毒的社会、家庭、心理、生理诸因素分析》，《西北师范大学报》2003年第1期。

29. 张宛丽：《女性主义社会学方法论探析》，《浙江学刊》2003年第1期。

30. 谭琳，苏珊·萧特，刘惠：《"双重外来者"的生活——女性婚姻移民的生活经历分析》，《社会学研究》2003年第2期。

31. 陈沙麦：《青少年女性犯罪及其社会化的研究》，《青少年犯罪问题》2003年第2期。

32. 佟新：《话语对社会性别的建构》，《浙江学刊》2003年第4期。

33. 周玉：《转型期女性犯罪的社会学分析》，《福建社会主义学院学报》2003年第4期。

34. 夏国美：《社会学视野下的禁毒研究——青少年吸毒问题调查》，《社会科学》2003年第10期。

35. 刘能：《越轨社会学视角下的青少年犯罪》，《青年研究》2003年第11期。

36. 袁梅花：《女性犯罪浅析》，《广西社会科学》2003年第11期。

37. 胡玉坤：《社会性别、族群与差异：妇女研究的新取向》，《中国学术》2004年第1期。

38. 张惠芳：《论文化冲突与女性犯罪》，《山西高等学校社会科学学报》2004年第1期。

39. 吴满峰，陈沙麦：《当代中国的社会变迁与女性犯罪》，《中华女子学院学报》2004年第2期。

40. 沈晓瑛：《凉山州妇女毒品犯罪现状、特点及对策》，《凉山审判》2004年第3期。

41. 莫洪宪：《西方女性主义犯罪学的兴起与发展》，《国家检察官学院学报》2004年第6期。

42. 严红英，陶志阳：《吸毒者家庭环境因素分析》，《青年研究》2005年第10期。

43. 潘毅：《阶级的失语与发声——中国打工妹研究的一种理论

视角》,《开放时代》2005年第2期。

44. 王砚蒙:《女性因情致罪的社会学分析》,《中南民族大学学报》2005年第2期。

45. 林少菊:《试析当前我国女性违法犯罪的特点》,《云南警官学院学报》2005年第3期。

46. 郑晓边、朱明慧:《女性吸毒人员的心理调查与研究》,《妇女研究论丛》2005年第3期。

47. 陈小波、王卉:《中国海洛因市场研究》,《中国人民公安大学学报》2005年第4期。

48. 蒋涛、朱玲怡:《初次吸毒行为的社会学解析》,《青年研究》2005年第8期。

49. 孙振荣:《社会转型对女性犯罪的影响》,《边疆经济与文化》2005年第11期。

50. 蒋欣欣:《西方女性主义理论中的"身份/认同"》,《文艺理论与批评》2006年第1期。

51. 龙秋霞:《妇女易感艾滋病的社会文化原因探析及对策建议》,《妇女研究论丛》2006年第1期。

52. 方巍:《药物滥用与不协调发展——香港青年的个案研究与启示》,《青年研究》2006年第3期。

53. 孙安清、陆大柴:《上海监狱系统在押涉毒罪犯的构成特点与治理对策》,《法治论丛》2006年第5期。

54. 陈昇慧:《治理农村女性犯罪 构建和谐社会》,《学术论坛》2006年第6期。

55. 鲁刚:《中缅边境沿线地区的跨国界人口流动》,《云南民族大学学报》2006年第6期。

56. 卢晖临:《如何走出个案——从个案研究到拓展个案研究》,《中国社会科学》2007年第1期。

57. 阮惠风:《女性毒品犯罪的实证分析》,《云南民族大学学报》2007年第1期。

58. 温锦旺、王卫平:《福建东南沿海吸毒女性的基本状况分析和研究》,《福建医科大学学报》2007年第1期。

59. 苏海莹,章恩友,宋胜尊,谷世清:《涉毒女犯自我归因分析及对策》,《河南司法职业警官学院学报》2007年第3期。

60. 孙晶:《我国女性犯罪原因的社会学研究综述》,《南都学坛》2007年第4期。

61. 胡玉坤:《社会性别与艾滋病——全球化视域下的中国个案》,《社会科学论坛》2007年第5期。

62. 国家禁毒委:《国内首次新型毒品大型调查报告》,《社会观察》2007年第6期。

63. 钟莹:《女性戒毒群体的社会支持状况与社会福利服务需求》,《河南社会科学》2007年第11期。

64. 蔡晓良,陈沙麦:《女性吸毒问题的社会文化分析——以福州市的实证调查为例》,《福建省社会主义学院学报》2008年第3期。

65. 王晓丽,金箴等:《寄生在同一个链条上的两害——乌鲁木齐市贩毒、吸毒人群与艾滋病人群的相关研究》,《西北民族研究》2008年第4期。

66. [俄] Т. М. 亚夫丘诺夫斯卡娅, И. Б. 斯捷潘诺娃:《女性毒品犯罪的社会特征》,《国外社会科学》(中文版)2004年第5期。

67. 李骏:《吸毒人员的群体特征:海洛因和新型毒品的比较分析》,《青年研究》2009年第1期。

68. 谢晶:《凉山彝族自治州女性毒品犯罪对策研究》,《江苏警官学院学报》2009年第1期。

69. 林少真,仇立平:《结构视野下的新型毒品使用行为研究》,《青少年犯罪问题》2009年第6期。

70. 景军:《中国青少年吸毒经历分析》,《青年研究》2009年第6期。

71. 王娟,沈杰:《从毒资来源看女性吸毒对社会的危害》,《中国药物滥用防治杂志》2009年第15期。

72. 储卉娟:《暴力的弱者:对传统纠纷解决研究的补充——基

于东北某市监狱的实证研究》,《学术研究》2010 年第 2 期。

73. 刘志琴:《从药品、食品到毒品——鸦片的社会学研究》,《社会科学论坛》2010 年第 19 期。

74. 赵亮员:《娱乐场所特征与涉毒的关联分析》,《中国人民公安大学学报》2011 年第 1 期。

75. 张维珈:《妓女与烈妇——论清日之际台湾女性的鸦片滥用问题》,《文化研究月报》2011 年第 6 期。

76. 褚宸舸:《2011 年中国毒品成瘾者权利保障研究报告》,《云南大学法学学报》2012 年第 1 期。

三、博士、硕士学位论文

1. 陈谞:《吸毒预防论》,博士学位论文,吉林大学,2004 年。
2. 马永清:《吸毒越轨行为与社会变迁》,博士学位论文,中国人民大学,2006 年。
3. 蒋涛:《吸毒人员社会支持网研究》,硕士学位论文,华中科技大学,2006 年。
4. 艾晶:《清末民初女性犯罪研究》(1901—1919 年),博士学位论文,四川大学,2007 年。
5. 高一飞:《滇西某高速公路建设工地沿线的艾滋病风险与人口流动》,博士学位论文,中山大学,2008 年。
6. 阮惠风:《新型毒品滥用与控制的实证研究——以云南为例》,博士学位论文,中国人民大学,2008 年。
7. 李世杰:《转型时期边疆民族地区群体性事件研究——以云南为例》,博士学位论文,中国人民大学,2009 年。
8. 李永松:《边疆地区 HIV/AIDS 扩散与控制之实证研究——以云南为例》,博士学位论文,中国人民大学,2009 年。
9. 林少真:《话语建构视角下的新型毒品吸食行为研究》,博士学位论文,上海大学,2010 年。
10. 张晓红:《纠纷与抗争:对农村女性犯罪的法社会学考察》,博士学位论文,中国人民大学,2010 年。

11. 邢朝国：《纠纷过程与暴力生产》，博士学位论文，中国人民大学，2011年。

四、课题成果和工作报告

1. 鲁刚：《云南沿边境民族地区毒品问题调查研究》，国家社科基金研究项目，1996年。
2. 鲁刚：《边疆民族地区构建社会主义和谐社会进程中的社会稳定问题调查研究——以云南为例》，国家社科基金研究项目，2007年。
3. 鲁刚：《云南跨境民族中的毒品问题与禁毒工作调查研究》，国家社科基金研究项目，2009年。
4. 昂钰：《特殊人群贩毒问题研究》，云南社会科学基金项目，2009年。
5. 《中国禁毒报告》。

五、英文文献

1. Edwin H. Sutherland, *Principles of Criminology*, Philadelphia: J. B. Lippincott Company, 1947.
2. Becher, Howard S., *The Outsiders: Studies in the Sociology of Deviance.*, New York: Free Press. 1963.
3. Butler, E. W. & Adams, S. N. *Typology in delinquent girls: Some alternative Approaches*, Social Forces. 1966.
4. Clausen, J. Drug Addiction: Social Aspects, in D. Silles (ed.): *International Encyclopedia of Social Sciences*, New York: Macmillan, 1968.
5. Widom, C. S. Towards an understanding of female criminality. *Progress in Experimental Psychology Research*, 1978.
6. Hall, Alan and Barry Wellman. Social networks and social support. In S. Cohen and L. Syme (Eds.), *Social Support and Health.* New

York: Academic Press. 1985.

7. Cesare Lombroso and William Ferrero, *The Female Offender*, London: T. Fisher Uniwin. 1985.

8. Francesca M. Cancian, *Love in America: Gender and Self-Development*, Cambridge University Press, 1987.

9. Bennetta, D. P. Farringtona. L. R. Huesmannb. Expiaining Gender Differences in Crime and Violence: The importance of Social Cognitive Skills. *Aggression and Violent Behavior*, 2005, (10).

10. Agnew, Robert, *Foundation for a general strain theory of crime and delinquency*. Criminology, 30, 1992.

11. S. Bennetta, D. P. Farringtona, L. R. Huesmannb, *Explaining Gender Differences in Crime Behavior*, 2005, (10).

附录1　调查问卷

对于涉毒人员的调查问卷

　　此次调查是不记名的，调查的信息严格保密，答案也没有正确错误之分，主要是作为统计数据来使用，请不必有什么顾虑。请按各个问题的具体要求，根据你的实际情况，在后面的相应题号（或被选答案）上打"√"，遇到有横线_____的问题，请直接在横线上填写你的真实情况。感谢你的支持与合作。

1. 你的性别：A. 男　　B. 女
2. 你的民族：_____
3. 你的户籍所在地：_____省_____地区（市）_____县
4. 你的年龄是：
   A. 25 岁及以下　　　　　　B. 26—35 岁
   C. 36—45 岁　　　　　　　D. 46 岁及以上
5. 你的文化程度：
   A. 小学及以下　　　　　　B. 初中
   C. 高中或中专、技校　　　D. 大专以上
6. 你的婚姻状况：
   A. 未婚　　B. 已婚　　C. 离婚　　D. 丧偶　　E. 其他
7. 被捕前你的职业是：
   A. 在家务农　　　　　　　B. 经商农民
   C. 进城务工农民　　　　　D. 城市无业人员

E. 城市个体户　　　　　　　　F. 城市工人

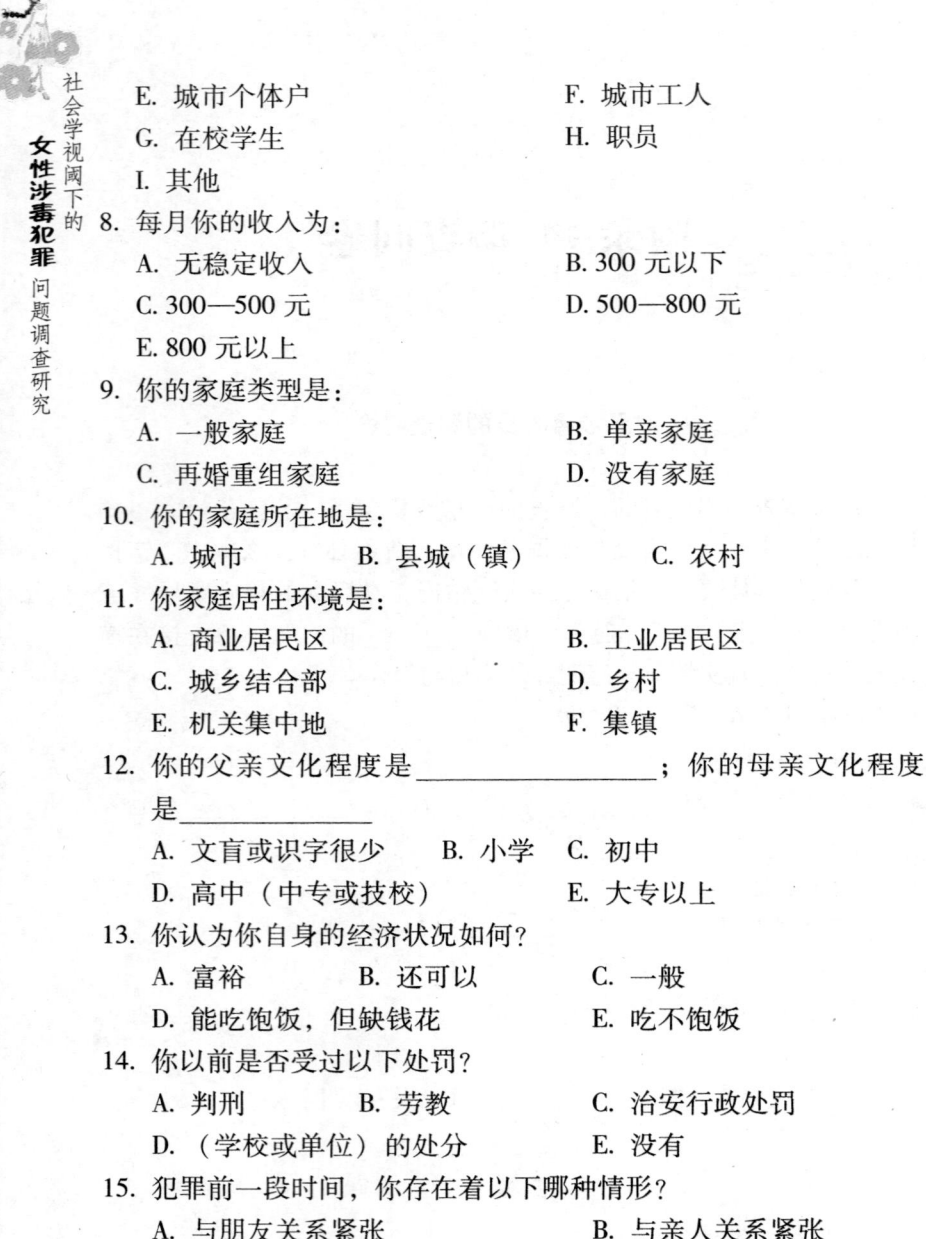

G. 在校学生　　　　　　　　　H. 职员

I. 其他

8. 每月你的收入为：

　　A. 无稳定收入　　　　　　　B. 300 元以下

　　C. 300—500 元　　　　　　　D. 500—800 元

　　E. 800 元以上

9. 你的家庭类型是：

　　A. 一般家庭　　　　　　　　B. 单亲家庭

　　C. 再婚重组家庭　　　　　　D. 没有家庭

10. 你的家庭所在地是：

　　A. 城市　　　　B. 县城（镇）　　　　C. 农村

11. 你家庭居住环境是：

　　A. 商业居民区　　　　　　　B. 工业居民区

　　C. 城乡结合部　　　　　　　D. 乡村

　　E. 机关集中地　　　　　　　F. 集镇

12. 你的父亲文化程度是_____；你的母亲文化程度是_____

　　A. 文盲或识字很少　　B. 小学　　C. 初中

　　D. 高中（中专或技校）　　E. 大专以上

13. 你认为你自身的经济状况如何？

　　A. 富裕　　　　　B. 还可以　　　　C. 一般

　　D. 能吃饱饭，但缺钱花　　E. 吃不饱饭

14. 你以前是否受过以下处罚？

　　A. 判刑　　　　　B. 劳教　　　　　C. 治安行政处罚

　　D. （学校或单位）的处分　　　　　E. 没有

15. 犯罪前一段时间，你存在着以下哪种情形？

　　A. 与朋友关系紧张　　　　　B. 与亲人关系紧张

　　C. 与其他人关系紧张　　　　D. 家庭经济困难

　　E. 个人遭受重大挫折　　　　F. 家中有重大事故发生

16. 你有以下哪些爱好？
    A. 吸烟　　　　　　　　　　B. 喝酒
    C. 赌博　　　　　　　　　　D. 吸毒
    E. 经常出入娱乐场所，如舞厅、迪厅或游戏厅、录像室等
17. 你知不知道毒品对人体对社会的危害？
    A. 不知道　　　　　　　　　B. 知道
18. 你认为毒品会有什么危害？
    A. 使人上瘾　　　　　　　　B. 危害家庭
    C. 感染艾滋病　　　　　　　D. 危害社会
19. 你是通过什么方式了解毒品危害的？
    A. 周围人的讲述　　B. 学校教育　　C. 电视
    D. 广播　　　　　　　　　　E. 报纸
20. 你是否知道国家对涉毒犯罪的惩处、打击力度很大？
    A. 知道　　　　　　　　　　B. 不知道
21. 你走私或运输毒品时的数量是：
    A. 100 克以下　　　　　　　B. 100—300 克
    C. 300—500 克　　　　　　　D. 500 克以上
22. 你走私或运输毒品的方式是：
    A. 体内藏毒　　　　　　　　B. 随身携带
    C. 利用车辆夹带运输　　　　D. 其他
23. 你参与走私或运输毒品主要是因为：
    A. 贫穷，为生活所迫　　　　B. 想多赚钱出人头地
    C. 被逼无奈　　　　　　　　D. 自己吸毒
24. 最初你的想法是：
    A. 毒品是暴利，所以赌一把
    B. 周围有人这样干，所以我也干
    C. 为了钱心甘情愿，不计后果
    D. 挣钱轻松
    E. 其他

附录1：调查问卷

25. 你贩毒的组织形式属于以下哪种？
    A. 分工协作的集团化组织
    B. 临时的流通组织
    C. 完全是个人行为

26. 犯罪时与其他毒犯用什么方式联系？
    A. 面对面交易   B. 在毒犯提供的交通工具上
    C. 手机   D. 在指定地点拿货
    E. 安排专人陪同   F. 其他

27. 当你被警察查获时，你的心理是？
    A. 不害怕   B. 一般
    C. 害怕   D. 早就想到会有这一天

28. 在犯罪前，你是否想过可能出现的刑罚后果吗？
    A. 想过，但没有想到有这么重
    B. 想过，与此次处理结果差不多
    C. 想过，但比此次处罚结果还严重
    D. 从来没有想过
    E. 根本就不知道这是犯法

29. 你已经预见到自己被抓后会判刑坐牢，为什么还犯罪？
    A. 我根本就不怕任何处罚
    B. 我害怕，但是赚钱机会难得
    C. 我害怕，但是划算
    D. 我害怕，但万一抓不住自己
    E. 我害怕，但是更怕同伙
    F. 害怕，这次是因为一时冲动

30. 如果此次未被抓住，你会有什么想法？
    A. 继续这样干下去   B. 再往大处干
    C. 一次捞够，再也不干   D. 担惊受怕，洗手再也不干了
    E. 其他

31. 此次被抓后，你感到这次犯罪：
    A. 划算，"牺牲我一个，幸福一家人"

  B. 不划算   C. 说不清

32. 被抓以后，你是什么样的心情？
  A. 恐惧、绝望   B. 后悔
  C. 无所谓   D. 揭发、检举他人争取从宽处理

33. 你最初是通过谁接触到毒品？
  A. 家人   B. 亲戚   C. 朋友
  D. 同事   E. 其他人

34. 你是如何走上毒品犯罪道路的？
  A. 帮别人的忙   B. 别人引诱、唆使
  C. 同伴影响   D. 家族带动

35. 你如何看待自己的行为？
  A．不光彩、不体面
  B. 跟其他没区别，这只是一种就业方式
  C. 无辜、被冤枉
  D. 不知道

36. 对你的犯罪，你认为最主要是受什么观念影响？
  A. 金钱至上   B. 干活苦，天经地义
  C. 有本事的人才去走私、贩卖毒品

37. 你认为你的犯罪是否和以下的自身条件有关？
  A. 思想认识   B. 脾气和性格
  C. 生理缺陷   D. 心理缺陷

38. 你认为你此次犯罪直接与下列哪个因素有关？
  A. 受学校教育不多
  B. 能力低下、素质不高
  C. 胆子大，爱冒险，喜刺激
  D. 贪图享受，不能吃苦耐劳

39. 在你周围，参与走私、贩卖毒品的人多不多？
  A. 很多   B. 多   C. 不多
  D. 很少   E. 没有

40. 家人对你走私、贩卖毒品抱什么态度？

A. 根本就不知道　　　B. 劝阻、反对　　　C. 赞成、鼓励
D. 默许　　　　　　　E. 无所谓

41. 在服刑期间，你的家人有没有与你通信、通电话、寄包裹或亲自来探望你？
    A. 从没有　　　　B. 很少　　　　C. 经常

42. 周围人对你被抓什么态度？
    A. 罪有应得　　　B. 不理解
    C. 同情　　　　　D. 没有什么变化

43. 当地人在得知你被抓以后，对你的家人的态度是以下哪种情况？
    A. 排斥　　　　　B. 接纳
    C. 躲避　　　　　D. 和以前一样

44. 你是如何评价涉毒犯的？
    A. 有本事的人就去涉毒
    B. 没有本事的人才去涉毒

45. 对于自己的犯罪行为有没有悔恨？
    A. 没有　　　　　B. 有

46. 你认为如果存在着下列哪种情况，你就不会去进行毒品犯罪：
    A. 如果我有份工作，我就不会去犯罪；
    B. 如果我每月有较高的收入，我就不会去犯罪；
    C. 如果我懂点法律知识，我就不会去犯罪；
    D. 如果我意志坚定不受别人唆使，我就不会去犯罪。
    E. 其他情况（自填）＿＿＿＿＿＿＿。

47. 你认为什么样的人是幸福的？
    A. 能穿暖吃饱的人
    B. 文化人，受人尊敬的人
    C. 当官、有权力的人
    D. 有钱人，既有房又有车

48. 就重要程度而言，你认为生活中最重要的是：
    A. 健康　　　B. 平安　　　C. 金钱　　　D. 权力
    E. 名望　　　F. 信仰　　　G. 家庭　　　H. 事业/工作

附录 2　访谈提纲

1. 介绍个人基本情况（教育、婚姻、职业、民族等）。
2. 你从小生活在什么样的家庭中？与父母、兄弟姐妹等家庭成员的关系如何？家庭成员中有无不良行为？
3. 你有没有男友（丈夫）？是如何认识的？感情如何？如何评价他？
4. 你的个人经济状况如何？收入来源有哪些？都干过哪些工作？对社会上的贫富差距问题如何看待？
5. 你在生活中有没有遇到非常缺钱的时候？如何解决这个问题？
6. 你平时主要和哪些人交往？关系怎样？心情不好时，会向谁倾诉？
7. 你在工作之余，平时靠什么来打发时间？生活中有哪些兴趣和爱好？有无吸毒的经历？身边有没有人吸毒？如何看待自己（别人）吸毒？
8. 你是怎样走上涉毒犯罪道路的？在犯罪活动中，主要是做什么？你认为影响自己贩毒的因素有哪些？